120 historias
del Atlético de Madrid

120 historias
del Atlético de Madrid

Rubén Uría

Primera edición: abril de 2024
Segunda reimpresión: enero de 2025

© 2024, Rubén Uría
© 2024, Roca Editorial de Libros, S.L.U.
Travessera de Gràcia, 47-49. 08021 Barcelona

Roca Editorial de Libros, S. L. U., es una compañía de Penguin Random House Grupo Editorial que apoya la protección de la propiedad intelectual. La propiedad intelectual estimula la creatividad, defiende la diversidad en el ámbito de las ideas y el conocimiento, promueve la libre expresión y favorece una cultura viva. Gracias por comprar una edición autorizada de este libro y por respetar las leyes de propiedad intelectual al no reproducir ni distribuir ninguna parte de esta obra por ningún medio sin permiso. Al hacerlo está respaldando a los autores y permitiendo que PRHGE continúe publicando libros para todos los lectores. De conformidad con lo dispuesto en el artículo 67.3 del Real Decreto Ley 24/2021, de 2 de noviembre, PRHGE se reserva expresamente los derechos de reproducción y de uso de esta obra y de todos sus elementos mediante medios de lectura mecánica y otros medios adecuados a tal fin. Diríjase a CEDRO (Centro Español de Derechos Reprográficos, http://www.cedro.org) si necesita reproducir algún fragmento de esta obra.

Printed in Spain – Impreso en España

ISBN: 978-84-19965-02-8
Depósito legal: B-1876-2024

Compuesto en Fotoletra, S. A.

Impreso en Liberdúplex
Sant Llorenç d'Hortons (Barcelona)

RE 6 5 0 2 8

Índice

Prólogo 11

1. Regalo de don Ramón 14
2. La culpa fue del chachachá. 16
3. Garbanzos 19
4. El palco fue un ring 22
5. Cohete Rubio. 25
6. Operación Torres. 27
7. Un Porsche amarillo. 29
8. El caso Effenberg 32
9. Pechuga San Román. 34
10. Supersticiones. 38
11. De Ginola a Moacir 41
12. El pulsómetro y la silla. 44
13. Yankov 48
14. Bernabéu y el Atleti 51
15. Iturralde. 54
16. La fiebre del oro. 56
17. Volver nadando 60
18. Central de atracos 63
19. Balones y sandías 66
20. La venganza de Pizo. 68
21. Un infierno, dos tobillos. 71

22. Cruzada arbitral... 74
23. Ben Barek... 77
24. Alemao... 80
25. La guarida del Tigre... 83
26. Macarra, rojiblanco y goleador... 86
27. Ronaldo... 89
28. La peor presentación de la historia... 92
29. Pack portugués... 95
30. Mama-Chicho... 97
31. Cuarenta y cinco días... 99
32. El primer «Niño»... 102
33. Al noventa y nueve por ciento... 105
34. Fuerza para vivir... 107
35. Entre Peter O'Toole y Robert Redford... 111
36. Doctor Cabeza... 114
37. La charla de Irene... 117
38. No llores, María José... 120
39. Don José Eulogio... 123
40. Comandante Giménez... 126
41. Al Wanda en Panda... 128
42. Aficionado antes que jugador... 131
43. El Jefe... 135
44. El muro de Mojkovac... 138
45. Aquiles con el 7 a la espalda... 140
46. El gol de Matrix... 143
47. El gato de Velada... 145
48. La espalda de Domínguez... 147
49. El sueño imposible... 149
50. Los tigres también lloran... 151
51. Santaelena... 154
52. El guerrero número 8... 157
53. La profecía del alemán... 160
54. La batalla de Glasgow... 163
55. «Salir campeón»... 166

56. Hugo se va al Madrid. 169
57. «Canalla» por un día 171
58. Historia de un «no» 173
59. Cicatrices 175
60. Gil y Simeone. 177
61. Asalto a Valdeolivas. 179
62. La gran bronca. 182
63. Agüero y el Kia 184
64. Futre y el cuarto de baño 187
65. Atlético de Maguy 189
66. El Pequeño Nicolas 191
67. Patri. 193
68. *Enfant terrible* 195
69. El Atleti sale vivo 197
70. Resurrección 200
71. Imperioso. 203
72. El Tren Valencia. 206
73. Cagarse en el contrato 209
74. El Galgo del Metropolitano 212
75. La bofetada de Triana 214
76. Di Stéfano de rojiblanco. 216
77. «Buenas tardes, me llamo Milinko Pantić». 218
78. Iniesta por Perea. 220
79. Pereira y el bote de cerveza. 222
80. KDB. 224
81. No todo el mundo puede ser Gabi 226
82. Artechenbauer 229
83. Schmidhuber 232
84. El Ferrari de Vieri. 235
85. Un entrenador de ocho jornadas 238
86. Rubí Blanc. 240
87. Míster Látigo 243
88. La bala búlgara 246
89. La melena de Bezerra 249

90. Bigote indomable 252
91. Artillero de Dios 254
92. 11-M 256
93. Altarejos 258
94. Padre nuestro 261
95. Un regate de cine 263
96. Tu vida somos nosotros 266
97. Furia 268
98. Parecía el Congo 270
99. El derbi de *Estudio estadio* 272
100. Álvarez Margüenda 275
101. Clattenburg 279
102. De Ujfaluši a Vitolo 282
103. El caso Van Doorn 285
104. A de Adelardo, A de Atleti 287
105. Memoria en rojo y blanco 289
106. Del arresto al pichichi 291
107. Leche, Falcao, avellanas y azúcar 293
108. Jimmy Floyd 295
109. Cintas de vídeo 298
110. El boli de la suerte 300
111. Un millón en *jogo bonito* 302
112. Pupas y Costras 304
113. Papá Dribling 307
114. Mejor con diez que con once 309
115. Luis calienta en Burgos 311
116. Renovar a Aguilera 313
117. Madrugada en Jácara 315
118. Más paquetes que en Correos 317
119. Gol de Albertini 323
120. Mi padre 326

Epílogo 329

Prólogo de Kiko Narváez

Flechas directas al corazón

Mi carrera en el Atleti fue un Dragon Khan. Viví una auténtica montaña rusa de emociones defendiendo la rojiblanca. Mías fueron algunas de las victorias más increíbles y también de las derrotas más crueles. Viví la gloria del doblete y padecí el fracaso del descenso. Llegué a ser una referencia para generaciones de atléticos y sufrí un calvario con las lesiones. Tuve el honor de ser un ídolo de la grada, me jugué la salud por la camiseta y, después de muchos años, comprendí que ser del Atleti no es ser mejor que otros, pero sí diferente a todos. Siempre he pensado que mi vida fue, es y será algo parecido a un diario íntimo del Atleti, un club prisionero de sus sentimientos. De un Atleti hecho a sí mismo, a lo largo de 120 años de pasión inexplicable, con una particular manera de soñar, de sentir, de aprender, de palmar y vencer.

Si tienes el privilegio de vestir esa camiseta, sabes que formas parte de un selecto club, uno realmente especial. Uno que te hace sentir una manera especial de subir y bajar de las nubes. Ser del Atleti es disfrutar de la victoria más increíble y también conocer la derrota más cruel. Tuve la fortuna de frotar la lámpara que iluminó al fútbol español cuando no éramos tan buenos, en aquellos inolvidables Juegos de Barcelona; el público me premió siendo la bandera del Atleti en los días de vino y rosas, me hizo feliz que pensaran que era un Bart Simpson travieso y colchonero; me entendí con Vieri cada vez que le silbaba y disfruté como un niño de seis años cuando puse patas arriba el Calderón. También fui el tipo que jugó con el ligamento parcialmente roto durante tres años, el ídolo que sufrió visitando el hospital de tetrapléjicos de Toledo en soledad, el hombre que decidió jugar gratis en segunda división por las deudas que tenía el club por años anteriores y también la persona que sufrió cuando mis tobillos dijeron «basta» y soporté una ola de ingratitud.

Llegué siendo un niño y me fui siendo un hombre. Aprendí que si el fútbol es el mejor relato de la vida, lo normal es perder y lo excepcional es ganar. Intenté ser humilde en la victoria y orgulloso en la derrota, quise poner mi granito de arena en la inmensa historia de afectos, me salió ser el «arquero» que disparaba flechas directas al pebetero del corazón colchonero. Disfruté y sufrí, soñé y logré, gané y perdí, pero durante todos estos años lo hice sabiendo que pertenecía a un club realmente especial. Traté de honrar la camiseta para dignificar la historia centenaria del Atlético de Madrid. No nací atlético, pero la vida me hizo un regalo maravilloso: el privilegio de haber protagonizado algunos de los episodios de un sentimiento único. De una tradición de padres a hijos, que me sigue impulsando a llevar el escudo por dentro. Grabado en el corazón. Ese sentimiento me acompañará siempre. Forma parte de mi vida.

El olor del césped, los secretos del vestuario, los momentos buenos y malos, el cariño de la gente y, sobre todo, el rugir de la grada cuando este humilde «arquero» sacaba una sonrisa al estadio. Aunque pueda sonar presuntuoso, el hecho de haber defendido ese escudo cuenta para mí como un título que me regaló la vida. Me siento afortunado de haber sido parte de una familia universal, la rojiblanca. Una que sabe que el Atleti juega todos los días. Una que sabe que tenemos la costumbre de subir y bajar de las nubes, como cantaba el maestro Sabina. Una que nos invita a vivir derrochando coraje y corazón.

El libro de Rubén Uría contiene algunas de las historias más anecdóticas y curiosas de la historia del Atleti. Ojalá la gente lo disfrute tanto como yo disfruté en el campo del cariño del patrimonio más grande que tiene este club: su gente. Esa que me dio su cariño, que me hizo sentir un gigante, que alentó en primera y en segunda, que sabe que este club tan especial te mata y te da la vida. En estas páginas, la tribu colchonera va a poder disfrutar de 120 años del Atlético de Madrid condensados en 120 historias de una pasión inexplicable. Flechas para derrochar coraje y corazón.

Francisco Narváez, Kiko

1
Regalo de don Ramón

En los años ochenta, las relaciones entre Atlético de Madrid y Real Madrid eran casi inexistentes. La tensión entre Jesús Gil y Gil y Ramón Mendoza se podía cortar con un cuchillo. Ambos peleaban por los mejores fichajes, se tiraban los trastos a la cabeza a través de los medios y peleaban por conseguir sus objetivos. El de Mendoza era perpetuar la «dictadura» del Real en la liga. El de Gil, autoproclamarse como azote del madridismo y reclamar una parte del pastel de los ingresos para el Atleti. En 1989, en plena «guerra» de acusaciones entre Gil y Mendoza, un fichaje se interpuso en el camino de ambos clubes. Se trataba de Fernando Hierro, prometedor central del Real Valladolid. Tenía veintiún años, su club necesitaba dinero y tanto madridistas como colchoneros estaban peleando por conseguir su firma. Finalmente, el Atleti fue más rápido y Gil se llevó el gato al agua. Hierro se presentó en el Vicente Calderón, llegó a posar con la camiseta del Atleti con el número seis a la espalda, como recogieron las cámaras del segundo canal de Televisión Española.

Su fichaje estaba hecho al noventa y nueve por ciento..., pero faltaba la firma del jugador. Y aunque el presidente del Valladolid y Jesús Gil ya habían cerrado el pacto, el Real Madrid irrumpió a última hora para cruzarse en el camino de Hierro, con una oferta final. El malagueño lo recuerda como si fuera ayer: «Esa historia se la conté tal y como pasó a los hijos de Jesús Gil, con los que tengo una estupenda relación. Yo estaba en el Valladolid, tenía veintiún años y era muy inexperto. A mí me dijeron que mi traspaso por el Atlético de Madrid lo habían cerrado mi presidente Miguel Ángel Pérez Herranz y Jesús Gil, pero se cruzó el Madrid y era la ilusión de mi vida», recuerda Hierro.

El Madrid apretó, Mendoza se puso firme, y lo que parecía un fichaje ya hecho por parte del Atlético de Madrid acabó con Hierro vestido de blanco y en el Bernabéu. El central siempre se mostró agradecido al presidente del Atleti por haberle permitido dar marcha atrás y acabar fichando por el cuadro madridista: «Aposté fuerte, fui valiente y dije que, si no jugaba en el Madrid, me quedaba en el Valladolid, donde tenía dos años más de contrato. Jesús Gil fue muy comprensivo, siempre se lo agradecí, y por eso cumplí mi sueño durante catorce años». Sin embargo, lógicamente, el Real Madrid tuvo que hacer frente a una indemnización económica al Atlético, que ya tenía apalabrado el fichaje de Hierro con el Valladolid. Ramón Mendoza se hizo con el fichaje del malagueño y le ganó la partida a Gil, pero el de Burgo de Osma reclamó 30 millones de pesetas a modo de compensación. Y cuando los cobró para facilitar que Hierro cumpliese su sueño y acabase jugando en el Bernabéu, Gil decidió darle un giro inesperado al asunto.

Con ese dinero, Gil y Gil ordenó la fabricación de miles de relojes con el escudo del Atlético de Madrid para disfrute de sus socios. En cada uno de ellos se podía leer esta inscripción: «REGALO DE DON RAMÓN».

2

La culpa fue del chachachá

Julio de 2015. Atlético de Madrid y Oporto pactan el traspaso del goleador Jackson Arley Martínez. Se trata de un delantero centro potente, poderoso, de gran zancada y una enorme capacidad para el remate. Su nombre de guerra: Jackson «Chachachá» Martínez. El colombiano es una tuneladora humana del gol (67 en 90 partidos) y varios grandes de Europa pretenden su fichaje. El que se lleva el gato al agua es el Atleti. El acuerdo se alcanza por el importe de su cláusula de rescisión, 35 millones de euros, y el club portugués lo comunica en el Código de Valores Mobiliarios de su país, ya que los *dragoes* cotizan en bolsa. El Atleti está convencido de que Jackson hará un gran papel, como su compatriota Radamel Falcao, pero la historia termina siendo justo al revés.

A Acción Jackson (apodo copyright de mi compañero Hugo Condés) nunca le fue bien en Madrid. Desde el primer día, las cosas no salieron como se esperaba. Primero, sufrió un esguince. Luego, rindió mal. Más tarde, se le detectaron carencias tácticas. También falló goles cantados. Y después, a pesar de que el equipo siempre le esperó, le faltó confianza. Jackson quitó hierro a la situación y prometió que cambiaría: «El apoyo del Calderón es demasiado positivo. Es un compromiso para mí. Voy a pelear hasta el final. Por mi cabeza no pasa, como dicen por ahí, que ya tengo mi salida lista para la próxima temporada. Voy a pelear al máximo. Me quedaré mientras el club quiera». Llevaba cuatro meses en el Atleti, había firmado por cuatro años y ya mencionaba su posible salida del club sin que nadie le hubiera preguntado siquiera por ello. Era un mal síntoma.

Un día después de cerrar el mercado de invierno, el Atlético de Madrid decidía vender a Jackson Martínez a un club de la entonces emergente Superliga de China. El colombiano, bloqueado e inadaptado, siempre contó con el respaldo del club, del vestuario y de Diego Pablo Simeone, que no dejó de defenderlo en público, invirtiendo toneladas de paciencia. Un club chino apareció con el dinero por castigo, entró en escena y la venta se precipitó. La directiva del Atlético vio la luz como san Pablo la vio al caer del caballo, y Jackson, incapaz de revertir su situación como deben hacerlo los grandes delanteros, con goles, dio luz verde. Acción Jackson no era feliz en Madrid, no estaba convencido de su estancia en el Atleti y el club decidió tomar una sabia decisión. Si la oferta era buena, debía salir. Jackson entró en el Atlético, pero el Atlético nunca entró en él. Los chinos pagaron 42 millones de euros y el colombiano acabó en Asia. El caso de Martínez fue un clásico del fútbol moderno: jugador caro que no responde a las expectativas, caldo de cultivo negativo, equipo grande que exige rendimiento, entrenador que protege a un futbolista inadaptado y equipo menor que, con dinero, soluciona un problema. Asunto zanjado. Jackson: ruina deportiva, negocio millonario. Jackson llegó como un Tigre Falcao 2.0 y se fue como un Tren Valencia versión 3.0. Nadie lloró su adiós. Su historia como colchonero fue un desastre, y la culpa, como cantaba el grupo Gabinete Caligari, acabó siendo del chachachá. El balance de Jackson Martínez en el Atleti fue horrible. Quince partidos, dos goles.

Martínez tampoco cosechó precisamente un éxito en China. Apenas llegó a disputar diez partidos completos y anotó tres tantos. Entre diferentes molestias musculares y una lesión crónica de rodilla, acabó cedido al modesto Portimonense luso. Allí tampoco le fue mucho mejor. En cuarenta partidos, solo marcó diez goles. En diciembre de 2020, después de pasar seis meses como agente libre sin equipo, anunció oficialmente que se retiraba del fútbol. Aquel duro invierno, Acción Jackson decidió que debía dar un nuevo impulso a su vida. Así pues, a los treinta y cuatro años, el chocoano sorprendió a propios y extraños reinventándose como... cantante religioso. Feliz con su nueva faceta profesional, pasando de delantero centro a cantante, Jackson lanzó un tema musical que trataba de la importancia de los momentos difíciles y la compañía de Dios en cada uno de ellos: *Las dos puertas*. ¿Su estilo? «Una mezcla del rap, urban y trap, con el objetivo de expresar mi fe». Luego vino el tema *De tal manera*, que hacía referencia a un versículo de la Biblia, Juan 3,16. Adiós, fútbol. Hola, música religiosa. «Mi fe siempre la he proclamado y nunca la he escondido, en todos los clubes supieron en lo que yo creía. Hoy soy cantante».

La historia de Jackson Martínez es una de las más sorprendentes del fútbol mundial. En apenas unos años, pasó de ser un insaciable depredador del gol a ser más tierno que Bambi y convertirse luego en cantante religioso. Dicen que los caminos de Dios son inescrutables. En el caso del chocoano, así fue. Entró en el Atleti, pero el Atleti nunca entró en él. La culpa fue del chachachá.

3

Garbanzos

Pedro Tomás Reñones Crego, natural de Santiago de Compostela, siempre fue atlético hasta las cachas. Presumió de serlo y, aún más, de cumplir el gran sueño de su niñez: jugar en el Atlético de Madrid. Comenzó en los juveniles del Compostela y defendió dos años la camiseta blanquiazul en segunda división B. Celta y Deportivo se interesaron por su fichaje, pero fue el Atlético de Madrid quien se llevó el gato al agua. Su padre, atlético de toda la vida, le metió en vena el veneno colchonero, y este nunca salió de su cuerpo. Estuvo dos temporadas en el Madrileño, y Luis Aragonés le subió al primer equipo. Tomás lo había logrado. Lo consiguió como lateral derecho, durante doce temporadas seguidas.

En su primer entrenamiento, hizo la pared con un compañero y, cuando quiso correr hacia el balón, chocó contra un muro que le dejó tumbado y sin respiración. Era Juan Carlos Arteche. Ese día aprendió que, si quería jugar en el Atleti, debía ser duro, rocoso y, por qué no, repartir leña. Tomás fue un gran alumno en cada entrenamiento y, con el paso de los meses, superó a su maestro. El gallego repartía de todo menos caramelos. Y en los entrenamientos, más. Uno de los que sufrió la «Segadora» Reñones fue el «Manito» Hugo Sánchez. Luis Aragonés quería máxima intensidad en el entrenamiento y Tomás se encargó de marcar al mexicano al hombre. Le cosió a patadas; cuando Hugo se hartó de recibir, se encaró con el gallego. Y Luis, que sabía más por viejo que por diablo, frenó en seco a su goleador con su particular sentido del humor: «Oiga, mexicano, que el gallego se está ganando los garbanzos como usted». Otro miembro del club de damnificados por Tomás fue Manolo, que llegó a ser pichichi en el Atleti. Cada vez que había entrenamiento y tocaba partidillo, el delantero se cambiaba de banda para que Reñones no le hiciera probar la especialidad de la casa: su célebre «jarabe de palo».

Tomás, rápido como el rayo y terriblemente duro en el marcaje al hombre, fue, durante todos esos años, uno de los hombres de confianza de Jesús Gil en el vestuario. Así pues, cuando colgó las botas y se despidió por todo lo alto siendo el capitán del doblete, no le pareció mala idea seguir bajo el paraguas de su presidente. Tanto que se arrimó a la vertiente política de Gil, pasando a formar parte de su partido político, el Grupo Independiente Liberal (GIL). El gallego llegó a concejal de Deportes del Ayuntamiento de Marbella y ocupó temporalmente la alcaldía. Sin embargo, acabó condenado en el marco del caso Malaya e ingresó en la prisión de Alhaurín de la Torre, en 2016, para cumplir una condena de cinco años y seis meses, por delitos continuados de cohecho pasivo y fraude, en el tiempo en que fue regidor ocasional del consistorio. En la cárcel, Tomás se dedicó a leer mucho y a organizar competiciones deportivas entre los reclusos (fútbol, baloncesto, tenis) e incluso logró formar su propio equipo. Quedó en libertad bajo fianza cuatro meses después, pero su periplo ante la justicia no había hecho sino comenzar: dos años más tarde ingresó de nuevo en prisión; logró el tercer grado al mes siguiente. Después volvió a ser condenado a otros cuatro años de cárcel y a pagar una multa de trescientos mil euros. El exjugador admitió haber recibido sobres con dinero, aunque lo atribuye a «sus crecientes responsabilidades en el Ayuntamiento», y siempre defendió que «muchos no sabíamos qué pasaba allí». Con el paso del tiempo, Tomás logró ser absuelto de los delitos de prevaricación y malversación.

En 2018, superada su etapa en prisión, Tomás volvió a regatear al destino. Cuando era coordinador del primer equipo, sufrió una hemorragia cerebral y acabó ingresado de urgencia. Tomás, más duro que los clavos de un ataúd, resistió aquella espontánea hemorragia, se sometió a diferentes pruebas y un tiempo después se recuperó para volver a trabajar en el Atleti. Hoy sigue vinculado al equipo de su vida y, de vez en cuando, ejerce de portavoz improvisado del club. Las personas que más marcaron su vida fueron sus padres: «Me enseñaron a no rendirme nunca. Es lo que traté de hacer en mi vida personal y en el fútbol. Con esa premisa me levanto cada día». Tomás, que se ganó durante años los garbanzos en el Atleti, es el jugador que más partidos disputó en el demolido estadio Vicente Calderón. Es un récord que no se podrá batir.

4
El palco fue un ring

El Atlético de Madrid jugó uno de los partidos más brillantes de su historia el 21 de febrero de 1996. Ese día, el equipo rojiblanco batió al Valencia en Mestalla por 3-5, en un duelo de Copa del Rey, logrando una remontada épica en un partido vibrante. Aquel era el Atleti de Antić. Formó con Molina; Geli, Solozábal, Santi, Toni; Vizcaíno, Simeone, Caminero, Pantić; Kiko y Penev. Su rival, el Valencia, entrenado por Luis Aragonés, alineó a Zubizarreta; Mendieta, Camarasa, Engonga, Ferreira, Romero; Mazinho, Fernando, Poyatos; Gálvez y Mijatović. Los valencianistas se fueron al descanso ganando por 2-0, pero, tras la pausa, el Atleti fue un vendaval. Los colchoneros, en una segunda mitad espectacular, destrozaron al Valencia con tantos de Pantić (2), Juan Carlos, Biagini y Roberto Fresnedoso, que entraron de refresco en el cuadro madrileño. Mijatović hizo el tercero de la cuenta che para maquillar la goleada, y el público aplaudió el esfuerzo de los dos equipos al término del encuentro. Fue el partido más brillante de la era Antić. Y una de las mejores puestas en escena de toda la historia rojiblanca en la Copa. Sin embargo, lo que pasó más tarde en el palco eclipsó lo acontecido en el césped.

Lubo Penev, delantero búlgaro del Atlético, regresaba a Mestalla después de militar durante seis temporadas en el Valencia. El hijo pródigo volvía a casa, pero con la camiseta del Atleti. Su etapa valencianista fue realmente buena. Llegó en 1989, jugó 184 partidos y anotó 77 goles, y se convirtió en el gran ídolo del valencianismo y referente en el vestuario; llegó a ser uno de los capitanes. Era un gigante imponente, jugaba de espaldas como nadie, tenía un disparo potente y derrochaba personalidad. Su suerte cambió en 1994: le diagnosticaron cáncer. La enfermedad le obligó a perderse el Mundial de 1994, donde Bulgaria alcanzó el cuarto puesto. Tras cinco meses de sesiones de quimioterapia, el tumor remitió y volvió a jugar. Se despidió del Valencia tras la final de Copa ante el Deportivo, aquella que duró dos días tras un diluvio que anegó el Bernabéu.

En su regreso a Mestalla, el búlgaro completó los primeros cuarenta y cinco minutos, pero acabó siendo sustituido al descanso por Antić, que dio entrada a Biagini. Sobre las doce menos cuarto de la noche, acabado el partido con remontada del Atlético, el búlgaro se encaminó a la sala de prensa para atender a los medios de comunicación, pero antes pasó por el palco con la intención de saludar a unos amigos. Entonces Penev se cruzó con Paco Roig, presidente del Valencia, con el que no mantenía una buena relación personal: Lubo estaba convencido de que, durante su enfermedad, Roig había querido rescindir su contrato. Y no se lo perdonaba. Se sintió traicionado y, precisamente por eso, se fue al Atleti. Por tal motivo, cuando ambos se vieron, saltaron chispas y se armó la marimorena. Acabaron a tortazos. Según testigos presenciales, Penev soltó un puñetazo tremendo que impactó en la cara de Roig, al que otros directivos allí presentes tuvieron que proteger ante la ira del jugador búlgaro. Finalmente, gracias a la intervención de la policía, pudieron separarlos. Esa noche, el palco de Mestalla fue un ring improvisado. Penev abandonó la escena a la carrera y se subió al autocar con sus compañeros para ir al hotel de concentración.

Las versiones de los protagonistas fueron contradictorias. Lubo fue lacónico: «Roig no sabe perder». El presidente, por su parte, explicó algo bien distinto: «Ha ido al palco para provocar, le he dicho que debía abandonarlo, no me ha hecho caso y se ha puesto a hablar con unas azafatas. Cuando le he insistido, me ha llamado payaso. Yo no le he insultado». Roig, que salió peor parado del intercambio de golpes y tenía síntomas de derrame en un ojo, amenazó con denunciar a Penev ante la policía, algo que le desaconsejó Miguel Ángel Gil Marín. Cuentan las malas lenguas que cuando Luis Aragonés, mito atlético y entonces entrenador del Valencia, se enteró de lo sucedido, esbozó una sonrisa. Roig cumplió su palabra y presentó la pertinente denuncia por agresión. Bien entrada la madrugada, en la COPE, dejó una frase lapidaria en la radio: «Ha venido a provocar, y en mi casa no me pega nadie».

Aquella trifulca logró que, al día siguiente, casi nadie hablara del gran partido de fútbol que se había vivido en Mestalla ni de la remontada épica del Atleti ante un gigantesco Valencia. Solo se hablaba de la pelea en el palco. Por cierto, aquella temporada fue la primera y última de Lubo Penev con el Atleti. Marcó veintidós goles en cuarenta y cuatro partidos, logró un doblete de liga y Copa, y acabó fichando por el Compostela de José María Caneda. Otro «amigo» de Gil, ese con el que protagonizó otra historia que acabó a guantazos.

5

Cohete Rubio

Marzo de 1990. España-Austria en La Rosaleda. El seleccionador del equipo visitante decide hacer cambios en el segundo tiempo. España domina por 2-0 y los austriacos deciden meter más «dinamita» en el terreno de juego. El elegido es Gerhard Rodax. Irrumpe con fuerza, genera varios contragolpes peligrosos y lidera la reacción de Austria, que consigue nivelar el marcador. «¿De dónde sale ese rubio?», se preguntan los aficionados que están siguiendo el partido por Televisión Española. En el último minuto, Rodax, que era suplente de Andreas Ogris —que jugaría en el Espanyol— y Toni Polster —estrella del Sevilla—, agarró la pelota y se marcó una jugada de fuera de serie. Dribló a dos rivales y, cuando le salía al paso un tercero, levantó la cabeza y batió a Andoni Zubizarreta. Austria lograba una inesperada remontada y Rodax firmaba una actuación portentosa. Meses después, aquel delantero potente, con melena de roquero, pendiente y la mano izquierda siempre vendada, fichaba por el Atlético de Madrid. El cuadro rojiblanco abonaba 200 millones de pesetas por el traspaso y el Admira Wacker se quedaba sin «el cohete rubio».

El austriaco llegaba al Calderón como tercer mejor goleador europeo de la temporada —anotó treinta y cinco chicharros—, solo superado en la Bota de Oro por dos bestias como Hristo Stoichkov y Hugo Sánchez. Arrancó con buen pie, marcando un *hat-trick* en el Trofeo Villa de Madrid, ante el Estrella Roja, cosa que generó cierta ilusión entre los aficionados. Sin embargo, Rodax nunca cumplió con las expectativas que levantó su fichaje. Era trabajador, honesto y buen compañero, pero le costó hacer goles en España. Anotó apenas nueve tantos en veintiséis partidos de liga. Eso sí, uno de sus escasos goles dejó buen recuerdo entre la afición: su potente remate de cabeza sirvió para abrochar una festejada goleada ante el Madrid, en el Bernabéu, en un duelo que acabó 0-3. Alfredo Santaelena puso un centro con música, Rodax remató con el parietal y el balón se coló como una exhalación en la meta que aquel día defendía Pedro Luis Jaro. Esa fue la gran noche de Rodax. La única memorable durante su temporada como rojiblanco.

Tras un solo partido de la temporada 1991-92, Gerhard hizo las maletas y regresó a su país, para jugar en el Rapid de Viena. Falleció de manera trágica y prematura, con apenas cincuenta y siete años, al sur de Viena, en un pequeño pueblo donde había encontrado trabajo como profesor en una escuela de tenis. Meses antes, los médicos le habían diagnosticado una grave enfermedad que le estaba consumiendo por dentro. Su cadáver apareció entre las vías de una estación, en la localidad de Traiskirchen, tras ser arrollado por un tren de alta velocidad, según la prensa austriaca.

6

Operación Torres

Fernando José Torres Sanz, leyenda del Atlético de Madrid, siempre tendrá un lugar de honor en el corazón de la afición colchonera. Sin embargo, su carrera pudo haber sido muy distinta en la primavera del año 2001. En aquel entonces estaba a punto de cumplir diecisiete años y era la gran promesa de la cantera. Muchos clubes estaban al tanto de su evolución y seguían su carrera. Entre ellos, el Valencia C. F., que estuvo muy cerca de ser su equipo. Y es que el Niño, durante diez días, fue jugador propiedad del cuadro valencianista. Concretamente, entre el 10 y el 20 de marzo de aquel año. La operación se fraguó entre Jesús Gil, dirigente rojiblanco, y la junta directiva valencianista, comandada por Manuel Llorente y Pedro Cortés. Se trataba de un préstamo encubierto del club che a los colchoneros.

El Atleti no tenía liquidez y el Valencia se ofreció a «rescatar» al equipo madrileño. Ambos clubes sellaban el traspaso del Niño por 464 millones de pesetas (400 kilos en concepto de traspaso más el impuesto del IVA correspondiente). No obstante, el Atlético de Madrid se guardaba una opción de recompra por Torres, que podía ejecutar siempre y cuando devolviera el dinero que le había prestado el Valencia en un plazo de dos semanas. Días después, antes de apurar el plazo, el club colchonero devolvía el dinero del préstamo al Valencia, y Fernando, que incluso llegó a firmar un contrato de cinco temporadas con los ches, depositado en la sede de la liga, terminó echando raíces a orillas del Calderón. De hecho, según varios medios de comunicación, los agentes de Torres habrían incluido una cláusula en aquel contrato por la que el Atlético de Madrid se obligaba a indemnizar con 2.600 millones de pesetas a Fernando si no devolvía el préstamo dentro del plazo acordado.

La operación Torres fue rocambolesca. El Atlético de Madrid recibió un crédito de 450 millones de pesetas del Valencia para resolver problemas de liquidez y avaló la operación con la venta de los derechos federativos de Torres. Y, días después, recuperó el control del jugador con dos pagarés por un total de 450 millones con vencimiento el 25 de junio. Es decir, que el 10 de marzo de 2001 el Valencia firmó el contrato con Torres, y el 20 de marzo el Atlético devolvía el dinero para recuperar al delantero. Miguel Ángel Gil Marín ofreció su versión y quitó hierro al asunto en la prensa: «Esto ha permitido resolver al club un problema inmediato de liquidez. A los quince días de vender al jugador, se le ha recomprado, al recuperar sus derechos federativos con la devolución del importe del préstamo, tal y como se estipulaba en el compromiso». El asunto no acabó ahí, porque aquella operación financiera se llevó a cabo en plena intervención judicial, de tal manera que el fiscal Carlos Castresana, que investigaba por entonces el llamado caso Atlético, pidió al juez que investigara si ese acuerdo privado entre clubes podía ser constitutivo de delito. La sangre no llegó al río, Gil y Gil consiguió liquidez, devolvió el dinero diez días después y logró salvar los muebles recuperando al Niño.

7

Un Porsche amarillo

Verano de 1987. Paulo Futre, considerado el mejor jugador de Europa, acaba de ganar la Copa de Europa con el Oporto. Su presidente, el sempiterno Pinto da Costa, espera recaudar una fortuna por su traspaso. El Inter de Milán irrumpe con fuerza, negocia durante semanas y tiene el fichaje encarrilado. Todo está a punto de consumarse, pero falta la firma del jugador. Futre viaja a Milán con Pinto da Costa, resuelto a estampar su firma con el cuadro interista. Justo entonces, aparece una inesperada visita en el vestíbulo del hotel. Se trata de Jesús Gil y Gil, aspirante a la presidencia del Atlético de Madrid. Futre no tiene ni idea de quién es y quiere dormir la siesta para esperar tranquilamente que se concrete su fichaje por el Inter, por lo que rechaza recibir a Gil. Sin embargo, el presidente del Oporto convence a Paulo para escuchar amablemente la oferta del empresario de Burgo de Osma. Futre accede a recibir a Gil, pero dejando bien claro a su presidente cuál será su protocolo de actuación: «Mire, presidente, vamos a hacer una cosa: usted le pide el doble, y yo también, así terminamos rápido». Ese día cambiaría la carrera de Futre.

El encuentro entre las partes fue en el vestíbulo del hotel. A Futre aquello no le terminaba de cuadrar: «Iba con muchísima seguridad, con la camisa abierta, con collares de oro colgando del cuello... Yo le decía al presi: "¿Seguro que es este hombre?"». Gil y Gil, que no era precisamente un dechado de diplomacia, se cruzó con el crack portugués, pero fue incapaz de reconocerle: «Me preguntó dónde estaba Futre, y entonces se dio cuenta de que era yo, porque llevaba unas chanclas con mi nombre». Paulo escuchó, y a cada promesa que salía de la boca de Gil, a Pinto da Costa le parecía mejor la cosa. Hablaron largo y tendido; después de un buen rato, Gil decidió que tenía que salir de esa reunión con un compromiso firme. Al no ser todavía presidente, don Jesús suplicó a Futre que le acompañase a su acto de cierre de campaña como candidato, consciente de que la presencia del luso supondría un golpe de efecto para ganar las elecciones.

Futre aceptó el desafío de Gil y se montó en un jet privado, acompañado por Pinto da Costa. En mitad del vuelo, a Paulo le entraron las dudas: y si Gil no ganaba las elecciones, ¿qué pasaría? Mientras el candidato echaba una siesta, Futre le comentó a Pinto da Costa que igual se habían metido en un buen lío y que era mejor pájaro en mano que ciento volando: «Presi, lo teníamos hecho con el Inter. Como este hombre no gane, ya me dirá usted qué hacemos». El presidente del Oporto tranquilizó a Paulo, que acabó llamando a su padre para darle las buenas nuevas: «Papá, si todo sale bien, no tendrás que trabajar nunca más». Cuando Gil despertó del sueñecito en mitad del vuelo, Futre insistió. Quería dejarlo todo bien atado. Y apretó el acelerador: «Señor Gil, quiero una casa grande». Gil accedió: concedido. «Oiga, quiero que la casa tenga piscina». Concedido. «También quiero un coche. Quiero un deportivo. Quiero un Porsche». Concedido. Futre insistió a Gil. Quería tener el coche nada más aterrizar en Madrid: «Si no tengo el Porsche, me vuelvo a Italia y ficho por el Inter». El portugués no se fiaba. Y si aquella aventura no salía bien, al menos podría quedarse con un Porsche de recuerdo.

Una vez que el jet privado llegó a Madrid, Gil, Pinto da Costa y Futre se fueron directos a un concesionario, para que el portugués tuviera su flamante deportivo. Gil no iba de farol. En el concesionario solo quedaba un Porsche disponible para ser vendido. Uno de color amarillo. Paulo dudó. «El único que había disponible para entrega inmediata era un Porsche... amarillo. Nunca había visto un coche amarillo, todavía menos uno deportivo. No sabía qué decir. Pinto da Costa me dijo que era un coche muy bonito, así que me lo quedé», recuerda Futre. Desde el concesionario llamó a un amigo para que recogiese el coche y se lo llevase hasta su casa, en Portugal. Así fue.

Horas después, Gil daba el golpe de efecto definitivo para asaltar la presidencia. Presentaba a Futre de madrugada, en la discoteca Jácara, entre la sorpresa de la prensa deportiva allí presente y los entusiastas vítores de algunos miembros del Frente Atlético. Gil arrasó en las urnas y fue elegido presidente, el Inter se quedó sin Futre, Pinto da Costa se quedó con una fortuna para su equipo, Gil se quedó con el Atleti y Paulo se quedó con su Porsche. Eso sí, tuvo que hacerle algunas «reformas» con el paso del tiempo. «No podía andar con ese coche por Madrid. Todo el mundo sabía de quién era. Y luego menos, porque llegó Luis Aragonés, que odiaba el color amarillo, así que tuve que pintar el coche de rojo».

8
El caso Effenberg

Diciembre de 2001. El Atlético de Madrid atraviesa su segundo «añito en el infierno», en segunda división. Luis Aragonés tiene el ascenso encarrilado con once puntos de ventaja sobre el segundo, y Paulo Futre diseña la plantilla de la próxima temporada, la del regreso a primera. En ese contexto, estalla una bomba informativa entre la prensa: Stefan Effenberg, jugador del Bayern de Múnich de treinta y tres años, puede ser el fichaje estrella si el Atleti logra el ansiado ascenso. Bernd Schuster y su mujer, Gaby, han intermediado en la operación y han propiciado una primera toma de contacto entre Jesús Gil y Effenberg. El alemán aparece acompañado por su mujer, Martina, y por el Atlético acuden Jesús Gil y su hijo, Miguel Ángel, para averiguar si Effenberg estaría dispuesto a jugar en España.

La mujer de Schuster propone el asunto a la esposa de Effenberg; después de negociar personalmente con Gil, el fichaje parece hecho. Martina lleva la voz cantante, es la representante legal del Tigre y hace buenas migas con el alcalde de Marbella en su visita al rancho de Valdeolivas. El interés es real y el propio Effenberg lo confirma en la prensa: «Es cierto que el sábado Martina y yo estuvimos en Madrid invitados por la familia Gil, y el Atlético me hizo una oferta. Me gustaría, el Atlético es un equipo con mucha tradición y tiene un estadio fantástico. Sé que están en segunda, pero son los primeros, con once puntos de ventaja con respecto al tercer clasificado. Además, no me importaría militar en esa categoría. Voy a meditar mi futuro». Effenberg, que posteriormente se divorció de su esposa tras conocerse que había tenido una aventura con Claudia, la mujer de su compañero en el Bayern Thomas Strunz, le prometió a Gil que el Atleti sería su prioridad número uno.

Al enterarse de la negociación por la prensa y sintiéndose ninguneado, el director deportivo, Paulo Futre, desestimó el fichaje y amenazó con dejar su cargo. El cabreo del portugués y de Luis Aragonés era mayúsculo. Todo había sido una maniobra de los Gil y nadie los había consultado. Pidieron una reunión con el presidente y le comentaron que así no se podía gestionar el futuro del club. A Gil, al que le importaba un bledo reconocer que el Atleti se hacía el harakiri en los despachos, tampoco le importó mandarle un recado a Futre por televisión: «Si a Futre le duele el orgullo, que se vaya. Es su problema. Si se va, uno menos. No me voy a poner a rezar para que Futre no se vaya. No voy a ir a su casa de rodillas a decirle: Pablo, Pablito, no te vayas, por favor». El caso Effenberg provocó una grave crisis de confianza en el Atlético, pero nunca cristalizó. El problema fue el de siempre: el dinero. Gil nunca fichó al alemán, Luis logró el ascenso y Futre se largó del club en 2003.

9
Pechuga San Román

Siempre dijo que su vida no tenía sentido sin el Atlético de Madrid. Así lo sintió, así vivió y así se entregó a su causa. El periodista Ricardo Uribarri escribió en la revista *Contexto* que era casi imposible encontrar un caso como el de Miguel San Román: «Es difícil encontrar el caso de un futbolista que habiendo jugado tan poco en el Atleti haya terminado siendo una figura tan carismática y tan querida. Eso solo se consigue siendo muy buena persona». San Román apenas jugó setenta partidos durante once temporadas, pero su recuerdo permanecerá eterno para los que le conocieron y pudieron saborear su amistad. El Pechuga, apodo que le puso su compañero Griffa, porque era «un poco chulito y en vez de llamarme "pechito" me llamó pechuga», nació en la provincia de Zamora, llegó a Madrid con trece años y, con quince recién cumplidos, hizo la prueba en el Atleti. El Metropolitano le pillaba cerca de su casa y se tiró un año entero jugando solo partidos amistosos, porque no pudieron hacerle ficha hasta que no cumplió los dieciséis. Primero salió cedido al Rayo. Después, al Murcia.

Cuando regresó al Atlético, San Román tuvo que competir con algunos de los mejores porteros de la época. Primero, con Pazos; luego, con Madinabeytia; más tarde, con Zubiarrain; y, por último, con Rodri. Tuvo dos temporadas en las que jugó regularmente, la 1966-67 y la 1967-68: sumó treinta partidos como titular entre ambas. Como rojiblanco ganó dos ligas, una Copa y una Recopa de Europa. En aquellos años, el reglamento no contemplaba la posibilidad de que los equipos pudieran hacer cambios durante los partidos. Apenas podía haber un reserva, el portero suplente, por si se lesionaba el titular. Es decir, que, durante muchas temporadas, San Román era el único jugador que ocupaba el banquillo del Atleti.

Adelardo, le definió así: «No se ponía nervioso casi nunca. No era muy ágil, no era de los que volaban de un sitio a otro. Para mí era bastante bueno. Recuerdo que no le gustaba llevar jerséis de colores llamativos, que era la moda en aquel momento. No exigía nada especial. Era muy discreto». A lo largo de su trayectoria en el Atleti, Miguel San Román se convirtió en un auténtico hombre-anécdota. Una de las más famosas, la que vivió tras un empate (3-3) ante el Sevilla, con remontada colchonera. Al día siguiente, la directiva reunió a la plantilla y los multó con 10.000 pesetas por falta de combatividad. Tras imponer el castigo a los jugadores, los directivos preguntaron si alguno de los presentes tenía algo que decir. El Pechuga respondió: «Sí, yo tengo algo que decir. ¿Falta de combatividad? Yo soy el portero, ¿qué hago? ¿Me doy de cabezazos con los postes?». Años más tarde, en las célebres comidas de Navidad de los veteranos del club, en las que Miguel solía derrochar sentido del humor, también contó una de las anécdotas más recordadas por sus amigos. La contó cuando celebraba su particular gala de Premio Soplapollas del Año, una tradición que sirvió para que San Román decidiera premiarse a sí mismo, contando que una vez se bajó del AVE en Córdoba para fumarse un cigarro… y acabó perdiendo el tren.

San Román nunca fue figura, pero sí santo y seña atlético. Así lo plasma su amigo José Antonio Martín Otín «Petón» en su libro *Blanco ni el orujo*, que repasa las múltiples anécdotas y el inigualable compromiso de San Román: «¿Qué futbolista habría aguantado en la actualidad tantas temporadas siendo suplente? Eso solo lo hizo Miguel porque estaba enamorado del Atleti». En este delicioso libro, Petón definió a San Román con puntería: «San Román es el alma del Atlético. Para nosotros, que entendemos este club como una misión, es el abanderado. Estuvo trece años en el primer equipo, doce de ellos de suplente». Adelardo siempre puso en valor su gran corazón: «Tenía un espíritu de vivir la vida y de saber lo que era un amigo que hacía que fuera de los más queridos por el resto. Era una persona de un carácter alegre que favorecía la unión con los demás». Pepe Navarro, primero portero del Atleti y después agente de Luis Aragonés, recuerda que su amigo Miguel era enorme: «Fue sobresaliente como portero y matrícula de honor como suplente».

Cuando colgó los guantes, hizo una labor encomiable al frente de la sección de veteranos del club. Como ya no podía jugar de portero, se hizo entrenador del equipo. Llamaba a los jugadores, se interesaba por ellos, conseguía los autobuses para viajar; como recuerda Adelardo, Miguel «era como el pastor que era capaz de unir a sus ovejas». Atento, amable, entregado a la causa y jamás con un «no» por respuesta, San Román se convirtió en uno de los grandes embajadores del Atleti. Fue cuñado de otro rojiblanco, Jesús Glaría. Ambos se casaron con hijas del famoso promotor de boxeo Luis Bamala. Y de ahí nació su pasión por el mundo del «noble arte». Organizó veladas de boxeo, varios campeonatos de España y también combates de lucha libre. Él solía bromear diciendo que, en su nueva faceta, se había vuelto «multirrico». De hecho, el famoso peso pesado Urtain fue el que llevó a cabo el saque de honor en su homenaje. Años más tarde, San Román también hizo sus pinitos en el mundo de la noche, tras encargarse del tablao flamenco Canasteros, donde, tras casarse en segundas nupcias con la hija de Manolo Caracol, anterior dueño de la sala, trajo a Madrid a talentos como Camarón de la Isla o Rocío Jurado, que en aquellos entonces aún no eran reconocidas figuras mundiales. También descubrió a Los Morancos, fascinó al director Roman Polanski y hasta se hizo colega del mítico jugador inglés Bobby Charlton, apoyado en la barra del bar, sin que ninguno de los dos entendiera nada de lo que el otro le estaba diciendo en su idioma.

Cuando Luis Aragonés falleció, miles de atléticos quedaron consternados por su muerte. El más sentido fue, de lejos, San Román. Las lágrimas del Pechuga durante el emotivo homenaje a su amigo encogieron el corazón de toda la hinchada. Él siempre repitió que no quería irse al otro barrio sin ver al Atleti ganando la Copa de Europa. No pudo ser. El día que dejó este mundo, el director de cine y atlético confeso José Luis Garci comentó que San Román «recogía toda una época: el mundo del fútbol, del espectáculo, de los toros, del flamenco. Y todo con una gran simpatía». De propina, Fernando Torres, al conocer la noticia, escribió que al Atlético de Madrid se le había ido «un trocito del escudo». Sus hijas depositaron sus cenizas en el columbario del Calderón. Fue, sin apenas jugar, una de las grandes leyendas del Atlético de Madrid. El Pechuga fue, junto con Pepe Navarro y Luis Aragonés, santísima y rojiblanca trinidad.

10

Supersticiones

Que el fútbol es campo abonado para la superstición es algo que no escapa a nadie. La historia rojiblanca está llena de diferentes episodios de superchería y de personajes que querían apartar cualquier tipo de gafe. Uno de ellos fue el presidente Vicente Calderón. Solía tener un traje de la suerte, como bien recordaba su hijo años después de la muerte del gran presidente: «Mi padre tenía una manía, y es que cuando jugábamos en casa se ponía todos los días el mismo traje, bajaba a misa a la misma hora. Como le gustaba mucho comer, fue engordando, lógicamente, y el traje se fue estrechando. Yo le decía que se quitase la chaqueta porque, además de que no se la podía abrochar, no te imaginas cómo estaba, que solo se la ponía para ir al fútbol, y me decía que no, que había mucho gafe, y que a ver que si por quitársela iba a pasar algo». A Calderón no le fue mal.

Otro ilustre en el selecto club de las supersticiones fue precisamente el hombre al que don Vicente nombró entrenador: Luis Aragonés. La fobia del Sabio hacia el color amarillo era legendaria. Tal era la superstición del técnico de Hortaleza que no dudaba en decirle a cualquier persona que llevara algo amarillo que se lo quitara o que se apartara de su vista. A un jugador que llegó a una concentración con una camiseta amarilla, le mandó a casa. Lo mismo le pasó a un empleado del Atlético que iba con un jersey amarillo cuando Aragonés dirigía al equipo colchonero. En la selección, también. Cierto día, Raúl González Blanco se presentó con una camiseta amarilla y Luis le obligó a deshacerse de la prenda. Otro de los mitos atléticos de los años setenta, Eugenio Leal «el Cheli», fue conocido por su particular amuleto. Sufrió una fractura de escafoides en una de sus manos en un partido de verano y, como no quería perder el puesto en el once titular, comenzó a jugar con un vendaje con una férula. Pasadas las molestias, Leal siguió jugando el resto de su carrera con la mano vendada, porque creía que le daba suerte. Los rivales protestaban de vez en cuando, explicando que, en los balones divididos, les golpeaba con la parte dura de la férula.

Alfio «Coco» Basile fue otro entrenador amante de la superstición. De hecho, uno de los múltiples rituales antes de los partidos fue desvelado por las cámaras de Canal Plus. Antes de los partidos, el Coco solía colocar un paquete de tabaco —normalmente fumaba Marlboro— apuntando a la portería contraria. No le funcionó demasiado bien. Al menos, en el Atleti. Eso sí, nadie tan supersticioso en toda la historia del club colchonero como Diego Pablo Simeone. El exjugador Guilherme Siqueira reconoció hace años que el cuerpo técnico del Cholo era exageradamente supersticioso. A todos los niveles. «Nunca vi nada igual en mi vida. Teníamos un protocolo al salir del hotel, en el autobús y hasta el momento del partido». La cosa empeoraba en el autobús: «Tenía que sonar siempre la misma lista de música. También en el vestuario. Cuando regresábamos del calentamiento, Simeone siempre estaba golpeando una pelota con la mano contra el suelo y, antes de hacer el círculo, él le daba el balón al capitán, el capitán hacía lo mismo, y así tenía que ser, no podía cambiar».

El tema de la música también tenía un ritual particular en el Atleti de Simeone: «Había de todo en la *playlist*: reguetón, música española, latina, pero siempre era el mismo *pen drive*. Un día el sonido se paró y Simeone se quedó loco, parecía que era ya el 1-0 en contra y gritaba "¡pon la música!"». El Cholo es, sobre todas las cosas, un hombre de rutinas. Buena prueba de ello es la final de Copa de 2013, que ganó en el Bernabéu. En la previa, repitió todas y cada una de las mismas acciones en las que el Atlético de Madrid logró ganar el doblete del año 1996. Simeone, que jamás habla en público de sus supersticiones («para no desvelarlas, porque tengo demasiadas»), se ha consolidado en el banquillo del Atlético de Madrid como el hombre de negro. Viste siempre así, y cuando gana un partido repite camisas, traje y zapatos de color negro, hasta que llega una derrota. Es así desde diciembre de 2011...

11
De Ginola a Moacir

Mayo de 1993. En mitad de la enésima temporada irregular del Atlético, la prensa deportiva madrileña suelta una bomba informativa. Jesús Gil y Gil, harto de la irregularidad del equipo, planea una vuelta de tuerca con un inesperado golpe de mano en el mercado. Quiere fichar, de una tacada, a David Ginola, sensacional extremo del PSG; al mediapunta Palhinha, estrella del São Paulo; y al mediocentro Moacir Barbosa, centrocampista del Atlético Mineiro. El presidente está dispuesto a tirar la casa por la ventana con una operación triple por un valor de 1.000 millones de pesetas, con ofertas de 500 millones por Ginola, 300 por Palhinha y 200 por Moacir.

La noticia corre por las redacciones deportivas como un reguero de pólvora y los aficionados del Atlético de Madrid se ilusionan con el futuro del equipo. Si llegaban estos tres cracks, el equipo podría volver a competir por el título de liga. ¿Sería realmente cierto que Gil estaba dispuesto a hacer tres superfichajes? *El País* contrastó la noticia. El Atleti quería fichar a Ginola, estrella del PSG y de la selección francesa, pero sacarle de París no iba a ser fácil. Era la pareja de ataque del liberiano George Weah, tenía ofertas de varios clubes ingleses y se estimaba que no le dejarían salir por menos de 600 kilos, aunque Gil aseguraba que estaba dispuesto a ofrecer 500. Esa misma mañana, el Atlético, resuelto a dar la baja a Vladan Lukić, presenta una oferta por

Palhinha, mediapunta del São Paulo, por 180 millones. La directiva carioca la estudia, pero no contesta, porque el Torino también quiere al futbolista. Y, por último, Miguel Ángel Gil, hijo del presidente y a la sazón director general de la sociedad, acompañado de Rubén Cano, secretario técnico, cerraban en Brasil el fichaje de Moacir, centrocampista del Atlético Mineiro en una operación de traspaso de 200 millones de pesetas.

En apenas unos días, el plan del Atlético de Gil, ese triple fichaje que hacía soñar a los seguidores colchoneros, vuela por los aires. Primero surge una extraña y surrealista historia que sacude al club el 10 de mayo. Varios medios de comunicación informan de que la exmujer del entrenador colchonero, Ramón «Cacho», Heredia, se había suicidado en Buenos Aires. El técnico, sorprendido, comparece ante los medios y lo desmiente todo: asegura que está felizmente casado en primeras nupcias con la mujer que comparte su vida, la madre de sus tres hijos, y confiesa que se ha quedado «alucinado», porque, aunque algunas personas le habían dado el pésame por la muerte de alguien a quien no conocía, él no se había quedado viudo. Un día después, el 11 de mayo, Heredia sí confirma la noticia del interés del Atleti en el fichaje de Ginola: «Jesús Gil me lo comentó el pasado domingo, pero yo solo le he visto jugar dos partidos. Eso sí, Ginola me gustó».

El 13 de mayo, dos días más tarde, la directiva del PSG se niega en redondo a traspasar a Ginola, salvo que llegue una oferta de 800 kilos, una cantidad inasumible para el Atleti. Además, el extremo anuncia que, en el caso de salir de su club, solo lo haría para jugar en el Madrid o en el Barcelona. El 14 de mayo, apenas veinticuatro horas después del «no» de Ginola, también se cae la operación Palhinha. Pese a que Miguel Ángel Gil se desplaza para convencer a los cariocas del traspaso de su mediapunta, el consejo de administración del São Paulo se niega a cerrar su venta, alegando que el Atlético aún les debe dinero por el fichaje del delantero Mário Tilico. Conclusión: ni Ginola, ni Palhinha. Adiós, fantasía.

DE GINOLA A MOACIR

La única buena noticia colchonera pasa por la confirmación del fichaje de Moacir para ser el sustituto de Bernd Schuster. El tiempo se encargaría de demostrar que aquello tampoco fue, lo que se dice, una buena noticia. Más bien, todo lo contrario. Moacir no se adaptó a la velocidad del juego europeo, era demasiado lento para organizar el equipo y apenas jugó quince partidos. Acabó marchándose al Sevilla junto con Juanito y Pedro, en el marco de la operación del fichaje de un centrocampista argentino, un tal... Diego Pablo Simeone.

12

El pulsómetro y la silla

Su vida transcurrió de banquillo en banquillo. Tomislav Ivić entrenó clubes por toda Europa a lo largo de treinta y siete años, llegando a conquistar hasta ocho títulos de liga en seis países diferentes (Yugoslavia, Holanda, Bélgica, Grecia, Portugal y Francia) y cinco copas nacionales, además de coronarse supercampeón de Europa y del mundo con el Oporto. Era un bromista incorregible, tenía un sentido del humor muy particular y sabía cómo meterse al vestuario en el bolsillo. Ivić, una maleta con ruedas, entrenó en catorce países diferentes y dirigió a cuatro selecciones nacionales distintas. Pero si por algo se recuerda a aquel croata dicharachero, que no perdía su sentido del humor casi nunca, fue por su accidentada etapa en el Atlético de Madrid, entonces presidido por el impetuoso Jesús Gil y Gil.

Ivić llegó al conjunto colchonero en mitad de la enésima crisis galopante de uno de los proyectos de Gil, resuelto como casi siempre: con la fulminante destitución del entrenador de turno. El que había perdido el cargo era Joaquín Peiró, una leyenda del club. Y el que llegaba con mando en plaza era Tomislav Ivić, un croata con la misión de levantar el vuelo del equipo en la temporada 1990-91. Con Ivić, el equipo recuperó el pulso. El croata armó el equipo desde atrás, impuso jugar con cinco defensas y su filosofía de juego fue clave para que Abel Resino lograse aquella temporada el récord mundial de imbatibilidad. Con la fórmula

Tomislav en el Calderón, Abel mantuvo su meta a cero durante 1.275 minutos, hasta encajar un gol del asturiano Luis Enrique, que jugaba en el Sporting de Gijón, en un duelo celebrado a orillas del Manzanares.

Al croata no le fue nada mal en sus primeros pasos en el banquillo del Atleti. Sabía que Gil tenía un temperamento de armas tomar, pero armó un buen equipo forjado en una defensa fuerte y un contragolpe letal. Con el balcánico al mando, el equipo recuperó la autoestima y la confianza. De hecho, el Atlético de Ivić presentó su candidatura al título en la novena jornada, cuando consiguió imponerse al Barça del Dream Team de Johan Cruyff, que entonces contaba en sus filas con grandes estrellas como Koeman, Laudrup y Stoichkov. Fue la primera derrota culé en aquella liga, que a la postre sería completamente suya, a costa precisamente del Atleti, que terminó siendo subcampeón... a diez puntos de los azulgranas. Con Ivić, el Atleti estaba en racha y parecía capaz de todo. Encadenó cuatro victorias seguidas en liga, ganó de manera espectacular en el Santiago Bernabéu (0-3) y, de propina, también eliminó de la Copa del Rey al Real Madrid. Un partido después de que Luis Enrique acabase con el récord de imbatibilidad de Abel, el Atlético visitó El Plantío, para jugar contra el Real Burgos, un recién ascendido. En aquellas semanas, un programa de televisión decidió que sería buena idea colocar un pulsómetro a los entrenadores, para poder seguir y analizar las alteraciones cardiacas que sufrían durante los partidos. Esa semana el turno le tocó a Tomislav. Los resultados fueron sorprendentes, porque durante el partido Paulo Futre casi le provoca un infarto. Futre se lo confesaba así al periodista Iván Vargas muchos años después: «Por mi forma de ser no quería salir del campo cuando él quiso cambiarme y casi le dio un infarto. El pulsómetro se revolucionó en esos momentos, cosa que supimos después. Yo tenía una gran relación con Ivić. Era muy honesto y vivía todo intensamente, pero nos llevábamos muy bien». Aquello acabó en empate (1-1), con Futre chutando al palo sin querer salir del campo y con Ivić al borde de un ataque de nervios, con las pulsaciones por las nubes. Después de Burgos, nada sería igual.

Jornada a jornada, el Barça cogió impulso y el Atlético, a pesar de empatar en el Camp Nou, perdió fuelle en las jornadas finales, cayendo a plomo en las tres últimas jornadas. El Barça de Cruyff olía a campeón, mientras que el equipo colchonero, de los últimos ocho partidos de liga, apenas fue capaz de ganar uno, al Logroñés. El título era azulgrana, pero faltaba la Copa del Rey. En cuartos de final, el Atleti apeó al Valladolid sudando la gota gorda (0-2 en Pucela y 0-1 para los vallisoletanos en Madrid) y el bombo quiso que el Atlético quedase emparejado, otra vez, con el Barça de Cruyff. Era un choque de trenes. Y el Barça era favorito para lograr un doblete.

Justo en la víspera de aquellas semifinales, Jesús Gil y Gil decidió apagar el fuego con gasolina, destituyendo a Ivić cuarenta y ocho horas antes del duelo de ida. El partido se jugó el viernes 20 de junio de 1991. El martes, Gil apartó al técnico croata, que acabó reemplazado por el exjugador Iselín Santos Ovejero. Gil desenfundó su Winchester de repetición ante la prensa y tiroteó públicamente al técnico. «Ivić está enfermo. Su etapa ha acabado. Los jugadores no le quieren. A partir de ahora, Ovejero hará la alineación. En Valladolid ya se le impuso a Ivić el equipo que tenía que jugar, porque yo se lo pasé por escrito. Le he dicho a Tomislav que si quería venir a entrenar, que viniera, pero que les iba a decir a los jugadores que aquí ya no pinta nada. ¿Quiere ser florero en el banquillo? Él sabrá lo que hace. De momento, Ivić se quedará descansando y a Barcelona iré yo». Gil detona la bomba, el club se pone patas arriba y el croata monta en cólera. Gil le ha ninguneado en público y está ansioso por pedir explicaciones.

Mientras la prensa deportiva no da crédito a que Gil largue a su entrenador justo antes de una semifinal de Copa ante el Barcelona, el presidente sigue a lo suyo. Lo cita en el despacho para liquidar su contrato, y, por otro lado, también pide al capitán,

EL PULSÓMETRO Y LA SILLA

Paulo Futre, que esté presente en la sala, porque el croata se va a ir sí o sí del club. «No sabía qué pintaba ahí. Joder, yo ahí sentado y Gil estaba echando al míster. Ivić reaccionó y comenzaron a insultarse hasta que hubo un momento en el que él agarró una silla para tirársela a Gil. Tuve que levantarme y conseguí impedirlo», recuerda Futre. Aquello acabó como el rosario de la aurora y con Ivić formando parte de la larga e interminable lista de despidos del presidente.

Santos Ovejero se haría cargo del equipo, que acabaría eliminando, contra todo pronóstico, al Barça en semifinales. Primero, con un 0-2 en el Camp Nou, con goles de Futre, de vaselina sobre Zubizarreta, y de Manolo. En la vuelta, en un agónico duelo en el Calderón, victoria estéril del Barça por 2-3. Increíble, pero cierto. Tras echar al técnico en la previa, el Atleti se había metido en la final de Copa y Gil se había salido con la suya. Y días después, el 29 de junio de 1991, el Atlético se coronaba campeón de Copa en el Santiago Bernabéu ante el Mallorca, entonces entrenado por Lorenzo Serra Ferrer. El equipo de Gil lograba el título, con Ovejero en el banquillo y gracias a un solitario tanto de Alfredo Santelena, tras un disparo de Juan Sabas.

Tras su tormentoso cese en el Atlético, de donde se marchó por la puerta de atrás sin opción a disputar una final que se había ganado, Tomislav Ivić, dirigió al Olympique de Marsella. Y después, Benfica, Oporto, la selección de Croacia, Mónaco, Fenerbahçe, la selección de Emiratos Árabes, Al-Wasl, Hajduk Split, la selección de Irán, Standard de Lieja en dos oportunidades, otra vez Olympique de Marsella y, por último, Al-Ittihad de Arabia Saudí. Un auténtico trotamundos del fútbol. En junio de 2011, el entrenador croata, el tipo al que Futre casi le provoca un infarto y que quiso lanzarle una silla a la cabeza a Gil, fue ingresado en un hospital de Split. Sufría diabetes y no pudo superar sus problemas cardiacos.

13

Yankov

Zlatko Yankov era un mediocampista búlgaro recién aterrizado en el fútbol español. Fichó por el Atlético de Madrid en 1992. Su contratación fue fruto de una operación relámpago del club, aunque nadie supo explicar exactamente para qué le querían en un equipo en el que coincidiría por unos días con Futre, Schuster, Donato y compañía. Los aficionados no sabían absolutamente nada de él y lanzaban preguntas que la prensa no sabía ni podía responder. ¿De dónde había salido Yankov? Del Levski de Sofía. ¿De qué jugaba? Nadie lo sabía. ¿Cuánto dinero había costado? Misterios sin resolver. El club aportó ciertos datos inconexos explicando que actuaba como centrocampista, que tenía mucha calidad, deprisa y corriendo, que el fichaje era oficial, que ya había firmado su contrato y que ya tenía una casa en Madrid. Su presentación en el conjunto colchonero fue absolutamente kafkiana. Los fotógrafos y los cámaras le esperaban a pie de un césped repleto de calvas, en el estadio Calderón. Jesús Gil había comentado días antes que Yankov llegaba para aportar su gran calidad al equipo: «Me han dicho que es un fenómeno, y es lo que necesita el equipo, ya lo veréis». La profecía no pudo ser peor. Fue justo todo lo contrario. El búlgaro hizo esperar a la prensa demasiado tiempo; cuando asomó por las escaleras del túnel de vestuarios, apareció con una imagen difícil de olvidar. Con las medias bajas, con unas botas que le quedaban muy justas y con la camiseta del Atleti con el dorsal número siete.

Acto seguido, a Yankov le dieron un balón para que hiciera las delicias de los escasos hinchas allí presentes. El búlgaro, acompañado del gerente del club, Clemente Villaverde, puso cara de sorpresa y, a través de mímica, comprendió que le estaban pidiendo que le diera unos cuantos toques a la pelota. Yankov comenzó a intentarlo. Dio apenas un toque, el balón se le escapó y cayó al suelo. Segundo intento. Otro toque y control lejano, otra vez balón al suelo. Aquello no parecía lo suyo y se estaba poniendo nervioso, así que decidió recoger la pelota con la planta del pie y tratar de elevarla para dar más toques seguidos con el empeine. Tampoco fue capaz de levantar la pelota. Como los fotógrafos no tenían una instantánea decente, decidieron decirle que cogiera el balón con las manos y que posase delante de ellos, para así tener, por lo menos, una fotografía algo «digna» del nuevo fichaje del Atlético.

Eso sí, la escena fue grabada por las cámaras de «Lo que el ojo no ve», del mítico programa *El día después*, de Canal Plus. Michael Robinson y Nacho Lewin, sus presentadores, dieron paso al vídeo de Yankov explicando que el nuevo fichaje rojiblanco no había empezado con «buen pie». Las risas se desataron cuando Robin comentó que el único problema que había tenido el búlgaro era que «el balón suele ser redondo y eso, a veces, es un problema». Había sido una de las presentaciones más bizarras del fútbol español y los seguidores colchoneros sospecharon que aquel Yankov jugaría entre poco y nada.

Yankov, incapaz de dar más de un toque al balón en su presentación, acabó saliendo del Atlético por la puerta de atrás, sin apenas haber sido capaz de disputar un solo minuto de juego en un partido oficial vistiendo la rojiblanca. La directiva del Atleti, sorprendida por el bajo nivel del jugador que habían fichado, decidió cederle al Real Valladolid. En Pucela, Yankov tampoco brilló, precisamente. Apenas disputó tres partidos con los blanquivioletas; en uno de ellos salió como suplente. Eso sí, al menos pudo jugar un partido de Copa del Rey ante el Barça, saldado con victoria azulgrana por 1-3. Ese día, Yankov jugó por detrás de los puntas, Onésimo Sánchez y Toni. Y, por supuesto, intercambió saludos y abrazos con su compatriota Stoichkov, el delantero estrella del equipo que dirigía Johan Cruyff. Como tampoco jugó en Pucela, Yankov tuvo que hacer las maletas y volver a su país, donde se enroló en las filas del Levski de Sofía, el equipo que le había traspasado al Atlético de Madrid.

Después de tres años en Bulgaria, el centrocampista de Burgas recobró la confianza y acabó siendo una pieza importante en la explosión de su selección en el Mundial de Estados Unidos de 1994, donde alcanzó la gloria en aquel equipo mítico donde jugaban el propio Hristo Stoichkov, Krassimir Balakov o Iordan Letchkov, entre otros. De tal forma que Yankov se revalorizó, y entonces decidió probar en el Bayer Uerdingen, luego en el Beşiktaş y después en el Adanaspor de Turquía, sin suerte, para regresar a Bulgaria y, años más tarde, volver a jugar sin éxito en la liga turca. Yankov llegó a jugar casi ochenta partidos con la selección absoluta de su país y anotó cuatro goles; se retiró años después en el Naftex Burgas. En su país está considerado como uno de los mejores jugadores de los años noventa. En el Atleti se le recordará siempre como uno de los fichajes más *random* de la historia del club y como una de las presentaciones más dantescas de los colchoneros.

14
Bernabéu y el Atleti

Santiago Bernabéu fue el gran patriarca del Real Madrid, dirigió la nave blanca durante casi treinta y cinco años de presidencia y fue uno de los grandes impulsores de la Copa de Europa, que nació en los años cincuenta para mayor gloria de su club. Bernabéu fue el santo y seña del equipo blanco y, precisamente por ello, en honor de su memoria, el coliseo blanco todavía lleva su nombre. Sin embargo, existe un dato apenas conocido por el gran público. Don Santiago tuvo un pasado en el eterno rival y vecino de la capital de España, el Atlético de Madrid. Si durante años se llegó a publicar que Vicente Calderón, que fue presidente colchonero, tuvo carné de socio del Real Madrid justo al llegar a la capital, antes de progresar en el mundo empresarial, el caso de Bernabéu con el Atleti fue realmente paradójico. Nacido en Almansa, Albacete, Bernabéu ingresó en la cantera del Real Madrid —entonces Madrid Football Club—, en la categoría juvenil. Su hermano Antonio había sido uno de los fundadores del club. Bernabéu debutó en el equipo madridista en 1914 y permaneció como jugador del primer equipo hasta bien entrado 1927. Sin embargo, durante la campaña 1920-21, Bernabéu perteneció al... Atlético de Madrid.

Don Santiago mantuvo un contencioso con el entonces presidente del Madrid, Pedro Parages, y aquel episodio fue clave para que se desvinculase del conjunto madridista por un breve periodo de tiempo. Así se recoge en su biografía *Bernabéu, el presidente*, escrita por el periodista Julián García Candau: «Me hicieron una putada en el Madrid, y en aquellos días me enfadé. Así que me fui con mi amigo Ruete al Atlético de Madrid (entonces Athletic de Madrid), y estaba dispuesto a quedarme allí, pero al no poder jugar porque la Federación lo prohibió, se me pasó el enfado y volví al Madrid». Aquello sucedió porque Julián Ruete, presidente colchonero, tenía una excelente relación personal con Bernabéu, al que logró convencer tras previo paso por el Real Stadium Club Ovetense.

Bernabéu llegó a jugar con el Atleti, aunque existen discrepancias sobre si disputó únicamente partidos amistosos o si, finalmente, jugó algún partido de carácter oficial con los rojiblancos. En aquella época, la normativa de la Federación era bastante rígida sobre los cambios de equipo, y eso motivó que Bernabéu volviera a recalar en el Madrid, tras ver cómo le habían denegado la autorización para seguir su carrera en el Atleti, ya que no había transcurrido un año desde que abandonase el club blanco. Esa es la teoría más extendida y la que apunta a que Bernabéu sí jugó en el Atleti varios partidos amistosos, pero nunca oficiales, en las filas colchoneras.

Sin embargo, también existe otra versión de uno de los excompañeros de don Santiago en el Madrid, José María Castell, que negó que Bernabéu no jugase de manera oficial en el Atlético de Madrid: «Aunque lo que vaya a decir sea algo fuerte, porque yo le tenía un gran aprecio, Santiago Bernabéu nos traicionó en 1920 y se marchó al eterno rival. Un año después, cuando arrepentido regresó al Madrid, había perdido su antigüedad como socio y tuvo que ponerse a la cola». Castell sostuvo que Bernabéu sí jugó como colchonero en un partido oficial. «Fue el día que jugaron el Athletic Club madrileño contra el Español de Madrid, además de posar con la camiseta rojiblanca con Julián Ruete, que hacía años había sido jugador del Madrid y por aquel entonces era el presidente del club rojiblanco».

Años después, cuando don Santiago se consolidó como presidente del Real Madrid, el gran patriarca blanco desarrolló un amplio sentido de desafección hacia el Atlético de Madrid. Tanto que llegó a comentar que si «al ser madrileño y se puede elegir al Madrid, alguien prefiere el Atlético, es como si uno puede ser rico y escoge ser pobre». La pregunta es ¿qué habría sucedido de haber seguido Bernabéu en el Atleti y no haber vuelto al cuadro blanco? ¿Qué habría opinado del Real Madrid si la normativa le hubiera permitido seguir jugando en el Atleti? Nunca lo sabremos.

15

Iturralde

Eduardo Jesús Iturralde González, hijo y nieto de árbitros, siguió la tradición familiar. Fue uno de los mejores colegiados de primera división durante dos décadas. Debutó en la máxima categoría nacional en septiembre de 1995 en un Espanyol-Salamanca; desde entonces, dirigió cientos de partidos de liga, Champions, UEFA, Intertoto, Copa del Rey y Supercopa. Durante sus años como trencilla, compaginó su trabajo de protésico dental con el silbato, hasta la profesionalización del colectivo. Blando con las personas y duro con los problemas, Iturralde se consolidó como uno de los árbitros más importantes del panorama futbolístico español; abandonó el arbitraje en 2012. Actualmente, es comentarista arbitral en la SER y uno de los grandes defensores del colectivo arbitral, además de un ferviente entusiasta de la creación de un cuerpo de VAR específico e independiente.

Durante su dilatada trayectoria como árbitro, Itu fue un auténtico pozo de curiosidades y anécdotas. Sin embargo, una de las que recuerda con más cariño fue la de su debut en el estadio Vicente Calderón, para pitar al Atlético de Madrid. Así lo rememoró en *Carrusel deportivo* de la SER: «Me acuerdo como si fuera ayer, porque fui al Calderón por primera vez con veintiséis años y entonces me encontré con Jesús Gil, que era el presidente del Atlético de Madrid. Me miró y me dijo: "Muy joven eres tú, ¿no?". Yo le dije que sí, y Gil me contestó: "El primer año no me voy a meter contigo, pero el segundo no te voy a pasar ni una", recuerda Iturralde. Es más, justo ese mismo día de partido, el presidente del Atlético de Madrid se animó a darle un consejo personal al árbitro vasco: «Al final me dijo: "Te voy a dar un consejo: no te metas en política, que mira lo que me están haciendo a mí"». El árbitro vizcaíno le hizo caso. Nada de política.

Itu tampoco olvida uno de los episodios más sorprendentes y raros que le ocurrieron en su larga trayectoria como colegiado. Fue, precisamente años después, también en el estadio Vicente Calderón. «El partido más raro con el Atleti fue uno que ganaron al Oviedo. Fue cuando la intervención de la Guardia Civil en las oficinas del Vicente Calderón», explicó. La Fiscalía por aquellos entonces investigaba el presunto desvío de 400 millones de pesetas del Ayuntamiento de Marbella al Atlético de Madrid. Iturralde recuerda que, cuando acabó el partido y tomó el camino del vestuario para ducharse, le sucedió algo extraño: «Al acabar, nada más ducharme, entra una persona vestida de calle con un perro y me pregunta si he cobrado. Le dije que sí, entonces me pidió que dejase el dinero ahí, pero yo le expliqué que a mí no me pagaba el Atlético de Madrid, sino la Federación y que, además, era por transferencia bancaria». Surrealista.

16

La fiebre del oro

Verano de 1992. Barcelona se viste de gala para acoger unos Juegos Olímpicos que cambiarán la historia de nuestro deporte y de España. Son días donde todo el país se vuelca al ritmo de la rumba de Los Manolos, y donde las gestas españolas se suceden con nombres eternos como Fermín Cacho, José Manuel Moreno, Miriam Blasco o Almudena Muñoz. El deporte español lleva años preparando la gran cita, pero la guinda del pastel sería poder conseguir una victoria en el deporte rey para los españoles, el fútbol. ¿El problema? La selección española hace años que no gana absolutamente nada y no termina de dar un paso adelante. El seleccionador, Vicente Miera, prepara concienzudamente su lista y decide llevarse a muchos de los talentos jóvenes que empiezan a crecer en el fútbol español. Las estrellas del grupo son, de manera unánime, el mediocentro Pep Guardiola y el delantero centro Alfonso Pérez Muñoz. Ambos sostienen las grandes esperanzas españolas en el torneo. Uno de los seleccionados a última hora es Francisco Narváez, Kiko, entonces enrolado en el Cádiz. El hijo de Pilar y del Bigote se había formado en la cantera del equipo amarillo desde los trece años, se declaraba el fan número uno de Mágico González y había salvado a su equipo de bajar a segunda con un gol agónico ante el Zaragoza en el Carranza. Era la gran esperanza de futuro del Cádiz; en aquellos años, los periodistas escribían su nombre así: «Quico».

En teoría, el ariete de Jerez acudía a la gran cita olímpica como suplente de Manjarín. Entonces, sucedió algo imprevisto. «Antes del torneo, todos teníamos claro que los titulares del equipo eran Alfonso y Manjarín. Lo que pasó es que Manjarín se rompió el aductor y, poco a poco, en Cervera de Pisuerga, porque nos concentramos allí, empecé a ver que podía tener un lugar y me podía ganar la confianza del míster. El que más confianza me dio fue Guardiola. Pepino cogía la pelota y me estaba mirando todo el tiempo. Me hubiese encantado jugar ocho o diez años con él, porque dabas un paso hacia delante, él estaba mirando a cualquier lado y, cuando te dabas cuenta, te había dado el balón. Y yo le decía: "Hostia, Pep, ¿tú cómo me has visto?". Se notaba que iba a ser un gran entrenador», recuerda Kiko.

Sin embargo, aquellos primeros días en los Juegos Olímpicos no fueron fáciles para la expedición española. El grupo no se alojó en la Villa Olímpica; Kiko lo recordaba años después en *Marca* con su peculiar sentido del humor: «Menos mal que no estuvimos en la Villa Olímpica, con veinte o veintiún años, porque si hubiéramos estado allí se habrían agotado las máquinas de globitos en tres días y nos habríamos distraído [risas]». En paralelo, se produjo un incidente con las primas que debían cobrar los internacionales por el torneo. «Hubo una movida con el tema de las primas. El fútbol no estaba considerado deporte olímpico y no nos dieron ni una peseta. Yo venía del Cádiz, así que casi que pagaba para jugar el torneo. No nos querían llevar a la inauguración, que era lo mejor con diferencia, así que nos pagamos un vuelo chárter», rememora el gaditano. En la ceremonia, los futbolistas de España alucinaron con el ambiente en el estadio. «Allí estuvimos con el príncipe, la bandera, los sombreritos... Nos dijeron de no liarla, pero... veíamos la cámara y nos pegábamos por salir: Pinilla, Abelardo, todos... Vimos al Dream Team de baloncesto, la selección de Estados Unidos, y, claro, nos fuimos por patas a por ellos, a por Magic Johnson, Larry Bird, Barkley... Nos fuimos a abrazarlos, pero rompimos la fila y luego hubo una charla con Vicente Miera». De hecho, Kiko estuvo cerca de sufrir un accidente, porque se le cayó encima un deportista de halterofilia, que era el entrenador de la velocista Marion Jones y que pesaba casi cien kilos. Se tropezó y se le cayó encima al delantero del Cádiz, que recuerda que estuvo «a punto de asfixiarme». Una vez que los jugadores de España estuvieron en la ceremonia y participaron del desfile con el resto de los deportistas nacionales, la cosa fue como la seda. Como un cuento de hadas con final feliz. España fue concatenando victoria tras victoria y se plantó en la final.

Los de Miera firmaron pleno de victorias y no encajaron ni un solo gol hasta el último partido. Primero, goleada ante Colombia (4-0). Después, otro triunfo ante Egipto (2-0). Y para certificar la primera plaza del grupo, otra victoria ante Catar (2-0). En cuartos, en Valencia, victoria clave ante Italia (1-0). El gol del triunfo, obra de Kiko. Y en semis, otra vez en Mestalla, nuevo triunfo ante Ghana (2-0), con tantos de Abelardo y Rafa Berges. España estaba en la final y todo el país suspiraba por el cetro olímpico. Ganar el oro sería la gran guinda a unos Juegos Olímpicos donde el deporte español había dado el gran salto de calidad para instalarse entre las grandes potencias mundiales. «Había que ganar la final porque todo el país estaba pendiente de si podríamos hacerlo. Sabíamos que era una ocasión de oro, algo único en nuestras vidas». El rival, Polonia, que le hizo seis goles, un set de tenis, a Australia en semifinales.

La final se disputó en un Camp Nou abarrotado, lleno de banderas de España, el 8 de agosto de 1992. Miera alineó el siguiente once: Toni Jiménez; Chapi Ferrer, Abelardo, Solozábal, Juanma López, Mikel Lasa; Guardiola, Berges, Luis Enrique; Alfonso y Kiko. El partido fue una maravilla. Tuvo alternativas, emoción, goles y un final agónico. Polonia golpeó primero y se puso por delante. Abelardo primero y Kiko Narváez después lograron la remontada para la selección española. Faltaban apenas veinte minutos para el final del partido y España parecía que tenía la medalla de oro en la mano, pero Staniek firmó de nuevo la igualada. Había que ir a la prórroga. En el último aliento del último suspiro, España forzó un saque de esquina.

El gol, uno de los más míticos de la historia del fútbol español, fue realmente curioso. Casi surrealista. El córner lo botó Ferrer, que apenas llegaba al metro sesenta y cinco (¿cuántos saques de esquina lanzó Ferrer en el Barça?, ¿ninguno?), la pelota llegó a Kiko Narváez, que intentó rematar de chilena —y medía metro noventa—; al no impactar con la pelota, el balón llegó a la frontal del área. Luis Enrique enganchó el cuero, chutó con firmeza, el balón rebotó en un bosque de piernas y la pelota cayó, a plomo, a los pies de Kiko. El jerezano acomodó el cuero con la zurda con un leve toque, armó la derecha y fusiló con furia, por arriba, batiendo al meta polaco, a pesar de que hasta dos defensores guardaban la portería. «Había piernas por todos sitios, pero en ese momento vi portería con una claridad que no me lo puedo explicar. Solo veía portería». La pelota entró como un cohete, el Camp Nou explotó y Kiko Narváez abrió los brazos, se llevó las manos a la cara mientras se arrodillaba y se fundió en un abrazo interminable con el Chapi Ferrer. «Fue algo así como la celebración de Tardelli en el Mundial de 1982 ante Alemania, estaba como en una nube, han pasado muchos años y todavía se me pone la carne de gallina», recuerda Kiko.

En el palco, el rey Juan Carlos I y el presidente del COI, Juan Antonio Samaranch, festejaban por todo lo alto un gol histórico, mientras Kiko era engullido por sus compañeros, que formaban una piña humana. Ese gol daba alegría a todo un país. Ese gol cambiaba la historia de la selección española. Ese gol emulaba a los héroes de Amberes. Ese gol retumbaba en las calles de Barcelona. Y ese gol esculpía el nombre de Kiko, con letras de oro, en la historia del fútbol español. Un año después de aquella fiebre del oro, Kiko, el hijo de Pilar y del Bigote, fichaba por el Atlético de Madrid.

17

Volver nadando

Noviembre de 2000. El Atlético de Madrid se arrastra en segunda división. Tras intentar consolar a su deprimida afición por la pérdida de categoría con un anuncio publicitario que invitaba a pasar «un añito en el infierno», el enésimo proyecto deportivo de Jesús Gil y Gil parecía un Titanic listo para chocar contra el iceberg. El Atleti se tambaleaba, la crisis era galopante, y, en esas circunstancias, el equipo visitaba las Canarias, para enfrentarse a la Universidad de Las Palmas, un equipo con apenas seis años de vida, fundado por un grupo de jueces y que tenía un presupuesto treinta veces menor que el del conjunto colchonero. El Atleti no podía fallar ante un rival tan inferior, pero aquel día todo lo que podía salir mal salió aún peor. Era la jornada décima del campeonato, y el Atlético ocupaba el puesto decimoctavo en la clasificación, en zona de descenso a segunda división B. El Universidad aún no conocía la victoria en la categoría, y esa tarde la logró a costa de un Atlético abúlico, vulgar y ramplón. Jonathan y Prieto marcaron por los locales y Petete Correa anotó un tanto insuficiente para los visitantes.

Nada más acabar el partido, «herido de muerte» por el inesperado y bochornoso resultado en Maspalomas, el presidente Gil se despachó a gusto en los medios de comunicación. Explotó contra todos: «Me encuentro cansado por lo que he visto. Somos una vergüenza de equipo. Con un equipo de camisetas andantes. Somos los *globetrotters* de la categoría. ¿Los jugadores? Que vuelvan nadando a la península. Somos un circo andante. Han sido las peores horas de mi vida. A veces pienso que estos jugadores lo hacen aposta. ¡Que se vuelvan nadando!», dijo. Y remató en plancha cuando le preguntaron que cómo podía decir eso: «Y si hace falta, que vuelvan en patera», comentó decepcionado. Horas más tarde, cuando a los jugadores les explicaron la rajada de Gil, algunos comentaron que, en el caso de haber tenido que volver nadando, alguno habría podido alcanzar la península, algo impensable si el que tuviera que haber nadado fuera Gil. Se vivieron horas realmente difíciles en el Atlético de Madrid. Sobre todo para la afición, que pasó una semana entera avergonzada por haber perdido ante un equipo de apenas seis años de vida y con un presupuesto realmente modesto. El único alivio para la afición en aquellas horas lo protagonizó Luis Aragonés, que, ese mismo día y horas después del batacazo atlético, lograba ganar en el Bernabéu con el Mallorca (0-2). Al día siguiente, la portada del *As* reflejaba la derrota colchonera y la madridista con un titular muy gráfico: «Gil, ¿por qué no fichaste a Luis?».

No fue lo único que le pasó aquel fin de semana al Atlético en Canarias. Antes del partido, al club colchonero le abrieron uno de los baúles con el material del primer equipo en el aeropuerto de Las Palmas y le sustrajeron varias camisetas. Entre ellas, las de uno de los jugadores del filial, Carlos, que llevaba el dorsal número 30. Cuando tuvo que saltar al césped, los utilleros tuvieron que pintarle, a mano y con un rotulador, un número 0 a la derecha del dorso de la camiseta con el número 3, para que pudiera jugar unos minutos. Al acabar el partido y consumarse la dolorosa derrota del Atleti ante el «equipo de los jueces», Gil y Gil se reunió con el entrenador del equipo, entonces Marcos Alonso. El técnico le prometió a Gil que el Atleti ascendería y que al año siguiente estaría en primera. La respuesta de Gil fue durísima: «Le he dicho al entrenador que hay que tener una fe muy fuerte para creer ciertas cosas». En esta ocasión, el presidente tenía razón. El Atlético no subió y se condenó a pasar «otro añito en el infierno». Hasta que volvió Luis...

18

Central de atracos

«Central de atracos, dígame». Así contestaba al teléfono Jesús Gil y Gil a los periodistas después de un intenso partido en el Camp Nou, ante el Barcelona, resuelto con triunfo azulgrana por 3-1. Fue un partido clave para el desenlace de la temporada 1997-98, un choque duro, reñido, con varias jugadas polémicas y donde casi todas las decisiones controvertidas cayeron del lado local. El árbitro del partido fue Pérez Lasa. Roberto adelantó al Atleti en un córner, Luis Enrique puso las tablas en el marcador, y entonces se montó la jarana. Santi, defensa del Atlético, acabó siendo expulsado por una patada lateral sobre Reiziger, cuando ambos estaban cayendo al suelo. El capitán del Barcelona, Pep Guardiola, alertó al árbitro de lo que había sucedido e insistió una y otra vez en exigir al colegiado la expulsión del jugador del Atlético de Madrid. Las cámaras de Canal Plus recogieron el airado testimonio de Guardiola: «Ha sido una agresión, le ha pisado, y yo lo he visto, te juro que lo he visto», repetía fuera de sí el capitán azulgrana. Ni Pérez Lasa ni su juez de línea habían visto la supuesta agresión, pero decidieron dar la razón a Guardiola y Santi acabó en la calle.

El Atlético se quedaba en inferioridad numérica, y el Barça, en una situación ideal para ganar un choque que finalmente se acabaría llevando. Entre otras cosas, porque inmediatamente después de la roja a Santi, Pérez Lasa decretó penalti tras una caída de Juan Antonio Pizzi en el área, pese a que el portero visitante, José Francisco Molina, apenas tocase al Lagarto en el área de castigo. Los atléticos montaron en cólera y le hicieron el «corrillo patatero» al árbitro. Toni Muñoz fue escueto pero contundente para definir la jugada: «Aquí siempre igual». Y Delfí Geli, lateral colchonero, se dirigió así al colegiado: «Ya lo has logrado, ya lo has conseguido, nos has jodido pero bien». Molina explicó la jugada al término del partido: «Pizzi viene rápido, me quedo quieto y él se tira, lo ha visto todo el mundo. Si eso es penalti, apaga y vámonos». Pérez Lasa no se inmutó y decretó la pena máxima, realmente rigurosa.

En sala de prensa, ya en frío, Guardiola no dudó en insistir en que la roja para Santi Denia había sido clara y que la había denunciado porque era lo justo: «Lo único que he hecho ha sido decírselo al árbitro porque es lo que hubieran hecho ellos si uno de nosotros hubiera pisado a uno de los suyos», comentó. Radomir Antić, técnico del Atleti, ofreció la réplica a Pep: «Hemos sido mejores y nos vamos del Camp Nou teniendo claro que nos han robado». Joan Gaspart, entonces vicepresidente culé, comentó que no entendía las protestas visitantes y alegó que era «una manera de no reconocer una derrota deportiva, pero esto no es nuevo».

El Barça acabó ganando aquella liga 1997-98 con muchos puntos de diferencia sobre sus perseguidores, y el Atlético terminó en séptima posición, muy por debajo de las expectativas que había generado en verano. Sin embargo, la reacción de Jesús Gil al arbitraje sufrido fue de las más escandalosas que se recuerdan en su prolífico historial contra los árbitros. Concedió una entrevista a Canal Plus horas después de la derrota en el Camp Nou y se despachó a gusto: «Ni el linier ni el árbitro han visto la patada de Santi. No han visto nada. A Santi le expulsa Guardiola. Además con un tono y unas formas que parecían órdenes. No he visto nada igual en mi vida», sentenció.

Y, de propina, anunció que estaba estudiando presentar una

querella criminal contra el árbitro Pérez Lasa «por haber falseado el acta del partido». Gil insistió en que el arbitraje los había perjudicado de manera premeditada: «Pero, vamos a ver, yo me pregunto, en este país: ¿quién se cree que un árbitro va a pitar a favor de Gil?», dijo. En aquellos días, durante toda la semana, cada vez que alguien llamaba al teléfono del presidente colchonero, el alcalde de Marbella respondía con la misma frase, aludiendo al partido de Barcelona: «Central de atracos, dígame».

19

Balones y sandías

«Había veces que pasaba balones y me devolvían sandías». Así hablaba José Dirceu Guimarães del fútbol mexicano, del que acabó realmente harto. Creía que allí no había calidad y tuvo bastantes problemas de régimen interno con su club; cuando surgió la oportunidad, fichó por el Atlético de Madrid. Era 1979. El club colchonero estaba convencido de que Dirceu tenía una calidad enorme, apostó por su fichaje y desembolsó 650.000 dólares de la época para rescatarle del Club América de México. Dirceu llegó con gran cartel al Manzanares, con fama de jugador exquisito y con ganas de triunfar, como ya había hecho en su país, enrolado en las filas de Coritiba, Botafogo, Fluminense y Vasco da Gama. «En el Atlético de Madrid se verá a un Dirceu diferente. En España volveré a recobrar prestigio. También podré jugar con la selección de mi país», explicó nada más aterrizar en Madrid, para ser el sustituto del argentino Rubén «el Ratón» Ayala.

Su estreno no pudo ser peor. Debutó en noviembre de 1979 ante el Rayo Vallecano, con goleada en contra (4-1). Sin embargo, sus compañeros se dieron cuenta de que el brasileño tenía una zurda exquisita y que podría ser importante para el grupo. Poco a poco, el brasileño se fue soltando y llegó a ser pieza clave del equipo. Apenas estuvo tres temporadas en el Atleti, una bajo la presidencia de Vicente Calderón y dos con Alfonso Cabeza, pero dejó un amplio repertorio de cambios de orientación y golpes francos tan precisos como maravillosos. En agosto de 1981, Dirceu, que era un jugador realmente limpio y deportivo, demostró que también tenía un carácter realmente fuerte. Ese verano vivió su episodio más convulso en el Atlético, tras un desencuentro público con el entrenador García Traid. La relación entre ambos era complicada, y el asunto, que acabó siendo objeto de debate en los medios de comunicación, se cerró con una sanción económica para el brasileño y una posterior destitución del técnico. Dirceu, que rozó un título de liga con el Atleti, pero que nunca llegó a conseguirlo, dejó un recuerdo imborrable para los aficionados colchoneros, que disfrutaron de sus veinticuatro goles, de sus cátedras de fútbol-samba y de su prodigiosa zurda. Al terminar la temporada 1981-82, Dirceu hizo las maletas. El Atlético de Madrid necesitaba dinero y tuvo que vender al brasileño. El carioca jugó en Verona, Nápoles, Ascoli, Como y Avellino. Después, volvió a Brasil en 1988, donde ganó varios títulos con Vasco da Gama. Más tarde llegó a jugar en el *soccer* norteamericano con los Miami Sharks, y acabó volviendo a su «odiado» México —ironías del destino— para jugar en el Yucatán. Dirce tuvo una carrera triunfal y llegó a disputar hasta tres Mundiales con la selección de Brasil: Alemania (1974), Argentina (1978) y España (1982). Jugó con la Canarinha hasta en cuarenta y cuatro oportunidades. Sin embargo, apenas tuvo tiempo de disfrutar de la vida alejado del fútbol.

El 15 de septiembre de 1995, Dirceu perdía la vida en un trágico accidente de tráfico. Apenas tenía cuarenta y tres años cuando un Opel Ascona se saltó un semáforo a toda velocidad en el barrio de Barra da Tijuca y se estrelló contra el coche en el que viajaba el exjugador del Atlético de Madrid. Dirceu murió en el acto tras el choque frontal. Conducía su amigo y socio, el empresario italiano Luigi Pasqualle, que también perdió la vida. Habían pasado apenas unos días desde que se había retirado del fútbol profesional. Fue uno de los mejores zurdos brasileños de la historia y dejó un recuerdo maravilloso entre la afición del Atlético de Madrid, que lloró su prematura y trágica muerte.

20

La venganza de Pizo

Abril de 1990, carretera de La Coruña. Pizo Gómez, jugador del Atlético de Madrid, conduce con rumbo a su casa. Durante el trayecto, se para en un semáforo y coincide con otro vehículo donde viajan varios jugadores del Real Madrid, entre los que figuran Míchel y Gordillo, dos de los cabecillas del Clan de Las Rozas. Los madridistas reconocen a Pizo, bajan la ventanilla y comienzan a vacilarle en tono irónico: «¡Pizo, eres nuestro ídolo!». El vasco, que era un futbolista de coraje y corazón, pero no demasiada técnica, se toma la broma como una humillación personal. Días después, en el derbi de la penúltima jornada de liga, en el Bernabéu, Míchel se cruza en el terreno de juego con el jugador del Atleti y vuelve a gastarle una broma de mal gusto: «No te preocupes por tu mujer, Pizo, ahora mismo la está cuidando Ruggeri, que por eso hoy no está jugando». Durante el transcurso del partido, Míchel y Gordillo insisten en mofarse una y otra vez de Pizo, haciendo comentarios sobre su calidad técnica. «Se reían de mí, estuve a punto de perder los estribos y darles un puñetazo. Para Míchel todo es broma, hay que aguantar mucho de él. No saben perder, son antideportivos», explica Pizo tras el duelo del Bernabéu, que acaba en empate.

La confesión pública del eibarrés revela el famoso incidente en la carretera madrileña con dirección a La Coruña, días antes: «Un día iban tres jugadores del Madrid por la carretera de La

Coruña. Me adelantaron y me dijeron que era su ídolo, riéndose todos de mí». Un año más tarde, en enero de 1991, en otro derbi, este con triunfo atlético (0-3), Míchel hace una dura entrada a la altura de la rodilla a Pizo, que tiene que salir del campo y retirarse lesionado. Cuando acaba el partido, el vasco da su versión de los hechos: «No voy a decir nada, ya lo habéis visto todos». El eibarrés tiene que estar tres meses fuera de los terrenos de juego. La tensión se corta con un cuchillo.

El 27 de junio de 1992 se disputa la final de Copa del Rey entre Real Madrid y Atlético en el Bernabéu. En el hotel de concentración del equipo colchonero se vive la previa de la final con alta intensidad desde primera hora de la mañana. Concretamente, a las nueve en punto, alguien se dirige a la habitación de Paulo Futre y Manolo, aporreando la puerta y dando voces. El portugués y su compañero de habitación están desconcertados por los golpes que vienen del otro lado de la puerta. «¿Qué hora es?», pregunta Manolo, que no quiere salir de la cama. Futre recuerda así aquel episodio: "¿Quién es?", grité desde mi cama. "Soy yo, abra la puerta", me contestó. Reconocí su voz: era Luis Aragonés. "¡Uf, el míster a estas horas, no me jodas!", pensé. Abrí la puerta. Luis entró como una fiera. Levantó las persianas, cogió una silla y se sentó al lado de mi cama. Yo apenas tenía los ojos abiertos por la claridad del día», remembra Futre.

Luis Aragonés eleva el tono de voz y se dirige al portugués con vehemencia, como si estuviera poseído: «Míreme a los ojos», exclama Luis. Futre no sale de su sorpresa y le pide a Luis que le deje dormir un rato más. «Pero ¿cómo voy a mirarle si todavía no he abierto los ojos? Estoy seguro de que lo que me quiere decir ahora lo podrá hacer más tarde», responde. Luis insiste una y otra vez hasta que capta la atención de su mejor jugador. «Ni hablar, usted me va a mirar a los ojos y me va a escuchar ahora, ¿se acuerda usted de los insultos que le soltaron Míchel, Gordillo y Hierro a Pizo Gómez? ¿Usted sabe dónde y cómo le humillaron?», pregunta Zapatones. Futre responde: «Claro que lo sé.

Desde un coche comenzaron a burlarse de Pizo en un semáforo y a decirle: "Eres nuestro ídolo", y mil barbaridades».

Luis hace una pequeña pausa, mira a los ojos al portugués y remata triunfante su exposición: «Pues bien, Paulo, hoy vengaremos a Pizo. Estos tres se van a tragar los insultos a su compañero y hasta el último día de cada una de sus vidas van a recordar el día de hoy». Futre mira a Luis cariacontecido y el Sabio de Hortaleza insiste una y otra vez al pie de la cama del portugués: «Desde esta noche se va usted a convertir en el gran ídolo de Míchel, Gordillo, Hierro, su gran amigo Paco Buyo y compañía. Hoy no puede usted fallar, lo tiene terminantemente prohibido. Hoy será su día. Debe humillarlos como ellos hicieron con su compañero. Y ahora se vuelve a la cama, pero recuerde bien lo que le digo ahora, porque esta noche a mí no me puede fallar». Luis sale de la habitación, y Futre, aunque lo intenta, ya no puede conciliar el sueño. En ese momento, comprende el mensaje de su entrenador. Quiere que juegue con sangre en el ojo, que lo dé todo y que comience a jugar mentalmente la final desde primera hora de la mañana.

El mensaje volcánico de Luis surte efecto. Esa noche, el Atleti se proclama campeón de la Copa del Rey en un Bernabéu abarrotado. Futre marca un gol antológico a Buyo, que previamente encaja otro fantástico de Schuster. Y Míchel, el madridista que ironizaba con la calidad de Pizo Gómez..., falla un penalti. Aquella noche, el Atleti fue mucho mejor que el Madrid. Aquella noche, Luis Aragonés dio una *masterclass* desde el banquillo. Aquella noche, Míchel se fue a casa triste. Y aquella noche, Futre vengó a Pizo.

21

Un infierno, dos tobillos

Medía metro noventa, hacía del juego de espaldas a portería un arte y veía pases imposibles cinco segundos antes que sus compañeros. Francisco Narváez, Kiko, un mago con el 19 a la espalda, fue pieza clave del doblete de liga y Copa del Atlético de Madrid en la temporada 1995-96. Internacional absoluto y oro olímpico gracias a su gol en una agónica prórroga ante Polonia en un Camp Nou cubierto de banderas españolas, Kiko fue, durante años, la bandera del Atleti. El gran ídolo de la grada. El «arquero» que hizo felices a miles de personas, rendidas a su categoría con la pelota y su sentido del humor fuera del terreno de juego. Sencillo, campechano y con duende, Kiko fue el estandarte colchonero en el terreno de juego en las buenas y en las malas, hasta una fecha maldita: el 7 de mayo de 2000. Es tarde, el Atlético, entrenado por Antić, descendió a segunda división. El silencio en el estadio Carlos Tartiere de Oviedo fue sepulcral cuando finalizó el encuentro. Hasselbaink fallaba un penalti decisivo, y el Oviedo, entonces dirigido por Luis Aragonés, santo y seña atlético, sellaba el drama. «Fue el mayor palo deportivo de mi vida. Lo hubiese cambiado por el doblete o lo que fuese con tal de no haber vivido aquella sensación, pero lo cierto es que la intervención judicial al club nos hizo un daño de cojones —recuerda Kiko—. En aquel equipo estaban Gamarra, Ayala, Valerón, Baraja, Hasselbaink, estaba yo, pero no pudimos salvarnos. Es lo peor que me ha tocado vivir como jugador».

En aquel verano, el Atlético de Madrid decidió publicitar una campaña en la que Kiko era la imagen del club, rematando de tijera, en mitad de un incendio incontrolable, con el título: «Un añito en el infierno». Fueron dos. Dos años en segunda. Y el descenso a los infiernos, más que para el Atleti, fue para Kiko. Nunca volvió a ser el mismo. Fue uno de los pocos jugadores de la plantilla que decidió seguir siendo fiel al Atlético de Madrid, con el que llegó a jugar gratis en segunda, por las deudas económicas que tenía el club, acumuladas de temporadas anteriores. Soñaba con devolver el club a primera y no quiso escuchar ofertas de ningún otro equipo, pero sus maltrechos tobillos le obligaron a retirarse con apenas veintinueve años. «Estuve jugando infiltrado tres temporadas, tuve unos seis o siete esguinces de grado 3, y aquello era insoportable, porque no podía ni sostenerme de pie algunas mañanas».

Deprimido por su situación, hundido por no poder ayudar al club y lastrado por el dolor, Kiko pensó en operarse, pero tenía pánico al quirófano. En sus horas más bajas, apareció el difunto padre Daniel, el capellán colchonero, para invitarle a hacer una visita al hospital de tetrapléjicos de Toledo. Allí Kiko comprobó, en sus carnes, de la mano del padre Daniel, lo que era verdaderamente una desgracia. «Allí vi a un crío de siete u ocho añitos que había perdido a toda su familia y que tenía colgada la bufanda del Atlético y todos nuestros pósteres... Fue muy duro. Salí del hospital con un baño de humildad... y decidí operarme». El jerezano se operó de los dos tobillos a la vez y pasó dos meses atrapado en una silla de ruedas. Un calvario. Cuando regresó a los campos, ya no era el mismo. «Había una desconexión de tu cabeza con los tobillos, y al final te abandona el fútbol y no tienes más remedio que dejar algo que te apasiona cuando aún eres muy joven».

Sabiendo que su magia tenía una fecha de caducidad y con el equipo inmerso en su enésima crisis deportiva, esta vez en segunda, Kiko estuvo cerca de fichar por el AC Milan. En aquellos convulsos y tristes días, le habían dedicado una lamentable pancarta en el Calderón, donde se podía leer: «Kiko, cojo, muérete». En octubre de 2000, víctima del miedo a sentirse olvidado como gran jugador, Kiko montó en un avión con destino a la capital de Lombardía. «Me vi en el banquillo, sin cobrar un duro y en segunda, y pensé en todo el trabajo que me había llevado conseguir lo que tengo. Entonces me salió algo importante en el fútbol e hice lo que hice. Debí haber tenido más paciencia, me precipité». Aquel episodio vio la luz, Kiko no fichó por el Milan y algunos aficionados cargaron contra el ídolo, al que acusaron de comportarse como un mercenario.

Meses después, en julio de 2001, viajó hasta Roma para firmar por la Lazio, en compañía de su padre y representante, el Bigote, pero aquello tampoco acabó bien para el jerezano. Tenía la carta de libertad porque ya había anunciado que no seguiría en el Atlético de Madrid, pero el club italiano dio marcha atrás y la operación se cayó. Finalmente, acabó fichando por el Extremadura, donde aguantó apenas unos meses, porque sus tobillos habían dicho basta.

22
Cruzada arbitral

Volcánico, lenguaraz y desafiante, Jesús Gil y Gil se convirtió, por su propia voluntad, en el azote de los árbitros durante su mandato en el Atlético de Madrid. Estaba convencido de que perjudicaban a su equipo, denunciaba que su club sufría una persecución y mantenía una tesis particular según la cual el arbitraje estaba corrupto y actuaba como una mafia. Gil se embarcó en una cruzada personal contra el sistema y contra los árbitros. Se las tuvo tiesas con la Federación Española y con el Comité Técnico de Árbitros durante años, llegando a ser sancionado, inhabilitado y multado con fuertes sumas de dinero. Sus objetivos eran claros: Ángel María Villar, presidente de la Federación, y José Plaza, presidente del Comité de Árbitros. «Son todos unos golfos. Hay mafia en el arbitraje. La competición está adulterada y prostituida». La rajada de Gil no fue esporádica, sino continuada. Cada vez que un arbitraje perjudicaba al Atlético, Gil volvía a la carga. Y cada vez con más dureza y con adjetivos calificativos más gruesos. La escalada verbal *made in* Gil llevó a muchos árbitros a negarse a pitar al equipo rojiblanco mientras Jesús Gil fuera su presidente.

Él manejaba una particular lista negra de árbitros que, partido a partido, engordaba sin parar. El primero que sintió la ira de Gil fue el colegiado Mazorra Freire después de un derbi en el Calderón: «Es un ladrón y un sinvergüenza. Ha parecido un jugador más del Madrid, su actuación ha sido asquerosa». Mazorra comentó que alguien debería pararle los pies al colérico dirigente soriano y las autoridades multaron a Gil con un millón de pesetas por sus declaraciones fuera de lugar. Lejos de amainar, el huracán Gil se desató: sin rebajar el tono de sus acusaciones después de varias amenazas y multas, el presidente colchonero pidió un árbitro extranjero para enfrentarse en la Copa del Rey al Real Madrid, llegando a insinuar que, si no le hacían caso, se plantearía no presentar al equipo y abandonar la competición.

El asunto fue a más cuando en septiembre de 1990, tras una derrota ante el Athletic en San Mamés, Gil culpó públicamente a Socorro González, acusando a Urízar Azpitarte de haberle presionado antes del partido para machacar al Atleti. Gil lanzó un órdago a lo grande. Pidió la repetición del partido alegando «fraude deportivo», con una «manipulación probada del resultado», así como la recusación y también inhabilitación a perpetuidad de Socorro González. Las acusaciones de Gil, durísimas, hicieron mella entre los árbitros españoles, que estaban hartos de ser el muñeco de *punching-ball* del presidente del Atlético de Madrid.

Gil tenía para todos. De Manuel Díaz Vega, durante un programa de radio con José María García, comentó que «era malo de solemnidad, pero sabiendo hacia qué lado interesa pitar». De Martín Navarrete llegó a decir que debía «estar retirado por impresentable», y al canario Brito Arceo llegó a recomendarle ir al psiquiatra, tachándole de estar «chalado». A Ramos Marco le afeó sus presuntos colores: «Es más madridista que el escudo», lo que le costó otra suspensión y una posterior inhabilitación, aunque acabó siendo perdonado. Y de Andújar Oliver, el pequeño colegiado almeriense, Gil llegó a decir que «parecía un niño de cinco años con un revólver en las manos, así que no está preparado mentalmente para pitar partidos». Gil tensó tanto la cuerda que hasta una decena de árbitros de los años noventa se negaron en redondo a pitar al Atlético de Madrid, como represalia hacia su presidente. Como los árbitros se hastiaron de poner siempre la otra mejilla, Antonio Jesús López Nieto, árbitro malagueño, harto de estar harto, decidió contestar a Gil dedicándole unas «amables» palabras: «Parece un primate antropomorfo por su aspecto y su agudeza mental».

De propina, en aquellos años, Gil también se las tuvo con un colegiado catalán que, años después, se haría famoso: José María Enríquez Negreira. En vísperas de un derbi contra el Madrid, en 1987, dijo que se fiaba de Negreira, que haría un buen arbitraje y que «era un tipo honesto». El Atlético se impuso en el Bernabéu y Gil, obvio, no se quejó. Seis años más tarde, en 1993, la prensa volvió a preguntarle a Gil por Negreira, entonces miembro del Comité Técnico de Árbitros. Y entonces, ajeno al escándalo que se desataría años después, el presidente colchonero acusó: «Negreira es el que hace ganar las ligas al Barça».

23

Ben Barek

Abd al-Qadir Larbi Ben Barek nació el 16 de junio de 1917 en Casablanca, Marruecos, que en aquellos años estaba bajo el protectorado francés. Hijo de carpintero, su pasión por el fútbol se forjó en las calles de su barrio, donde jugaba descalzo. Pronto fichó por el Idéal Club Casablanca magrebí y después despuntó en el Marocaine de primera división. Allí compaginó el fútbol profesional con un trabajo a tiempo parcial en una gasolinera. En 1938, fichó por el Olympique de Marsella. Fue convocado por Marruecos, pero aquella selección solo podía jugar amistosos, porque era una colonia, así que Ben Barek acabó jugando... para Francia. El OM desembolsó 44.000 francos para lograr su fichaje, y en aquellos años su fama trascendió, captando la atención del fútbol mundial. Meses después, debutó con *les bleus* en un partido contra Italia en Nápoles. Fue internacional absoluto con Francia durante tres lustros.

Sin embargo, su meteórica carrera se vio truncada tras el estallido de la Segunda Guerra Mundial. Tuvo que regresar a Marruecos y, finalizada la contienda, firmó por el Stade Français. En el verano de 1948, después de un partido amistoso disputado en suelo español, el Atlético de Madrid decidió fichar a Ben Barek por una cantidad impensable para la época: 17 millones de francos. Con él llegó un guardameta espectacular, Marcel Domingo, que también hizo las delicias de los aficionados. Primero entre los palos. Y, después, como entrenador. La gran categoría de Ben Barek enamoró a los rectores rojiblancos, que decidieron pagar una fortuna para hacerse con los servicios del marroquí: «Al negro hay que ficharlo al precio que sea, menuda joya».

Debutó con la camiseta del Atleti el 19 de septiembre de 1948, fue el primer futbolista negro que jugó en el fútbol español y se convirtió en la gran atracción de los aficionados, que abarrotaban las gradas para disfrutar de un futbolista total, diferente, de físico poderoso y manejo de ambas piernas. Había llegado al Atleti con treinta y dos años recién cumplidos y había ciertas dudas sobre cómo se adaptaría al fútbol español. El delantero le restó importancia nada más aterrizar en Madrid: «Estoy como un chaval de veinte años, en plena forma física, pronto podrán verlo». Dicho y hecho. Su infinita calidad despejó las dudas sobre su edad en un puñado de partidos. Los aficionados del Atlético de Madrid le apodaron la Perla Negra.

Firmó por dos temporadas con el cuadro madrileño, acabó jugando durante seis cursos en el Metropolitano y fue, sin discusión, la gran estrella del fútbol español de los años cuarenta. Fue campeón de liga con el Atleti en dos temporadas consecutivas (1949-50 y 1950-51), lideró al equipo, hizo goles de todos los colores y llenó hasta los topes al Metropolitano, donde la gente hacía cola para conseguir una entrada para ver en acción a aquel fenómeno de ébano. En ciento veintitrés partidos con el Atleti, anotó sesenta y tres goles. Ramón Melcón, cronista de *Marca*, definió a Ben Barek como un adelantado a su tiempo: «Es un fenómeno de verdad, sin truco, con prodigiosa clase, con un toque de balón maravilloso, con una inteligente y sabia concepción del juego». Su compañero de delantera, el mítico Adrián Escudero, siempre sostuvo que fue el mejor jugador que sus ojos vieron con la rojiblanca: «Técnicamente, fue el mejor futbolista que ha pasado por el Atlético». Durante seis inolvidables años, Ben Barek formó parte de la leyenda colchonera, como integrante de la famosa «delantera de cristal», junto a Juncosa, Pérez-Payá, Carlsson y Escudero.

El bueno de Larbi, imparable para los rivales, acabó sentando cátedra en el fútbol español. Su ritual antes de los partidos era infalible: ponía una toalla en el suelo del vestuario, se arrodillaba y rezaba en dirección a La Meca. Después formaba con sus compañeros, saltaba al campo, saludaba a la grada y devolvía el precio de cada entrada con un rosario de regates, fintas y goles.

Pasó los últimos años de su vida en completa soledad, en su Casablanca natal. Murió solo, en su casa, y hasta días después no se descubrió el cadáver. Era diciembre de 1992. Seis años después, la FIFA le concedió la medalla de la Orden del Mérito, a título póstumo. Larbi Ben Barek fue uno de los más grandes de la historia del fútbol. La Perla Negra del Atleti. Edson Arantes do Nascimento «Pelé» siempre sostuvo que Ben Barek fue el mejor jugador de la historia: «Si yo soy el rey del fútbol, él es Dios».

24

Alemao

Enero de 1987. Vicente Calderón apura sus últimos días de vida y quiere hacer un último servicio como presidente al Atlético de Madrid. Hace meses que maneja excelentes informes de un centrocampista brasileño que juega en el Botafogo, uno de los clubes más poderosos de Río de Janeiro, y decide acelerar las gestiones para acometer su fichaje. Cree que puede ser una estrella en el Manzanares y quiere firmar al jugador, porque el Botafogo necesita urgentemente dinero y ha puesto en venta a varios de sus mejores futbolistas. El que pretende Calderón es Ricardo Rogério de Brito, más conocido por Alemao (alemán), por su larga melena rubia platino, su frondoso bigote y su potencia. El presidente del Atleti culmina con éxito unas arduas negociaciones, obteniendo el «sí, quiero» del jugador, que desea probar suerte en el fútbol europeo. Y aunque el Botafogo se queja porque quiere recaudar más dinero por la operación, Vicente Calderón regresa a Madrid con el fichaje hecho.

Tres meses más tarde, Alemao aterriza en el aeropuerto Madrid-Barajas, en un vuelo regular procedente de Río de Janeiro. Allí se entera de la triste noticia: el hombre que le ha contratado para jugar en el Atlético de Madrid, Vicente Calderón, ha fallecido. El sepelio del gran presidente colchonero coincide con las primeras horas del brasileño en Madrid. «Estoy triste. Me impresionó hace unos días conocerle en Brasil, donde es muy respetado. El presidente Calderón firmó para el Atlético a compatriotas como Leivinha, Luiz Pereira y Dirceu, hoy es un mal día para todos», comentó a la prensa. Calderón, que tenía ojo clínico para fichar, acertó de pleno. Aquel brasileño con aire alemán tenía calidad, visión de juego, dotes de organizador, un gran disparo de media distancia y una potencia endiablada. Era el motor del equipo, y los aficionados colchoneros se las prometían muy felices con el fichaje. Estaba llamado a marcar una época. Dejó actuaciones memorables ante Cádiz o Mallorca, se metió al público en el bolsillo por su tremenda clase, cayó de pie en el vestuario y se convirtió en uno de los mejores socios de la gran estrella de la época, el portugués Paulo Futre.

Sin embargo, nunca tuvo el favor de Jesús Gil y Gil. El nuevo presidente, que contrató para su primer proyecto a Menotti y relegó a Luis Aragonés, jamás valoró las prestaciones de Alemao. Es más, cargó con dureza contra él. En público y en privado. No le quería en su Atleti. «Es un pesetero y un jugador muy irregular», dijo cuando se terminaba su primera temporada como rojiblanco. Y después, cuando el brasileño pidió un aumento de sueldo, Gil fue aún más contundente: «Es un buen futbolista de cuello para abajo. De cuello para arriba, es una caja registradora». El brasileño no se arrugó con Gil y también dio su versión: «Más pesetero es el presidente Gil; la anterior directiva me compró, y ahora él me quiere vender». Paulo Futre, que era el niño mimado del presidente, templó gaitas en mitad del conflicto y le suplicó a Gil que dejase tranquilo al centrocampista: «Presi, se lo pido por favor, no venda a Alemao». Gil no quiso escuchar. Ni siquiera a su «hijo» portugués.

Alemao acabó traspasado al Nápoles por una suma importante, unos 325 millones de las antiguas pesetas. «Gil me vendió porque cuando llegó a la presidencia quería borrar todo el pasado. A mí me fichó Vicente Calderón, así que Gil me echó del Atlético y de España», se despachó el brasileño en una entrevista concedida a *Marca*. Años más tarde, Alemao insistió en su versión: «Gil dejó de pagarme y me boicoteó en todos los sentidos». El motor brasileño acabó jugando en San Paolo, en el sur de Italia, conquistando con el Nápoles un *scudetto* histórico y también una Copa de la UEFA. Allí formó un trío dorado con su compatriota Careca y con el mítico Diego Armando Maradona, con el que siempre mantuvo una excelente relación. Pudo haber sido leyenda en el Atleti, pero lo fue en Nápoles.

25

La guarida del Tigre

Años noventa. El enemigo público número uno campa a sus anchas en los Balcanes. Su nombre es Željko Ražnatović. Su apodo, Arkan. Señor de la guerra, mercenario y atracador. Acusado de graves crímenes contra la humanidad, el Tigre está en busca y captura. En 1993, durante los bombardeos de Bosnia, conoce a la mujer de su vida: Svetlana Velicković, más conocida como «Ceca», que ya triunfaba como cantante. Arkan transformó la imagen de su pareja hasta convertirla en una exuberante musa, en un icono sexual, en la «tigresa» de su causa. Ceca pasó por el gimnasio, también varias veces por el quirófano y se casó con Arkan, entre salvas de rifles kalashnikovs, recibiendo su familia una dote en efectivo, un saco lleno de oro. Estrella musical y mito erótico del país, Svetlana se convirtió en la media naranja ideal del sanguinario Tigre.

El matrimonio, tan feliz como famoso, hizo fortuna con la guerra. Tanto que llegó a comprar un club de fútbol, el Obilić, entonces en tercera división. Le pusieron ese nombre en honor al héroe que en 1389 mató con su sable a un sultán turco. En solo tres años, un tiempo récord, el Obilić pasó de tercera a campeón de liga. Los métodos de Arkan generaban pánico: rumores de amaños de partidos, amenazas a árbitros, intimidación a equipos rivales e incluso «recados» para los familiares de los jugadores que se atrevieran a marcar gol al equipo de Arkan. El resultado, dos ascensos consecutivos, y después la conquista del título de la liga yugoslava. De la más absoluta nada al todo. El Obilić de Arkan superaba a los dos clubes más grandes del país, Estrella Roja y Partizán, y se lograba colar en la Champions.

El bombo quiso que le tocase en suerte el Bayern de Múnich. Cuando la UEFA prohibió a Arkan ir a Múnich, el Tigre se atrevió a amenazar de muerte al presidente del fútbol europeo, el sueco Lennart Johansson. Franz Beckenbauer se negó a viajar a Belgrado para evitar ser relacionado con Arkan, acusado por el Tribunal de La Haya por crímenes contra la humanidad. El Tigre no acompañó nunca al Obilić en sus viajes europeos para evitar ser detenido y juzgado. Tras caer eliminado por el Bayern, el Obilić se tuvo que conformar con jugar la Copa de la UEFA. Y en el sorteo le tocó en suerte… el Atlético de Madrid.

Con Arkan en busca y captura por la Interpol, por sembrar el terror en Bosnia, la presidencia del Obilić pasó a manos de su mujer, Svetlana. Ceca estaba ahora al mando del club y era la representante continuista de los valores más encendidos del nacionalismo serbio. En la ida, viajó a Madrid, se vio con Pedja Mijatović, el goleador de la Séptima del Real Madrid, y ocupó una plaza en el banquillo visitante del estadio Vicente Calderón, como improvisada delegada de campo. El resultado, victoria del Atleti por 2-0, con goles de Juninho y José Mari. La prensa preguntó a Gil y Gil por la explosiva mujer de Arkan, y el presidente colchonero solo acertó a decir: «El resultado debería valer, pero la verdad es que hoy el espectáculo estaba en otro sitio». Faltaba el partido de vuelta y la pregunta era sencilla: ¿se atrevería Jesús Gil y Gil a viajar a la guarida del Tigre Arkan? Así fue.

Jesús Gil, tras consultar con su familia, acudió a Belgrado. Eso sí, solo estuvo acompañado de su hijo Miguel Ángel Gil Marín, director general del club. Esta vez, ni su mujer, ni sus otros hijos, ni su séquito personal se subieron al avión. Sí lo hicieron sus célebres guardaespaldas, por motivos obvios. Gil no se achantó y aceptó el desafío. Estrechó la mano del pistolero Arkan, que le esperaba en el aeropuerto junto a una cuadrilla de mercenarios. Gil no quiso tensar la situación, cumplió con el protocolo y saludó al asesino. «No hay que mezclar política y deporte», dijo a la prensa local. De hecho, en la víspera del partido, Gil y Arkan compartieron mesa y mantel. La mujer de Arkan recuerda con nostalgia aquel encuentro: «En la ida, Gil fue un gran anfitrión, y en la vuelta él y mi marido se entendieron perfectamente, guardo un buen recuerdo de aquellos partidos».

El duelo de vuelta en Belgrado comenzó con un pequeño terremoto nada más llegar al aeropuerto; siguió la surrealista imagen de una cría de tigre correteando por el césped, y concluyó con un gol de Kiko que daba la victoria y el pase al conjunto colchonero, entrenado por Arrigo Sacchi. Los titulares de la prensa deportiva española no se hicieron esperar: «El Atleti sale vivo de la guarida del Tigre y se clasifica». Dos años más tarde de que el Atleti se hiciera fuerte en su guarida, en enero de 2000, Arkan fue acribillado a balazos en un hotel de Belgrado. Dobrosav Gabrić acabó con su vida con un arma semiautomática de fabricación serbia utilizada por la policía y el ejército. Su esposa, que se encontraba cerca del tiroteo, salvó la vida y acabó siendo protegida por los cachorros de su marido.

En 2002, todavía siendo presidenta del Obilić, Ceca removió los cimientos del fútbol balcánico con unas declaraciones que provocaron estupor: «En Yugoslavia, si un club quiere ganar, paga a su rival y ya está. Eso sí, juro que mi club, el Obilić, practica un fútbol limpio». Nueve años después, la Fiscalía acusó a la viuda del líder paramilitar de haberse apropiado de unos 11 millones de euros procedentes de traspasos de futbolistas. Ceca ingresó hasta dos veces en la cárcel y llegó a sufrir un par de arrestos domiciliarios. Eso sí, sigue siendo una estrella musical en su país, tiene su propio sello discográfico y más de un millón de seguidores en Instagram. Continúa siendo la exuberante viuda negra de Arkan.

26

Macarra, rojiblanco y goleador

«No quiero salir, me quiero quedar aquí». Era la confesión privada de Diego Costa, el arte de la guerra hecho delantero centro, a la directiva del Atleti. Semanas antes había firmado un contrato como nuevo jugador del Chelsea en mitad de la temporada 2013-14; días después, se arrepentía de haber estampado su firma en aquel contrato. Costa, animal del gol y pieza clave en el título de liga que el equipo de Simeone acabó conquistando en la última jornada en el Camp Nou, le pidió a la directiva colchonera que hiciera lo posible por romper aquel contrato para quedarse a las órdenes del Cholo durante más tiempo. No fue posible. El Chelsea ya se había comprometido a pagar al club colchonero unos 36 millones de euros —de ese dinero, en realidad, el Atleti solo percibía 19 kilos—, y aunque Costa se arrepentía de haber firmado con los *blues*, su nuevo contrato tenía una penalización económica enorme, que el club rojiblanco no quiso asumir. En caso de que hubieran querido que Costa pudiera romper el contrato que había firmado para quedarse en el Atleti, el club madrileño tenía que pagar una indemnización que ascendía al doble del traspaso recibido. Costa se arrepintió, pero cuando quiso cambiar su decisión ya era tarde.

Goleador y pendenciero, fuerza de la naturaleza, Costa fue adrenalina pura en el área. Un volcán en constante erupción, un terremoto 7,5 en la escala del cholismo. El brazo armado de Diego Simeone en uno de los mejores años de la historia del Atleti. Marcó veintisiete goles en treinta y cuatro partidos de liga, conquistó el campeonato en la última jornada en el Camp Nou y cuajó una gran temporada en Europa, al alcanzar la final de la Champions de Lisboa, que jugaron frente al Real Madrid. En vísperas de ese trascendental duelo, Costa ya sabía que ficharía por el Chelsea, que no había vuelta atrás y que jugaría en Londres. Su participación en aquella final de la Champions que el Atleti perdió en la prórroga, tras un gol de Ramos en la prolongación del partido, duró ocho minutos. Costa estaba lesionado, pero no quería perderse el que sería su último partido de colchonero y decidió recurrir a un sorprendente tratamiento exprés con placenta de caballo. El hispanobrasileño lo reconocería años después en ESPN: «Se habló mucho del tema de la placenta de caballo, que si era mentira. Fue verdad ese tratamiento, aunque mientras me ponían electroshock, el médico se fumó un par de cigarros. Fue duro y muy doloroso, tanto que cuando corría, luego no sentía ningún tipo de dolor. Eran sesiones de dos horas y luego al hotel. Para mí no había otra cosa en ese momento que no fuera la final de la Champions». Costa duró apenas unos minutos en el campo y dejó huérfano de su mejor jugador al Atleti, que acabó viendo cómo se le escapaba el título en unos agónicos instantes finales. Durante su etapa colchonera, el maestro Pancho Varona, genio compositor, le puso verso y banda sonora a Costa: «macarra, rojiblanco y goleador». Desde el día que firmó por el Chelsea, Diego ya quería regresar. En la Premier coleccionó goles y jaleos, partidos épicos y juego sucio, actuaciones colosales y constantes cruces de cables.

Costa, coleccionista de goles y problemas, ciclón incontrolable, dejó un vacío enorme en el Atlético. Sus posteriores sustitutos estuvieron a años luz de su rendimiento. Mandžukić, guerrero aceptable pero seco en la segunda vuelta, no cuajó. Jackson fue una ruina deportiva. Vietto estuvo por debajo de las expectativas. Y Gameiro nunca despegó. Diego, que triunfó en Londres pero siempre quiso volver a Madrid, forzó la máquina para regresar. Si volvía en forma, si se parecía mínimamente al delantero que había forjado Simeone, el Atleti conseguiría recuperar al delantero que jamás debió perder. No salió bien. Previo pago de un dineral, el de Lagarto encadenó una espiral de sanciones y lesiones que demostraron que, en su caso, las segundas partes no eran buenas.

En las Navidades de 2020, Costa acabó saliendo del Atlético de Madrid. Pidió marcharse, alegó motivos personales y firmó la rescisión de su vínculo con el Atlético, renunciando a un año más de contrato. Eso sí, se fue con la gratitud eterna de la hinchada del Atleti, que siempre le recordará como un animal del gol, como la punta de lanza del cholismo, como un salvaje del área. Como un delantero «macarra, rojiblanco y goleador».

27

Ronaldo

Verano de 1994. La prensa deportiva madrileña es unánime. El Atlético de Madrid está a la caza de un delantero centro de referencia mundial. El presidente Jesús Gil y Gil, convertido en una trituradora humana de entrenadores, está desesperado por competir por el título de liga y sus más allegados le convencen de que debe fichar un nueve llamado a marcar una época en el Vicente Calderón. Sobre la mesa de los colchoneros, varios candidatos. El primero es Iván Zamorano, ariete chileno que no cuenta para el entrenador Jorge Alberto Valdano. Sin embargo, Bam-Bam decide aguantar, no sale del Madrid, acaba jugando y convence a su técnico a base de goles. La segunda opción para la delantera es Jürgen Klinsmann, delantero centro alemán. Es el favorito de Pacho Maturana, que acababa de aterrizar en el conjunto atlético. Después de que el teutón presionare a su club para salir y de dar el «sí, quiero» al conjunto madrileño, Gil sorprendió a propios y extraños descartando su fichaje: «Iba a fichar a un jugador importante y no lo he hecho porque me he enterado de que era maricón. Me he quedado helado. A ese no lo meto en el vestuario. Solo faltaba que dijeran que Gil tiene a uno de estos ahí», le dijo a la prensa.

Con Klinsmann descartado por su supuesta inclinación sexual, el Atlético vuelca sus esfuerzos en un tercer candidato. Un joven brasileño llamado Ronaldo Nazário de Lima, que apenas tiene diecisiete años, que recibe el apodo de O Fenômeno y que está llamado a ser la gran referencia del fútbol-samba. Rubén Cano, exjugador colchonero y entonces secretario técnico del Atlético, recuerda que tenía todo cerrado para lograr un fichaje que habría revolucionado al Calderón y, posiblemente, hubiera cambiado la historia moderna del club. «Ronaldo estaba comprado. Me fui del club y me hice intermediario porque tenía muchas relaciones y contactos. Vi a un chaval de dieciséis años en Brasil, Ronaldo. Dije: este se sale. Le dije a mi socio que se fuera a Belo Horizonte a comprarlo».

¿Qué pasó? Pues que Rubén Cano, el hombre clave de «la batalla de Belgrado», apuró a la directiva. Había que darse prisa porque en la carrera por Ronaldo también estaba el PSV holandés, con la empresa Philips dispuesta a costear la operación. «Se lo dije a Miguel Ángel Gil. Allí estaba también el PSV, que iba a por él. Ofrecían 600 millones de pesetas. Así que le ofrecí a Cruzeiro, que era el club de Ronaldo, 400 millones por el cincuenta por ciento del pase, con el visto bueno de Jesús Gil. Dijeron que sí, que preferían eso», rememora Cano. Todo se pone en marcha para cerrar la operación con el Cruzeiro, y la prensa coincide en que el Atleti ha elegido al joven brasileño de diecisiete años. Todo está muy cerca de cristalizar, pero se trunca. «Llamé a Gil padre y me dijo que sí, pero Miguel Ángel, su hijo, me dijo que no. No me dio una contestación y el Cruzeiro lo vendió al PSV. Si hubieran aceptado el tema del porcentaje del pase, Ronaldo habría fichado por el Atleti con absoluta seguridad». Gil Marín no acabó de ver clara aquella operación financiera, pese a que en Argentina ya se usaban ese tipo de fórmulas para fichar, y los derechos federativos del jugador pasaron a estar en poder del PSV Eindhoven, que se hizo con Ronaldo después de que el Atleti decidiera no rematar el fichaje.

Rubén Cano, que durante su periplo también llegó a negociar el fichaje de Ronald Koeman —que no aceptó el acuerdo porque quería ganar más dinero—, siempre pensó que aquella operación frustrada por Ronaldo era un error mayúsculo de los Gil. Así fue. O Fenômeno marcó cincuenta y tres goles en cincuenta y cuatro partidos con el club holandés; un año después, cuando el Atlético volvió a querer interesarse en su fichaje —a buenas horas, mangas verdes—, firmó por el F. C. Barcelona y se convirtió en el mejor jugador del mundo, con una tarjeta de visita de cuarenta y siete tantos en los cuarenta y nueve partidos que disputó aquella temporada.

Iván Zamorano no quiso salir del Real Madrid, Klinsmann fue rechazado por el presidente por «perder aceite» y Ronaldo no llegó porque los Gil no quisieron pagar un dinero por el cincuenta por ciento de su pase, cuando el Cruzeiro había dado luz verde a la operación. Entonces ¿quién fue el nueve elegido por el Atlético de Madrid aquel verano? Pues el colombiano Adolfo Valencia, más conocido como el Tren. Llegaba procedente del Bayern de Múnich. Durante su etapa en Baviera, Franz Beckenbauer llegó a referirse al Tren como *Der Entlauber* (el Deshojador). Le bautizó así después de un partido de entrenamiento del Bayern en el bosque, en el que todos los remates de Valencia se fueron por encima de la portería, dejando sin hojas los árboles de alrededor. Increíble, pero cierto. El Atleti tuvo a Ronaldo y acabó con el Tren Valencia.

28
La peor presentación de la historia

El mítico director de cine José Luis Garci, que logró el Óscar con su aplaudida y futbolera película *Volver a empezar*, siguió atentamente la Copa América del verano de 2004. Atlético hasta la médula y futbolero empedernido, Garci estuvo «colgado» del televisor de madrugada, viendo las actuaciones de las mejores selecciones sudamericanas. Llamó su atención un centrocampista uruguayo, pura garra charrúa, y creyó que podría ser un fichaje razonable para su Atleti. Tanto que en una conversación informal con el presidente Enrique Cerezo le recomendó que contratara a aquel centrocampista de Uruguay. Dicho y hecho.

Su nombre, Marcelo Fabián Sosa. Aunque sus amigos le conocían como el Pato, por su particular manera de correr. Jugaba en el Spartak ruso y el Atleti decidió hacer caso a los consejos de Garci, pagando 2 millones de euros de la época por el uruguayo. En la temporada 2004-05, el Pato Sosa se presentaba como nuevo jugador del Atleti y la prensa deportiva se hacía eco de su llegada. «Será la garra del equipo», «Llega el sustituto de Movilla», «Aportará jerarquía por delante de la defensa». Esos fueron algunos de los titulares que se le dedicaron al uruguayo nada más llegar. Él se mostró confiado en que triunfaría de manera rotunda en el Atleti: «Vengo para darlo absolutamente todo». Optimismo no le faltaba. Calidad técnica sí.

Así lo pudo corroborar la prensa gráfica el mismo día de su

LA PEOR PRESENTACIÓN DE LA HISTORIA

presentación. Sosa, vestido con la zamarra rojiblanca, luciendo una larga cabellera y un tinte de color rubio oxigenado, pisó el Calderón para intentar dar sus primeros toquecitos al balón. Sosa dio un toque, luego otro y al tercero... acabó cayéndose de espaldas, justo de culo, para sorpresa de los allí presentes. Sosa, hoy en día, rememora aquello que siempre le perseguirá: «Siempre es una anécdota que va a quedar para toda la vida. Algo desafortunado porque ese día no llevé mis zapatos de fútbol, ni nada de ropa de deporte para ir al Calderón. Cuando me ficharon, no pensé que al firmar el contrato luego iba a tener que bajar al césped. Yo calzo un cuarenta y uno y me dieron unos botines del cuarenta y tres o cuarenta y cuatro». El uruguayo resbaló, cayó a plomo, y aquella imagen, realmente dantesca, se repitió una y otra vez en los informativos y en los programas deportivos de la época. ¿Era realmente tan malo el nuevo fichaje que había hecho el Atlético? ¿Era la peor presentación de un fichaje en toda la historia del Atleti? La respuesta tenía dos letras, pero la palabra era una sola.

El Pato Sosa, que llegaba para disputarle el sitio en la medular a Peter Luccin, Diego Pablo Simeone y Gonzalo Colsa, fue un auténtico fracaso en el Manzanares. El uruguayo disputó veintiocho partidos con la rojiblanca, no anotó ningún gol, fue suplente en casi todos los partidos y acabó teniendo que salir cedido a Osasuna, donde tampoco logró ningún gol y donde nunca alcanzó la titularidad. En Madrid dejó un par de declaraciones altisonantes («Figo es una nenita» o «Beckham no existe, pero es lindo»), un rosario de partidos discretos y un reguero de críticas de los aficionados de su propio equipo, que seguían sin comprender qué había visto el Atleti en un jugador de un nivel futbolístico tan pobre.

A Sosa le pasó de todo en Madrid. De hecho, llegó a pegarse con un aficionado de su propio equipo en el Calderón. «Estaba con mi padre y mi cuñado, en el Calderón. Estábamos en el aparcamiento y se metieron unos hinchas, mientras yo esperaba al Caño

Ibagaza y a Richard Núñez. Creo recordar que no jugaba porque tenía cinco amarillas. Se metió un aficionado conmigo y me agredió. Tuve que defenderme», contó en *Relevo* años después. El Pato llegó como gran esperanza para el centro del campo y se marchó como uno de los mayores blufs de la historia del club. El año que el Atleti anunció, a bombo y platillo, el fichaje de Sosa, acabó instalándose en la mediocridad y concluyó undécimo en la liga. Hoy Sosa vive en su país, tiene un terrenito, conserva sus ahorros, le gusta la vida del campo y disfruta de sus caballos. Nunca quiso volver a Madrid. Ni de vacaciones.

29

Pack portugués

Mayo de 2003. El Atlético de Madrid busca consolidarse en primera y formar un equipo que pueda volver a levantar títulos. Muchos intermediarios llaman a la puerta de Jesús Gil, el volcánico presidente colchonero, ofreciéndole diferentes futbolistas de talento. Justo antes del verano, el Sporting de Portugal atraviesa serios problemas financieros, cosa que invita al club lisboeta a intentar recaudar dinero traspasando a sus mejores jugadores. Se trata de Mário Jardel, cotizado goleador; de Ricardo Quaresma, un virtuoso delantero; y de Cristiano Ronaldo, un prometedor extremo derecho que regatea de manera endiablada.

Santos Márquez, uno de los mejores intermediarios de la época, contactó con el club luso y, después, decidió ofrecer el pack portugués completo a Gil. «Se firmó a los tres. Había un papel firmado con Jardel, con Quaresma y con Cristiano Ronaldo. Se lo ofrecí a Jesús Gil, reunido con Carlos Freitas, vicepresidente del Sporting de Portugal. ¿Por qué no se hizo? Pues porque justo un mes después los técnicos del Atlético de Madrid convencieron a Gil de que no se hiciera la operación. Recuerdo que el Sporting casi regalaba a Mário Jardel porque tenía un salario muy alto, y, además, se pagaban 3 millones de euros por Quaresma y Cristiano Ronaldo. Al año siguiente, Quaresma firmaba por el Barça y Cristiano por el Manchester United». Los tres estaban firmados y apalabrados. Así se lo confesó, años después, Santos Márquez al periodista Juan Gato. Ninguno llegó.

El superagente Jorge Mendes, en su biografía *Las claves de Mendes*, rememora aquel episodio en el que Cristiano comenzaba a despuntar y se le consideraba como una promesa de futuro crack. Ronaldo estuvo realmente cerca de acabar en la ribera del Manzanares para ser jugador del Atlético de Madrid. En la operación entraba como plato fuerte Mário Jardel, y junto a CR7 también llegaba Quaresma, del que se decía, en aquel entonces, que estaba llamado a ser el mejor jugador de Portugal, por delante del propio Cristiano. Miguel Ángel Gil Marín, hoy CEO del conjunto rojiblanco, recuerda con claridad que el Atleti tenía en su poder un documento para lograr el traspaso: «Mi padre tenía un documento de un intermediario para traer a Quaresma y Cristiano, y estaba firmado. En aquellos momentos, Cristiano tendría dieciséis años. El documento era de un intermediario que tenía poder en el Sporting para traer al jugador al Atlético de Madrid. Al final, aquello no se hizo».

¿Quién convenció a Gil y Gil de que no se activase aquel traspaso triple por Jardel, Quaresma y Cristiano? ¿Por qué el presidente renunció a una operación más que rentable para el club? ¿Qué habría sido de la carrera de Cristiano en el Atleti? Nunca lo sabremos. Lo cierto es que cuando el club colchonero era el mejor colocado para hacerse con Cristiano, CR7 acabó jugando en Old Trafford, después de un partido amistoso donde «enamoró» a sir Alex Ferguson.

Por cierto, el Atlético de Madrid no fue el único club español que tuvo en su agenda a CR7. También tuvo *chance* aquellos días el Valencia, que llegó a avanzar mucho en las negociaciones. Al final no se cerró un acuerdo entre los clubes y, un año después, ni Atlético ni Valencia firmaron al delantero de Madeira. Ni a Jardel ni a Quaresma. Cristiano no acabó en el Atleti, meses más tarde se fue al Manchester United, triunfó en la Premier League y terminó jugando para el Madrid... previo pago de 96 millones de euros.

30
Mama-Chicho

«Mamá, Chicho me toca, me toca cada vez más. Mamá, Chicho me toca, me toca, me toca, ¡defiéndeme tú!». Aquella era la letra de la popular canción que cantaba un grupo de seis bellezas italianas en Telecinco gracias a la apuesta personal de Valerio Lazarov en Mediaset. Eran las auténticas estrellas de un canal que acababa de nacer en España y que había causado auténtico furor en los hogares de nuestro país. La formación original de las Mama-Chicho estaba compuesta por Patrizia Cavaliere, Patrizia Fabbian, Stephania Dall'Olio, Daniela Lodigiani, Patrizia Orzieri y Susy Wender. Las seis alcanzaron una popularidad tremenda durante los años noventa y se movían al ritmo de una sugerente coreografía que amenizaba toda la parrilla de programas de Mediaset. Escogidas por Silvio Berlusconi, que estaba empeñado en reeditar su éxito televisivo en España, las Mama-Chicho fueron referencia de la televisión española durante aquellos años. Eran auténticas celebridades, y el alma de la fiesta de cualquier magacín, programa o gala de Telecinco.

En el año 1991, las Mama-Chicho se toparon con Jesús Gil y Gil, presidente del Atlético de Madrid y, a la sazón, alcalde de Marbella. El huracán Gil se había desatado y Telecinco decidió darle nada más y nada menos que un programa para que pudiera opinar, de lo humano y de lo divino, a sus anchas. El nombre del programa fue *Las noches de tal y tal*, en clara alusión al latiguillo que solía acuñar el presidente colchonero cada vez que se enredaba en un tema. El programa se emitía desde Marbella, combinando actuaciones musicales, humor y entrevistas, con el sello polémico de Gil, que era la auténtica estrella del show. El alcalde de Marbella, junto con la actriz venezolana Jeannette Rodríguez —protagonista del culebrón *Cristal*— y Pepe da Rosa, aparecía en pantalla opinando sobre política, fútbol o lo que fuera, siempre rodeado de exuberantes mujeres en traje de baño, o incluso sumergido en una bañera, junto a las famosas Mama-Chicho. En aquellos días convulsos, Gil simultaneaba su cargo de presidente del Atlético de Madrid con la alcaldía de Marbella y con su show televisivo en *prime time*.

En 1991, en vísperas de un derbi vital ante el Real Madrid, entonces presidido por Lorenzo Sanz, el presidente madridista decidió acudir a la tradicional celebración de la comida entre directivas. Sin embargo, Gil y Gil no aparecía por ninguna parte. Había dejado colgado a Sanz y nadie sabía el motivo. El rumor corrió como la pólvora entre la prensa deportiva, y las radios explicaban a sus oyentes que nadie sabía dónde demonios se había metido Gil justo antes de un encuentro entre el Atlético y el Real. Cuando el partido estaba a punto de comenzar, el presidente madridista explicó la ausencia de Gil y Gil: «Estábamos esperando a Gil para la comida y resulta que nos han dicho que Gil estaba en la bañera, por lo visto con las Mama-Chicho, así que no ha podido estar».

Aquel día, el presidente-alcalde se saltó la comida entre directivas porque estaba grabando junto con las populares bellezas italianas. Un año más tarde, Gil y Gil sí se presentaría a la comida entre directivas, antes de la final de Copa del Rey en el Bernabéu. Su equipo ganó 2-0, con tantos de Futre y Schuster. Días después de aquella victoria atlética y de la posterior fiesta en Neptuno, las Mama-Chicho dejaron de aparecer en Telecinco. Y tal y tal.

31

Cuarenta y cinco días

Verano de 2013. «Estoy feliz de llegar a un club tan ambicioso como el Atlético, que competirá en liga, Copa y Champions. También debo decir que tenemos un entrenador que muestra día a día su pasión por ganar, así que espero estar a la altura de las circunstancias y me comprometo al cien por cien con la institución, el grupo y a seguir consiguiendo muchos éxitos trabajando duro». Palabra de Martín Demichelis, un 12 de julio, en su presentación como nuevo jugador del Atlético de Madrid. Parecía un buen fichaje... No lo fue. El suyo fue uno de los casos más curiosos y rocambolescos de la reciente historia colchonera.

«Cuando el Málaga entró en problemas, pensé en mejorar mi futuro y buscar una salida. Se había caído la posibilidad de volver a jugar para River Plate, y entonces me llamó el Cholo para invitarme a firmar por el Atlético de Madrid». Demichelis era el central de confianza y garantía que quería Diego Pablo Simeone para su equipo. Tenía jerarquía, experiencia, manejo del oficio y sería un peso pesado en el vestuario. Su fichaje colmaba las exigencias del Cholo, que estaba convencido de que haría las delicias del público del Vicente Calderón. Pero nada más lejos de la realidad.

«Hice la pretemporada, y cuando apenas faltaban unos quince días para cerrar el mercado, el Manchester City contactó para ver qué opciones había de salir. Manuel Pellegrini quería que jugase otra vez para él, porque ya me había tenido en River y también en Málaga, así que fue complicado —recuerda Demichelis—. Entrené con muchas ganas con el Atleti y viví cuarenta y cinco días muy intensos en Madrid. El Cholo así te los transmite, con un cuerpo técnico que roza la excelencia», recuerda. Simeone premiaba de esa forma su gran curso en La Rosaleda y estaba convencido de que fomentaría la competencia interna del vestuario, elevando el nivel de los centrales que teóricamente iban a ser los titulares, Diego Godín y Miranda. «El Cholo estaba supercontento conmigo, pero arrancaba detrás de Miranda y Godín. Si iba a la Premier y demostraba estar bien, tendría más opciones de llegar al Mundial. Y eso pasó: en el City fui titular, campeón, jugué muy bien y fui al Mundial», recuerda Martín.

Tenía contrato con el Atleti, el City apretaba para lograr su fichaje y la situación se tornó realmente tensa. Había firmado con los colchoneros por petición expresa de Simeone y del Mono Burgos, el Atlético no quería negociar el traspaso con los ingleses y era realmente complicado tratar de explicar a los aficionados que, recién fichado, se podía ir. «El presidente no quería negociar, así que tuve que encarar al Cholo. Difícil, con todo lo que te impone. Era el arranque de la temporada y jugábamos la Supercopa con el Barcelona. Era imposible hablarle, pero se cerraba el mercado de fichajes, así que le pedí una reunión. Nos encerramos en el vestuario, tras el 1-1 de la ida, y nos dijimos lo que había que decirse. Al Cholo no le gustó porque había apostado por mí. Al tiempo, con los años y cuando pasó todo aquello, me crucé con Simeone en los pasillos de La Rosaleda y nos dimos un abrazo».

Martín Demichelis fichó por el Atlético de Madrid como agente libre, ya que había concluido su etapa con el Málaga y no tenía contrato. Acabó saliendo en un visto y no visto del Calderón, y el club se embolsó 5 millones de euros por un jugador que firmó, entrenó y se fue. Demichelis, uno de los fichajes más extraños de la historia del club, jugó tres amistosos con la rojiblanca (Memorial Jesús Gil y dos de la gira por Sudamérica con Estudiantes y Sporting Cristal), pero jamás llegó a debutar en partido oficial. Fichó por el Atleti en julio de 2013 y cuarenta y cinco días después de haber sido presentado… salió traspasado al Manchester City.

32

El primer «Niño»

La historia de amor de Enriquito con el Atleti comenzó cuando apenas tenía catorce años. Se presentó a unas pruebas sin cita previa, jugó aprovechando que un chaval no había aparecido y se hizo pasar por él. Su primera prueba estaba pactada con el Real Madrid, pero, cuando pasó el filtro de la prueba con el Atleti, Enrique Collar ya no quiso saber nada del resto de los equipos. Tenía un sueño: jugar en el Atleti. Y el sueño se había hecho realidad. Ramón Gabilondo y Ramón Colón, exjugadores del Atlético Aviación, confiaban en aquel niño sevillano que tenía buena pinta. Collar aprovechó su oportunidad, y allí comenzó el romance eterno del primer Niño de la historia colchonera. Y de uno de los mejores extremos que haya dado la historia del fútbol español.

Los Collar eran familia numerosa. Juan de Dios, el padre, y Esperanza, la madre, formaron a seis niños —Juan de Dios, Encarna, Pepe, Antonio, Enrique y Esperanza— que comenzaron viviendo en San Juan de Aznalfarache. En los años treinta, Collar padre tuvo que mudarse a Madrid, para trabajar en un banco de la capital, y toda la familia se instaló en la calle Ferraz. Cuando con catorce años Enrique pasó la prueba con el Atleti, la vida de la familia cambió de manera radical. Collar se destapó como un futbolista descomunal. Era elegante, fino, preciso y poseedor de un regate que era un regalo para la vista. Pegado a la banda, siempre junto a la línea de cal, Enriquito fue uno de los grandes ídolos del Metropolitano en los años cincuenta y sesenta. Collar era extraordinariamente bueno. Sus regates sensacionales y sus centros medidos alcanzaron su punto más álgido en 1958, durante un partido de Copa de Europa. Era el debut del Atleti en la competición y el rival era el CDNA de Sofía, en pleno diciembre. En ese duelo, el equipo colchonero pasó la eliminatoria venciendo en la prórroga, a la que llegó con dos jugadores menos que los búlgaros. Sin embargo, aquel día Collar hizo un partido tan extraordinario, de tanta categoría, que llevó al Atleti al triunfo y protagonizó una de las mejores actuaciones de un jugador colchonero en el Viejo Continente. Collar jugó tan bien que los diarios deportivos de la época tuvieron que ampliar la nota que daban a los jugadores. Entonces, la máxima que los cronistas otorgaban a los jugadores era de tres. Pero lo de Collar fue tan extraordinario que, en la crónica del partido, tuvo una nota de... cuatro. Antonio Valencia, cronista de la época, reflejó el partido de Enriquito así: «Collar, el sensacional Collar de Ginebra, era la delantera del equipo español. Fue el motor del equipo hispano e hizo un partido memorable, tan memorable que ganó indulgencias para muchos encuentros posteriores». Collar, pura fantasía para la afición del Metropolitano, apenas un chaval, se ganó al vestuario por su entusiasmo, y al público por su calidad. En la caseta se ganó el apelativo del Niño del Atlético de Madrid. Fue el primero de la historia. Después, llegaría Fernando Torres. Pero el primero fue Enriquito. Lideró al Atleti durante dieciséis temporadas, hizo las delicias del público, dejó un rosario de mil regates, y junto con Joaquín Peiró formó el ala infernal que trajo de cabeza al Madrid de Di Stéfano, al que derrotaron en dos Copas del Generalísimo, ambas en el Santiago Bernabéu. «Ganamos al Madrid de las cinco Copas de Europa. Di Stéfano no se lo creía, porque se veían muy superiores a nosotros, que éramos unos chiquillos», rememora Adelardo. El propio Di Stéfano siempre fue el primero en reconocer que aquel Atlético de Madrid era el rival que más temía durante una época en la que el Madrid se paseaba por España y por Europa..., salvo contra el equipo de Peiró y Collar.

Pese a que Collar debió haberse retirado en el Atleti, en su penúltima campaña el club no contó con él y terminó marchándose al Valencia. Años más tarde, el club le despidió en un partido amistoso frente al Bayern de Múnich, con la presencia de Di Stéfano y Gento, que siempre le limitó sus presencias en la selección, con la que disputó el Mundial de Chile en 1962. Hoy en día, Collar es la imagen del carné de socio de todos los atléticos. Como antes Gárate, Luis, Adelardo o Futre, el habilidoso extremo rojiblanco es una leyenda viva del club. Debutó hace setenta años, llevó durante diez años el brazalete de capitán, jugó tres lustros como rojiblanco, disputó cuatrocientos setenta partidos, anotó ciento cuatro goles, ganó una liga, tres Copas y una Recopa de Europa. Hoy tiene ochenta y nueve años, es un símbolo para la afición del Atleti, y su orgulloso hijo, Alfredo, sigue presumiendo del extremo más fino y elegante de la historia. El día que el equipo disputó su último partido en el estadio Vicente Calderón, el capitán Koke vio en el campo a Collar y le rogó hacerse una foto con uno de los mejores extremos de la historia del fútbol español. No quería una fotografía con nadie más. Solo con Enriquito. La tuvo. Una foto con una leyenda. Collar fue el primer Niño del Atleti. Alma colchonera.

33

Al noventa y nueve por ciento

Diciembre de 2017. Lautaro Martínez, prometedor delantero de veinte años, despunta en Racing de Avellaneda y está considerado como el nuevo gran talento argentino. El Atlético de Madrid, que tiene una opción preferente para rematar su fichaje, decide desplazar hasta Argentina a su flamante director deportivo, Andrea Berta, para cerrar la operación. Lautaro está dispuesto a jugar en el Atleti, va a firmar un contrato largo por seis temporadas y el club colchonero quiere pagar un traspaso al Racing por valor de 12 millones de euros, unos tres más de los que tiene estipulados en su cláusula de rescisión, permitiendo además que Lautaro juegue otro año más en el Racing en calidad de cedido. La operación está a punto de caramelo para los rojiblancos, e incluso Lautaro pasa el reconocimiento médico en Buenos Aires para ser colchonero. El agente del jugador, Roly Zárate, confiesa que la operación está «hecha al noventa y nueve por ciento». No fue así.

En julio de 2018, la cláusula de rescisión de Lautaro pasa de 9 millones a unos 18. El Atlético de Madrid, por motivos inexplicables, sigue sin ejecutar el traspaso, y entonces, por sorpresa y tras una operación relámpago, el Inter de Milán entra en escena. El cuadro de Lombardía, días después, hace oficial el fichaje de Lautaro Martínez. El club italiano paga 24 millones de euros por la operación —el doble de lo que tenía previsto abonar el Atleti—

y se lleva al jugador, que antes se había comprometido con el club colchonero. Lautaro, cuyo fichaje por el Atleti estaba, según su agente, «hecho al noventa y nueve por ciento», acaba firmando al cien por cien con el Inter un año después.

En 2022, un lustro después y habiendo «prescrito» aquel fichaje que nunca fue realidad, el periodista Javi Gómara publicó las pruebas gráficas de que Lautaro Martínez sí llegó a firmar su contrato con el Atlético de Madrid. Su exclusiva en *Mundo Deportivo* adjuntó dos fotografías en las que se podía ver al argentino con los papeles del contrato, posando junto a una carpeta con toda la documentación, con el membrete oficial y el escudo del Club Atlético de Madrid. Surrealista. Lautaro firmó por el Atleti, pero jamás vistió su camiseta. Hoy, el delantero argentino ha triplicado por cuatro el valor que tenía cuando firmó por el Inter, ha sido campeón de Italia, campeón de la Copa América y, recientemente, campeón del mundo con la selección argentina.

34

Fuerza para vivir

La vida de Donato Gama da Silva fue un rosario de giros inesperados. Con catorce años comenzó a trabajar de dependiente en una tienda de ropa, y cuando parecía que iba a seguir algún tiempo allí, pasó a ser el chico de los recados de los vecinos. Cuando encontró un trabajo más decente, despachando pan, acabó aprendiendo el oficio de cerrajero. Y cuando decidió compaginar su nuevo trabajo con los entrenamientos en el modesto América de Río de Janeiro, el equipo del barrio de Tijuca, fichó por uno de los grandes de Brasil: el Vasco da Gama. Y allí, enrolado en el club cruzmaltino, sin comerlo ni beberlo, en su cuarto año como profesional, sufrió el giro más inesperado de su vida: su sorprendente llegada al fútbol español.

Corría el verano de 1988, su equipo, el Vasco da Gama, había estado de gira en el sur de España, participando en diferentes torneos veraniegos. En aquellos años, era muy habitual que los mejores equipos brasileños fueran invitados para los trofeos veraniegos, porque formaban parte de la pretemporada de los conjuntos españoles para preparar la liga. Donato estaba en el aeropuerto de Jerez, esperando para coger un vuelo de vuelta a Brasil. «Recuerdo que me llamaron desde la megafonía del aeropuerto. En aquel entonces no existían los teléfonos móviles: "Señor Donato, acuda al teléfono, por favor". Pensé que era una broma que me querían gastar los muchachos, algo del vestuario. Pero no, no era ninguna broma». Se trataba de Eurico Miranda, el presidente del Vasco, que le dio una sorpresa tremenda: «Donatinho, oye, que te hemos vendido al Atlético de Madrid». Donato no salía de su asombro, preguntó varias veces si era cierto y le explicó a su presidente que ya había facturado la maleta. A toda prisa, se despidió de sus compañeros, cogió un vuelo y aterrizó en Madrid.

En el aeropuerto de Barajas le estaba esperando otro brasileño, el delantero centro Baltazar, que también acababa de cerrar su fichaje por el Atlético de Madrid. Donato llegó, preguntó a Baltazar cómo era su nuevo equipo, se alojó en el hotel Alcalá —cerca de las oficinas del presidente colchonero Jesús Gil— y se devanó los sesos pensando cómo sería su nueva vida en la capital de España. Al día siguiente, Donato, que era atleta de Cristo, como Baltazar, le pidió consejo a su compañero de equipo para saber cuánto le tenía que pedir de salario a Gil para poder estampar su firma en el nuevo contrato. «Hablé con Baltazar, porque no sabía ni lo que tenía que pedir. Él me aconsejó. "Pide este dinero... Además pide casa y coche, y si te lo dan, fenomenal", me comentó». Finalmente, Donato firmó su contrato con el Atleti. Pasó a cobrar diez veces más del dinero que le daban en el Vasco da Gama. Y Donatinho esbozó una sonrisa... hasta que en el vestuario se enteró de que el salario que le pagaba el Atlético de Madrid era el más bajo de todo el primer equipo.

Donato se metió al público del Calderón en el bolsillo desde el primer día. Tenía calidad, visión de juego y una sonrisa eterna dibujada en la cara. Era un falso lento, la pelota corría por él, jugaba de cine y tanto de central como de mediocentro o interior. Era un futbolista sensacional. Ganó dos Copas del Rey en el Atlético de los años noventa. La primera, ante el Mallorca. La segunda, inolvidable, ante el Madrid. En el Atleti de Gil tuvo decenas de entrenadores, pero, sin duda, el que más le marcó fue Luis Aragonés. «Un día perdimos y se enfadó muchísimo. Nos dijo que no éramos nadie, que no servíamos para nada. Yo le llamé la atención. Le dije que no era así. Le llevé la contraria a Luis en el vestuario. Él me escuchó y no habló nada. Me quedé preocupado por la bronca que le había pegado delante de todo el mundo, así que fui a pedirle perdón. Y Luis entonces me echó otra bronca: "¡Usted no tiene que pedir perdón! Me gustan los hombres que hablan a la cara". Tuve veinte entrenadores y nunca vi algo así. Luis te decía: "Te voy a coger por el cuello, vamos a salir a hostias". Pero terminaba ahí la cosa y salíamos bien. Si fuera otro, te hubiera hecho la cruz y ya no hubieras jugado más».

En 1993, el Atlético de Madrid decidió traspasar a Donato al Deportivo de La Coruña de Augusto César Lendoiro. Miguel Ángel Gil Marín le había prometido que, mientras él estuviera, jamás saldría del Manzanares. Cuando Enrique Cerezo le llamó para comunicarle que el Atleti le vendía al equipo gallego, Donato preguntó por Gil Marín. «Resulta que estaba de luna de miel porque se había casado y su padre decidió venderme al Deportivo». Gil padre pensó que Donato ya estaba mayor, que había dado todo lo que tenía al fútbol y que estaba amortizado: «Donato es un muerto de hambre». Aquel fue uno de los peores errores de Gil en el Atleti. Donato no solo no estaba acabado ni viejo, sino que impartió cátedras futbolísticas en Riazor. Allí jugó hasta diez años más, y fue una de las grandes estrellas del legendario Super-Dépor, conquistando cinco títulos, una liga, dos Copas del Rey y hasta tres Supercopas de España. «Jesús Gil siempre me decía que había sido el peor negocio que había hecho en su vida, cuando me dejó marchar al Deportivo. Le echó la bronca hasta su madre», recuerda Donato. Así fue. Y cada vez que regresó al Calderón, salió ovacionado por la gente. En 1995, siendo el motor diésel del Deportivo, decidió publicar, a bombo y platillo, su particular *Fuerza para vivir*, un relato tan íntimo como desconcertante acerca de su visión de la vida y la religión. Un libro promovido por una fundación fundamentalista norteamericana. Donatinho, que siempre tuvo más talento para el fútbol que para transmitir sus ideas religiosas, se retiró del fútbol profesional en 2003, con cuarenta años y ciento setenta y tres días.

Fuera del fútbol, a Donato no le fue demasiado bien. Cuando decidió colgar las botas, probó suerte poniendo un mesón. No salió. Más tarde montó una empresa de iluminación. Tampoco funcionó. Luego, el negocio del vino, el del aceite y también el sector del ladrillo, con las viviendas de construcción rápida. También trabajó como segundo entrenador en Grecia, sin éxito, y llegó a ser asesor deportivo del Deportivo, tras un periplo efímero. «No funcionaron y nos echaron». Más tarde se enroló en una academia deportiva, y después en una aventura para publicitar una aplicación relacionada con el fútbol. Tampoco tuvo demasiado éxito.

Sin embargo, en otro de esos giros inesperados de su vida, acabó relacionándose con Jair Bolsonaro, expresidente de Brasil. En 2002, Donato le confesaba al diario *El Mundo* que le unían muchas cosas con Bolsonaro: «Fue un *feeling* instantáneo. Coincidimos en un hotel de Brasil antes de que fuera presidente y nos caímos bien. Antes de conocerle ya le admiraba porque había sido paracaidista en el ejército, y yo siempre soñé con serlo. Quiero lo mejor para Brasil porque tengo familia allí, y antes de que él llegara el país estaba en manos de bandidos. Además, Bolsonaro y yo estamos en contra de las mismas cosas: la corrupción, el aborto, la ideología de género..., y su mujer es de la misma Iglesia que yo», comentó. Pidió el voto para Bolsonaro, como Neymar, aunque Donato llegó mucho más lejos que otros deportistas al acompañar su apoyo político con una imagen en sus redes sociales donde se veía una bota militar aplastando la hoz y el martillo.

35

Entre Peter O'Toole y Robert Redford

«Un día me acosté jugador y, al día siguiente me levanté entrenador». Luis Aragonés fue elegido técnico del Atlético de Madrid. Había disputado seis partidos como jugador en la temporada 1974-75, pero el club decidió que se convirtiera en el recambio en el banquillo de Juan Carlos «el Toto» Lorenzo en la décima jornada, porque el equipo necesitaba un revulsivo. Cuando sus compañeros de vestuario se enteraron, corrieron a hablar con Luis, para felicitarle por su nuevo cargo en el club. «Oye, Luis, que me he enterado», «Luis, enhorabuena», «Oye, tú, que ahora eres entrenador». Luis los frenó a todos en seco: «A partir de ahora, cuando ustedes quieran dirigirse al entrenador, le llaman de usted, que yo haré igual». Aquella fue la manera de imponer la distancia necesaria entre los que habían sido sus compañeros y amigos, para preservar el respeto a la figura del entrenador. Allí no habría ningún compadreo posible. El personal se cuadró y, desde entonces, Luis llamó siempre a sus jugadores de «usted», y los futbolistas nunca volvieron a llamar a Luis por su nombre. Desde aquel día, Luis pasó a ser siempre el «míster» o, en su defecto, el «jefe». Lo era. Siempre lo fue.

Que Luis tenía un temperamento especial no era ningún secreto. Imponía un respeto reverencial en el vestuario. Buena prueba de ello fue cuando dirigió al Atleti, recién ascendido a primera, en 2002. Al Sabio no le gustó lo que veía. Así que decidió detener el entrenamiento. Mandó formar un círculo a los integrantes de la plantilla y tomó la palabra: «Nos vamos a ir a la caseta, porque no los aguanto. No les aguanto que no trabajemos, que no peleemos y que no luchemos. Escúchenme, me echan a mí. A mí me importa un huevo que me echen. Primero, porque tengo dos mil equipos a los que ir, pero no me echan por hacer el gilipollas, que es lo que está haciendo este grupo. Este grupo está haciendo el gilipollas. Nada más». Luis acabó y mandó al grupo al vestuario. Aquel mensaje todavía perdura. Era «el jefe». Y todos lo sabían.

Durante años, sus más allegados, Pepe Navarro y el Pechuga San Román, relataban sus anécdotas más divertidas y sus chascarrillos más geniales. Le llamaban Zapatones y cuentan que, una vez en La Moraleja, se encontró con John Benjamin Toshack, entrenador del Real Madrid, que le dijo que tenía los pies abiertos, como un reloj cuya hora da las diez y diez. Luis le miró y le dijo al galés que no le entendía, porque él tenía «pies de cisne». Aquellos pies le sirvieron para que, durante muchos años, en el vestuario del Atleti se le apodase como «el pirata Morgan». Salía a calentar, se ponía a tirar faltas y parecía que tenía un gancho en el pie, porque cada pelota que acariciaba bajaba del cielo como una exhalación y se colaba por la escuadra. Los jugadores le veían saltar al campo y sabían lo que tocaba: «Ahí viene Morgan con el gancho». Algo de pirata tenía.

Luis, una auténtica enciclopedia futbolística, además tenía un fino sentido del humor. Y más allá de su excelente naturaleza de contador de chistes, sentía una especial predilección por el cine. Concretamente, por la seducción de algunos de sus actores. Cuando volvió al Atleti en los años noventa y su amigo Iselín Santos Ovejero era miembro de su cuerpo técnico, Luis y Ovejero charlaron antes de un entrenamiento. El argentino le comentó: «Oye, Luis, hay algo que llevo tiempo pensando: ¿no crees que los entrenadores tenemos que ser un poco como los actores de cine? Lo digo para que, cuando les echamos una bronca a los jugadores, parezca de verdad». Luis no dijo nada, se cambió y salió a entrenar. Dividió el campo en dos sectores, le pidió a Ovejero que se encargase de los defensas; al otro lado del campo, él se encargó de los atacantes. Y desde allí se puso a hacer unos ejercicios realmente fuertes, al sprint, silbando con fuerza y exigiendo el máximo. Al rato, decidió parar el entrenamiento y se dirigió a Paulo Futre, la gran estrella del equipo. Le abroncó delante de todos los compañeros. Futre asintió y solo acertó a decir: «Sí, míster. Sí, míster». Luis siguió diciéndole de todo al portugués ante el estupor de sus compañeros. Después mandó repetir los ejercicios, se dio media vuelta y se puso a gritarle a Ovejero, que estaba al otro lado del campo: «Iselín... ¡Peter O'Toole! ¡Peter O'Toole».

No fue la última anécdota cinéfila de Luis. Durante otra época como entrenador colchonero, los jugadores se dirigían a él como el Mono. La plantilla lo solía decir en voz baja: «Que viene el Mono, que sale el Mono, ojo, que te regaña el Mono». Luis se enteró y colocó a los jugadores del primer equipo en el círculo central, antes del entrenamiento. Zapatones fue mirando a todos los jugadores cara a cara, uno por uno, sin decir ni una sola palabra, con un semblante serio. Con los brazos detrás de la espalda. Cuando pasó un buen rato, completamente en silencio, cuando acabó de mirar a todos los jugadores a la cara, Luis alzó la voz: «Me han dicho que algunos de ustedes me llaman "mono" y tal. Bueno, pues les voy a decir algo. Yo aquí los miro a ustedes y por aquí no veo a ningún Robert Redford». Genio y figura. Menudo actor se perdió Hollywood con Luis.

36

Doctor Cabeza

Alfonso Cabeza, tras doctorarse en Medicina y ejercer como forense, fue director de los hospitales de La Paz y del Doce de Octubre. Y contra todo pronóstico y lógica, acabó llegando a la presidencia del Atlético de Madrid después de la dimisión de Vicente Calderón. Unos amigos, durante una cena, le animaron a presentarse a las elecciones: «Me dijeron, en broma, que me presentase a las elecciones. Y yo dije que sí, que estaría bien». Uno de los camareros escuchó la conversación, se la filtró a la prensa y salió publicado. Por la mañana, el hospital de La Paz estaba lleno de periodistas. Cabeza siguió con la broma, aseguró que se presentaría y los acontecimientos se fueron precipitando. «Me puse a vacilar y al final la bola fue creciendo; cuando me quise dar cuenta, ya era casi presidente, porque los otros candidatos no fueron capaces de reunir las firmas necesarias». Cabeza fue elegido presidente en julio de 1980, tras contar con el apoyo inesperado de Calderón, tras pactar una liberación de los avales ya firmados. El Atleti estaba endeudado hasta las trancas y presentaba números rojos por más de 800 millones de las antiguas pesetas. El doctor Cabeza llegaría a confesar en el diario *El País* que en el Atleti había tal precariedad económica que ya estaban vendidas las almohadillas del estadio hasta el año 2008..., en el verano de 1980.

Cabeza, un presidente realmente controvertido y que se embarcó en una cruzada personal contra los árbitros —le costaría un título que tenía en la mano tras un arbitraje demencial de Álvarez Margüenda; de hecho, llegó a ser demandado y procesado, y tuvo que pagar una alta compensación económica—, siempre fue un gestor realmente particular, tanto como sus maniobras cuando se trataba de asuntos de fichajes. Por ejemplo, el de Marcos Alonso. En 1982, se reunió con Josep Lluís Núñez, entonces presidente del Barça; mientras se comían una tortilla de patatas, cerraron el acuerdo para el traspaso del Pichón al Camp Nou. El club colchonero le debía dinero a casi toda su plantilla y necesitaba líquido para sobrevivir. Así pues, Cabeza decidió negociar con Núñez cobrar el dinero justo antes de una eliminatoria de Copa que enfrentaba al Atleti... precisamente contra los azulgranas.

El Atleti se había impuesto en la ida (1-0) y faltaba el duelo de vuelta. Un día antes del partido, Cabeza cerró la venta de Marcos. Cogió el cheque, se fue al banco y metió los 60 millones del traspaso del Pichón en billetes pequeños, en un maletín. «Sin pasar por casa, marché rumbo a Barcelona con Rodri, que era el director deportivo. Llegamos unos minutos antes del partido, con los jugadores en el vestuario, entramos, abrimos el maletín y dijimos: "A ver, por orden alfabético. Aguinaga, toma, los 3 millones que se te deben. Siguiente. ¿Cuánto se te debe? Tanto, pues pagado"». Aquello sirvió para liquidar deudas, pero sobre todo para motivar al vestuario. Tanto que el Barcelona fue incapaz de marcar; después de un empate sin goles, el Atlético se clasificó y el Barça quedó eliminado. Cuentan las malas lenguas que el enfado en la directiva culé fue tan tremendo que, años después, algunos directivos del Barcelona recordaban aquella jugarreta de Cabeza y seguían lamentándolo: «Si lo llegamos a saber, no habríamos pagado antes del partido». Así se las gastaba Cabeza.

Su presidencia fue realmente polémica. No dejó indiferente a nadie. Llegó a ser sancionado por sus declaraciones en la prensa contra la Federación y sus dirigentes. Y también fue castigado por sus fortísimas acusaciones contra los arbitrajes en 1981, en aquella liga que se le escapó al Atlético, cuando era líder destacado del torneo. Fue sancionado durante dieciséis meses por el Comité de Competición, y ese episodio, meses después, desembocó en su dimisión. Rebelde, con o sin causa, lenguaraz y mediático, Cabeza publicó un libro sobre su aventura en el Atleti, *Yo, Cabeza*, y llegó a tener un programa en la SER. Fue un presidente volcánico, un buen doctor y en materia arbitral... un mal paciente.

37

La charla de Irene

«Ganar está muy cerca de perder, pero nunca hay que dejar de luchar. Siempre hay que estar alerta porque la vida te puede golpear muchas veces, pero hay que levantarse después de cada caída. Hay que saber encajar el éxito y la adversidad. Hay que pelear día a día, sin dejar escapar ninguno». Aquella frase se grabó en el subconsciente de toda la plantilla del Atlético de Madrid, concentrada en un hotel céntrico bilbaíno. Era la charla previa al trascendental duelo que debían jugar ante el Athletic Club, en San Mamés. Las palabras no eran de Diego Pablo Simeone. Era parte de un discurso motivador de Irene Villa, víctima de un atentado de la banda terrorista ETA, en 1991, cuando una bomba le seccionó las dos piernas. Irene acudió al hotel vizcaíno para charlar con los jugadores del Atleti.

Irene les mostró imágenes del atentado, de sus vivencias después de que aquello cambiase para siempre su vida y de todas las ocasiones en las que se obligaba a pelear para salir adelante y poder seguir con su vida después de esa terrible experiencia vital. Como un accidente que sufrió esquiando, cuando ya no tenía piernas, en el que se rompió una vértebra. Otro palo que superó a base de duro trabajo mental. El ejemplo de Villa conmovió a la plantilla del Atleti. Fue una petición de Simeone, que conoció a Irene y quiso que trasladara su lucha diaria a los jugadores, para que tomaran buena nota de su ejemplo de superación personal. Irene Villa llevaba años impartiendo conferencias para relatar cómo había tenido que superar el traumático atentado que cambió su vida y la de su madre, reivindicando que, aunque la vida te pueda golpear muy fuerte, nunca hay que rendirse.

Gabi, Godín, Diego Costa y compañía se emocionaron durante la charla. El lateral brasileño Filipe Luís recuerda que la presencia de Irene y sus palabras fueron increíbles: «Fue algo muy personal; es bueno escucharla para valorar lo que uno tiene en la vida y lo que vive. Yo, personalmente, he pasado por situaciones difíciles que no llegan ni a una décima de lo que ha pasado esta luchadora, por lo que me emocionó muchísimo. Te puedes levantar por la mañana y agradecer lo que tienes. Siempre puedes mirar la vida de dos formas. Y el ejemplo que da Irene Villa de mirar de una forma positiva y optimista es impresionante». La charla no estaba prevista para preparar el partido, pero Simeone quiso que hablara con los jugadores, para hacerles ver que, por muchos obstáculos y zancadillas que te ponga la vida, siempre hay que seguir luchando.

Horas después, el Atlético de Madrid consiguió imponerse en San Mamés al Athletic, logrando una importante victoria en el Botxo que apuntalaba sus opciones de ser campeón de liga. Esa tarde-noche, Diego Costa se marcó un partido antológico. Y en el vestuario del Atlético comenzaron a creer que, como les decía su entrenador, si se creía y se trabajaba, se podía. Así fue. Aquella liga se tiñó de rojiblanco.

Antes del comienzo del campeonato, las casas de apuestas consideraban que el equipo de Simeone tenía una posibilidad sobre noventa de ganar el título. Se equivocaban. El Atlético acabó ganando la liga; con apenas el quinto presupuesto del torneo, quedaba por delante del Madrid de Cristiano Ronaldo y del Barça de Messi. Lo lograba en el último partido, en el Camp Nou, con dos de sus mejores jugadores lesionados, con un gol en contra y gracias a un cabezazo histórico de Diego Godín. El público del Camp Nou se rindió al esfuerzo del conjunto visitante para superar las dificultades y terminó ovacionando al equipo colchonero. Un gesto señorial que premiaba a un equipo que nunca dejó de creer.

38

No llores, María José

A María José Navarro, periodista, una de las mejores del país, le tiran las rayas canallas de los colchones. Lleva una vida siguiendo a su equipo del alma en segunda, primera, Champions, Europa League o en el mismísimo Colombino. Se compra la ropa interior rojiblanca, tenía un perro que se llamaba Ayala y solo pudo llorar la muerte de su padre cuando se cruzó en la estación con José Eulogio Gárate, al que le dedicó unos ripios cuando era una niña. Lloró de manera desconsolada con el descenso, la llevó la euforia con la Copa del Rey del Bernabéu, siempre estuvo entregada a Gárate y fue valiente como ninguno cuando un club de todos pasó a ser de unos pocos.

El 20 de mayo de 2018, Fernando Torres, que había regresado de la mano de Simeone para ganar su primer y único título como colchonero, jugó su último partido con la camiseta del Atleti. Y esa tarde, envuelta en un torbellino de emociones porque decía adiós al gran amor de su vida, Fernando Torres, María José se quebró. Nunca necesitó que le explicaran que el palmarés y los títulos, como las victorias y las derrotas, no median la estatura de las personas, ni el afecto de la gente, ni el cariño de las personas. Si el Atleti es la segunda religión oficial de muchos, rendidos al profeta Simeone, María José era la primera devota de miles de aficionados rendidos a la causa de Fernando Torres. Adoraba al Niño. A ese que con dieciocho años se autoimpuso cargar con un club muerto en los «años de plomo», llevando la pesada carga de un sentir moribundo, paria y minoritario. A María José nunca hizo falta que le explicaran que aquel chaval que le dijo tres veces «no» al equipo que siempre compra el «sí» tuviera la necesidad de abandonar su casa, para crecer. A María José nunca hizo falta que le explicaran que aquel muchacho, estuviera donde estuviera, ganase lo que ganase y jugase donde jugase, sería el gran embajador mundial de un sentimiento y la bandera del club. A María José nunca hizo falta que le explicaran que a su Fernando, amado por los atléticos y tachado de sobrevalorado por los que no lo son, siempre le defendieron sus números, porque jugó, ganó y marcó en todas las finales de todas las competiciones que cualquier jugador pueda imaginar.

A María José no hizo falta que le explicaran que, cuando todos los españoles dimos un grito y sacamos el puño al viento en aquella final de Viena, ella ya había ido y había venido, porque, en cuestión de oportunidad, baraka y destino, Torres escribió siempre su legado con puntería y precisión. A María José no hizo falta que le explicaran los motivos por los que Fernando regresó a su hogar, que no su casa, por segunda vez, porque agarró el bolso, salió disparada al Calderón y comprobó que más de cincuenta mil personas hacían cola para compartir calor, sentimiento y afecto con aquel que les hizo sentirse siempre orgullosos. A María José no hizo falta que le explicaran que si existió alguna vez un desencuentro entre Simeone, el gran valedor del regreso del hijo pródigo, y el propio Fernando, solo perdía la afición del Atleti, porque ambos son el Atleti, y el Atleti son los dos.

A María José no hizo falta que le explicaran que, ahora que el Atleti levanta títulos y que cada día van más niños al colegio con su camiseta, había que darle el mejor adiós posible a una persona que representa todos y cada uno de los valores del club. A María José nunca hizo falta que le explicaran que no hay colchonero que no se identifique con los valores que transmite Torres, dentro y fuera del campo, porque está construido con el material humano del molde que rompieron Gárate y Adelardo. A María José no hizo falta que le explicaran que Fernando iba a marcar dos goles en su último partido de rojiblanco, contra el Éibar, porque sabía que, si existe la fuerza del destino, el cuento de Fernando solo podía terminar con final feliz.

A María José, tutora, mentora, compañera, amiga y familia, no le faltaron palabras para explicar que Fernando no se iba del Atleti, porque siempre seguirá estando. La noche que el Metropolitano se estremeció con el adiós a Torres, a quien esto escribe le tocó comentar, por televisión, una ceremonia familiar que puso al personal los pelos de punta. Hasta siempre, Torres. Una lágrima del tamaño de una bellota recorrió la mejilla del comentarista. Y entonces fue imposible no pensar en María José. Y uno, que es raro, que nunca ha sido «torrista», lo fue. No llores, María José. Fue la noche perfecta. La despedida que tu Fernando Torres merecía.

39

Don José Eulogio

Su magia se apagó en la final de Copa de 1976, en un partido a cara de perro disputado ante el Real Zaragoza, en el que anotaría un gol de cabeza, lanzándose en plancha, arrancando una ovación del Bernabéu. Después de aquello, José Eulogio Gárate saldría del terreno de juego tras sufrir una entrada de Heredia, cuyos tacos le dejaron una herida en la rodilla. «A veces, me dolían mucho los huesos. Antes no existían las resonancias y pruebas diagnósticas. Todo se basaba en el tacto y cuando te hacían daño de verdad». Gárate coleccionaba moratones en las piernas, pero aquella patada marcó su vida para siempre. No volvió a ser él mismo. Reapareció ante el Elche, pero los médicos le aconsejaron que se sometiera a un tratamiento. Su herida no había cicatrizado y un hongo había afectado su rodilla, y eso terminó con uno de los mejores delanteros de la historia del fútbol español. El maldito *monosporium apiospermum* había devorado la rodilla del mejor delantero del fútbol español.

El Atlético de Madrid, que había fichado a dos monstruos del *jogo bonito* como Pereira y Leivinha, dos que habrían formado un equipazo irresistible junto a él, se quedaba sin su emblema, sin su corazón. Todo por un maldito hongo de nombre impronunciable. «El hongo, por lo visto, se introdujo en mi rodilla por una herida en un lance del juego, y me la infectó. Al parecer, las infiltraciones de cortisona hicieron de caldo de cultivo de esa espora y no paró de desarrollarse. Me traumatizó mucho: no pude volver a jugar». Tuvo que retirarse del fútbol. Días más tarde, partido homenaje. El Manzanares se llenó para ver el duelo entre el Atlético —campeón de liga— y una selección del País Vasco. El número nueve, emocionado, roto por dentro, lo recuerda hoy con los ojos resecos: «Fue un día inolvidable. Iba en muletas y fue una noche de mucho agradecimiento. La afición vino a despedirme y el recuerdo es maravilloso. Fue un homenaje precioso. Uno de los momentos más emocionantes de mi carrera».

Aquel día no solo acudieron hinchas del Atlético al estadio. Abrumados por la tragedia deportiva de José Eulogio, hasta el Manzanares acudieron hinchas del Betis, del Sevilla, del Rayo Vallecano y muchos, sí, muchos del Real Madrid. Esa fue la gran cualidad de Gárate. La clave de su éxito. Fue admirado, respetado y querido. José Eulogio era un *gentleman*, la bandera del juego limpio, el juego hecho elegancia y deporte noble. No celebraba goles para no ofender, no se encaraba con los rivales, no protestaba a los árbitros (su única expulsión fue un error de Guruceta), y cuando los defensas rivales le pegaban patadas, él se levantaba, los perdonaba y les daba la mano. «Fui respetado porque respetaba. No iba a la guerra, iba a jugar. Me pegaron mucho, es cierto, pero nunca devolví una patada. Jamás. Mis compañeros se enfadaban y me decían: "Pero reparte alguna, hombre". Yo me encogía de hombros y les decía: "¿Y si les hago daño? No puedo dar patadas, no me sale"». Nunca las dio. Por mucho que recibiera.

Hoy, José Eulogio Gárate pasa su tiempo libre paseando por el parque con sus nietas. Disfruta de la vida de sus hijos, médicos y economistas, y de vez en cuando acude a su desván para ver la camiseta que el Káiser, Franz Beckenbauer, se intercambió con él en aquella final de la Copa de Europa un maldito San Isidro. Sentimental, elegante y educado, Gárate se siente bien pagado por permanecer en la memoria atlética: «Siempre digo que no gané mucho dinero con el fútbol, pero me siento millonario en cariño. El cariño de la afición del Atleti vale por todo el dinero del mundo». En su época, los niños, en el colegio, durante el recreo, se pedían ser Gárate. Incluso los del Madrid. José Eulogio fue el gran caballero del fútbol español, la modestia y elegancia con el nueve cosido a la espalda. Gárate siempre será un cromo que jamás pasará de moda. En ninguna colección. Como delantero fue un genio: el Ingeniero. Y como persona, un auténtico señor. Don José Eulogio.

40

Comandante Giménez

Quería ser profesional, tenía diecisiete años, jugaba en la tercera división uruguaya, no cobraba y no tenía contrato. Apenas podía pagar los billetes del autobús, y su familia vivía en unas condiciones precarias. Cuando se enteró de que su hermana se había quedado embarazada con apenas catorce años, José María Giménez supo que tenía que dar un paso al frente en su vida. «Éramos una familia muy humilde, con pocos ingresos…, así que, por si había dudas, les dije, llorando, a mis padres y hermana: "Este niño va a nacer y yo me haré el responsable". Ese día llamé a mis representantes y les comenté la situación, iba a dejar el fútbol porque quería buscar un trabajo para ayudar. Ellos estaban a quinientos kilómetros de donde vivía y vinieron al cabo de tres horas y media y se sentaron a hablar conmigo. No querían que dejara el fútbol, pero era una situación límite para mi familia. Ese mismo año firmé por el Atleti». Y, desde entonces, su vida cambió.

Partido a partido, Josema Giménez se ganó un lugar en el corazón de los aficionados del Atlético de Madrid. Llegó como recluta novato, cumplió el «servicio militar» con Simeone como suplente, ascendió para ser cabo en la guardia pretoriana cholista y, con el pasar de los años, se ganó su actual estatus de «comandante». El uruguayo, que creció a los pechos de un titán como Diego Godín, maduró en el Atleti y en su selección, mostrándose como un tipo de pocas palabras y muchos hechos. Entrenó duro, trabajó, se superó y, con paciencia, encontró su lugar en el mundo. Horneado a fuego lento en el Calderón y consolidado en el Metropolitano, Giménez ha sido uno de los soldados más aguerridos y comprometidos en todas las batallas que ha librado Simeone. «Todos conocen al míster, saben cómo trabaja. Nunca se da por vencido, y eso es lo que nos inculca. Y nosotros lo seguimos. Vamos al frente y a morir, morimos por el entrenador». Sin fisuras, sin dudas, sin dobleces. Giménez siempre se ha sentido orgulloso de estar en la primera línea de fuego del cholismo.

Su gran enemigo, las malditas lesiones. En los últimos dos años, ha pasado tanto tiempo en la enfermería como en el verde. Porque, cuando está sano, no hay debate con Josema. Es la póliza de seguros del Atleti. Atento al cruce, brutal en la marca y pura autoridad en el Atlético Aviación de comienzos de siglo XXI, Giménez ya es leyenda viva colchonera. Llegó siendo el recluta novato y ahora es el comandante. Su vida no fue fácil. Lo dicho: estuvo a punto de dejar el fútbol cuando su hermana se quedó embarazada con catorce años. Hoy le está agradecido a la vida y al Atlético de Madrid. Es un soldado de Simeone.

41

Al Wanda en Panda

En 2015, el Atlético fichó a Yannick Carrasco procedente del AS Monaco por 17 millones de euros. Fue uno de los mejores fichajes del club en los últimos años, teniendo en cuenta la relación calidad-precio del extremo. El belga demostró calidad superlativa, potencia, zancada y gol. Su carácter un tanto díscolo y algo egoísta le sirvió para protagonizar algún que otro enfrentamiento en el vestuario. Capaz de anotar en una final de Champions donde Clattenburg marcó la diferencia y de salir del campo andando cuando el equipo se jugaba media liga, Carrasco alternó grandes actuaciones con partidos realmente pobres. Eso sí, tenía tanta calidad en sus botas que era imposible resistirse a sus encantos. Recibía, encaraba, fintaba y era un jugador realmente atractivo. Si te gustaba el fútbol, te gustaba Carrasco.

En 2018, sorprendió a propios y extraños firmando por el Dalian de la Superliga china, en una operación marcada por la sorpresa y el oscurantismo. ¿Qué se le había perdido a un jugador de máximo nivel y de veinticinco años en una liga exótica y caótica como la asiática? Misterios sin resolver. Dos años después, el belga regresaba a casa por Navidad. Volvía cedido por petición del Cholo. Volvía más cuajado, más maduro, más solidario y centrado. Para ser una pieza clave del Atleti, para ser respetado en el vestuario, para entender, de una vez por todas, que el colectivo estaba por encima del individuo. Suyas fueron algunas de las páginas más hermosas de aquel título de liga conquistado por el Atleti en el campeonato que se jugó con las gradas vacías, por culpa del coronavirus.

En enero de 2021, con el mundo pendiente del maldito COVID-19, llegaron las intensas nevadas provocadas por la borrasca Filomena. Con toda España cubierta de nieve y gente atrapada en sus casas, el Atlético de Madrid habilitó varios vehículos todoterreno para ir a buscar a la plantilla a sus casas y que pudieran desplazarse a entrenar al Wanda Metropolitano. A Yannick Carrasco no le hizo falta. Le pidió prestado un Fiat Panda a un vecino y ejerció de chófer para sus compañeros; así pues, se presentó en el entrenamiento con su pequeño bólido ochentero sobre la nieve. La ligereza del vehículo respecto a los modelos actuales y la banda de rodadura más estrecha de sus neumáticos, unidos a la tracción y la ausencia de los sistemas de control de tracción y antipatinaje, hacía que el coche de Carrasco volase sobre la nieve de Filomena. La anécdota fue compartida en las cuentas de todos los jugadores del Atleti, donde Carrasco posaba al lado del Panda junto a Vrsaljko, Hermoso y Lemar, que minutos antes habían adelantado en carretera al coche de Marcos Llorente. Las imágenes se hicieron virales en las redes sociales, y horas más tarde se publicó que el coche no tenía permiso para circular. La historia tuvo un impacto brutal en las redes y sacó una buena sonrisa a los atléticos. Al Wanda, en Panda.

En el verano de 2023, Yannick Carrasco volvió a salir del Atleti. Se fue otra vez y con otro suculento contrato bajo el brazo; esta vez a Arabia Saudí. Salió tras no llegar a un acuerdo de renovación que se enquistó en el tiempo, con el mercado ya cerrado y tras solicitar una reunión con la directiva, donde pidió que le traspasaran, implorándole compresión a Simeone, porque ya tenía apalabrada la operación con Al-Shabab. Nadie supo qué le animó a irse a China y nadie sabrá jamás por qué se acabó marchando a Arabia. Yannick dejó un rosario de jugadas para el recuerdo, un puñado de goles, la impronta de un jugador realmente especial, aquel gol de Milán festejado con un beso, el baile cargado de *flow* tras ganar la liga y, sobre todo, la anécdota de aquel Panda que desafió a Filomena.

42
Aficionado antes que jugador

Tenía quince años y estaba enamorado del Atlético de Madrid. El suyo había sido un amor a primera vista, un flechazo. El Atleti le había elegido y él estaba convencido de que la vida le había hecho un regalo magnífico. Desayunaba Atleti, comía Atleti, merendaba Atleti y cenaba Atleti. Por eso les contó a sus padres, en mayo de 1986, una mentira muy gorda: «Engañé a mis padres y les dije que íbamos varios del colegio. La verdad es que me fui a Francia completamente solo. Me subí al autobús, llegamos a Lyon cansadísimos y luego nos dieron un baile, y al final imagínate. Paliza en el autobús, te lo pasas bien, todo era una fiesta, pero te meten una paliza en el campo y te toca volver; así fue». Se trataba de la final de la Recopa de Europa, entre el Dinamo de Kiev y el Atlético de Madrid. Los chicos de Luis Aragonés sucumbían ante un rival tremendamente superior, donde diez de los once titulares, salvo el portero, formaban la columna vertebral de la selección de la Unión Soviética. Aunque el estadio Gerland se convirtió en una marea de bufandas y banderas rojiblancas, la final fue un festival de los soviéticos. Belanov, Zavarov, Baltacha y compañía no dieron opción.

Solozábal se fue hasta Francia solo, se las apañó para estar en la final y volvió a casa días después, sin que su familia se hubiera enterado de nada, con el pesar de no haber visto levantar a su Atleti aquel trofeo. No le desanimó. Al revés. Aquella derrota estimuló aún más el veneno que se le había metido en las venas, el rojiblanco. Tanto que dos años después ingresó en la cantera colchonera. Tenía un sueño. Jugar para el Atleti. Había sido aficionado antes que jugador, pero quería saber qué podría sentir si la vida le concedía la oportunidad de vestir aquella camiseta. Lo logró.

Roberto Solozábal debutó en el primer equipo en el año 1989. Jugó durante ocho temporadas, fue una gran referencia en el vestuario atlético, conquistando una liga y tres Copas del Rey. Desde el primer día, Roberto siempre mostró una personalidad muy fuerte. Cuando apenas era un chaval, con veintiún años, fue uno de los encargados de negociar las primas de la plantilla con el presidente Jesús Gil y Gil, que a veces se molestaba porque Solozábal no solo defendía los derechos de sus compañeros, sino que conocía perfectamente el convenio colectivo de los jugadores. En más de una ocasión, durante unas negociaciones que solían ser intensas, Solozábal se salió con la suya para beneficiar a la plantilla, algo que sirvió para que Gil, en círculos privados, se dirigiera a Solozábal, a sus espaldas, como el repipi del vestuario. La verdad es que Roberto, más allá de reivindicar siempre los derechos de sus compañeros, se ganó el respeto del vestuario. Dentro y fuera del campo. Buena prueba de ello fue su decisión de permitir que el veterano Tomás Reñones levantase la Copa del Rey de 1996, aunque él era el capitán. Roberto le cedió ese honor cuando no tenía por qué hacerlo, y ese fue un gesto realmente apreciado en la caseta rojiblanca. Solozábal vistió la elástica atlética en doscientos ochenta y dos partidos oficiales; solo marcó tres goles. Dos de ellos, en un mismo partido. Fue ante Osasuna, en El Sadar, en un 0-3 para los atléticos, justo el día que Abel Resino batía el récord de imbatibilidad del mítico Dino Zoff. El primero de Roberto llegó aprovechando una gran jugada de Futre. El segundo fue una obra de arte en los minutos finales, tras una arrancada bestial de Solozábal desde su propio campo, a lo Beckenbauer, haciendo buena una pared de Manolo, regateando al portero y anotando un tanto de bandera. Era la prueba de que aquel defensa central tenía calidad, inteligencia y personalidad. Por eso se ganó un lugar en la selección.

Un año más tarde, en verano de 1992, logró la medalla de oro olímpica, en los Juegos Olímpicos de Barcelona, en aquel equipo de ensueño junto con Guardiola, Kiko o Alfonso. Consagrado como uno de los mejores defensas de España, Solozábal vivía el mejor momento de su carrera. Aquello no pasó desapercibido para el Real Madrid. El equipo blanco atravesaba una pequeña crisis deportiva, y con la llegada al banquillo de Benito Floro, artífice del mejor Albacete de la historia, el Queso Mecánico, Mendoza se lanzó a por el fichaje de Solozábal. Era la petición número uno en la lista de Floro, y el Madrid decidió mover ficha para conseguir el fichaje del rojiblanco. Roberto se enteró de que el Madrid le quería y supo de aquel fuerte interés para conseguir su traspaso a la Castellana. Mendoza, que entonces mantenía una relación tensa con Gil, no tuvo nada que hacer con Solozábal. El canterano ni se lo planteó, contestó que no había nada que hablar con el Madrid y que salir del Atleti no entraba en sus planes. Mendoza se lo comunicó a Floro. Para Solozábal, blanco, ni el orujo. Estaba en el lugar en el que siempre había soñado estar: el Atleti.

Roberto fue un futbolista atípico. Un hombre culto, adelantado a su tiempo, que no presumía de ser lo que era y con la cabeza bien amueblada. Ahorrador, trabajador y sencillo, nunca fue amigo de los lujos. De hecho, fue un modelo de austeridad. Ni ropa cara, ni relojes ostentosos, ni flamantes deportivos. Solozábal siempre fue un tipo tranquilo y, sobre todo, austero. Jamás cambió de coche y siempre acudió a entrenar, pese a tener un buen salario, en su viejo y querido Seat Ibiza. En 1997, después de un verano realmente intenso y complejo, Solozábal salía del Atleti para marcharse traspasado al Real Betis de don *Manué* Ruiz de Lopera. En Sevilla estuvo tres años, pero acabó saliendo del club por la puerta de atrás, con un conflicto que acabó en los tribunales.

Después de colgar las botas, decidió invertir en varios negocios y se ocupó de seguir ligado al deporte, convirtiendo la bicicleta en su santuario particular. Roberto, siempre dispuesto a emprender nuevas iniciativas y explorar sus propios límites, se obligó a competir. Participó en la célebre Titan Desert y en la Andalucía Bike Race con éxito, y se apasionó tanto con redescubrir su potencial que incluso se animó a desafiarse realizando un Ironman de triatlón, completando un exigente recorrido de 3.700 metros nadando, 180 kilómetros en bici y 42 kilómetros corriendo. Actualmente, Solozábal sigue dando rienda suelta a su pasión por la bicicleta, es la cabeza visible de las Leyendas del Atleti y siempre está presente en los diferentes actos del club con los aficionados y los peñistas. Nunca le hizo falta besarse el escudo. Cuando tuvo que defenderlo, lo hizo con uñas y dientes. Y cuando se cruzó en su camino el equipo al que todos dicen «sí», Roberto le dijo «no». La razón era muy sencilla: antes que jugador, siempre fue aficionado del Atleti.

43

El Jefe

Año 1950, Maracaná. Final de la Copa del Mundo. Uruguay frente al país anfitrión y gran favorito, Brasil. En el vestuario charrúa una voz grave se quiebra. Es Obdulio Varela. Sus compañeros le conocen como el Jefe. Mira a los ojos de los suyos y lanza una arenga definitiva: «Los de afuera son de palo y en el campo seremos once para once. El partido se gana con los huevos en la punta de los botines». Uruguay se los puso donde dijo Varela y derrotó a los brasileños por 2-1, en una gesta épica. Aquello pasó a la historia como el Maracanazo.

Medio siglo después, parte del legendario carisma de Obdulio Varela se adivina en la figura de Diego Roberto Godín Leal. Al rosarino le adornan todas las cualidades del buen central: experiencia, anticipación, potencia, atrevimiento, garra, poderío aéreo y jerarquía. El eterno «jefe» del Atleti ejerció su autoridad moral dentro y fuera del campo. Y esa teoría no escrita pero universal que entroniza al buen zaguero. Las tres efes: feo, fuerte y formal. Como la canción de Loquillo. «No vine aquí para hacer amigos, / pero sabes que siempre puedes contar conmigo, / dicen de mí que soy un tanto animal, / pero, en el fondo, soy un sentimental». Godín no fue un central al uso. Fue el central. El de toda la vida. El que impone un respeto reverencial. Puro Uruguay. Puro Atleti. Porque Uruguay pelea contra Argentina y Brasil. Porque el Atleti pelea contra Madrid y Barça. Porque Uruguay es el

Atleti de las selecciones mundiales, y el Atleti, el Uruguay de los clubes europeos.

Godín, póliza de seguros del mejor Atleti de Simeone, fue un auténtico ídolo para la grada y un emblema para el vestuario. Bombero de emergencia si se desata un incendio, guardia de tráfico si el partido lo demanda y casco azul de la ONU cuando la cosa se pone dura, Godín nunca fallaba. Si había que reventar una pelota, aparecía. Si había que auxiliar al lateral, estaba. Si debía parar un mano a mano, se cruzaba. Si se necesitaba una falta para reorganizar al grupo, pegaba. Si había una pelota parada, respondía. Y si había que elevar la voz cuando el equipo lo pasaba mal, su garganta rugía como la de un general acorralado.

Godín, tímido fuera del verde y decidido dentro, tuvo piel de elefante cuando parte del público del Calderón le cuestionaba, transformó pitos en aplausos y, de propina, en los días de vino y rosas, llegaron sus goles en Barcelona y en Lisboa. Fue figura, líder y patrón de un Atleti fiero, molesto, más duro que los clavos de un ataúd. Fue amo y señor de un equipo salido de la nada, contracultural, que amenazó la tiranía Madrid-Barça. Godín, un Obdulio Varela moderno, tuvo la dureza de Panadero, la honestidad de Arteche, la cabeza de Ruiz, el arrojo de López, la salida de Solozábal, la sangre de Griffa y la fidelidad de Calleja. Fue el sobrino de Simeone, el hermano de Gabi, el primo de Raúl García y el padre de Griezmann.

Godín, faraón rojiblanco, fue el núcleo del telón de acero atlético. El jerarca del muro impenetrable colchonero. El Leónidas del barrio de Esparta en que Simeone convirtió el Calderón. Hace meses fue padre. Su hija, Pilar, le descubrió que cambiar pañales es más complicado que marcar a su íntimo amigo Luis Suárez. Con apenas cuatro meses, su niña ya es socia del Atleti. Regalo de su papá. De padres a hijos. Algún día Pilar sabrá que su padre marcó un gol que hizo felices a miles de personas, en Barcelona, demostrando que, si se cree y si se trabaja, se puede. Un día le pregunté si le gustaría volver al Atlético de Madrid. Su respuesta debería estar grabada en las paredes del Metropolitano: «No sé si algún día trabajaré en el Atleti, pero siempre formará parte de mí. Es mi vida».

44

El muro de Mojkovac

«Soy Stefan Savić, es un honor jugar en el Atlético». Finales de junio de 2015. Parco en palabras, el nuevo central del equipo rojiblanco pronuncia un pequeño discurso en su puesta de largo. Elude comparaciones con otros defensas y da a conocer las dos razones de su aterrizaje en Madrid: la primera, que el club disputa la Champions; la segunda, la llamada telefónica de Diego Pablo Simeone. Eso decantó la balanza en favor de los Cholo Boys, porque el balcánico era pretendido por el Manchester United, que le ofrecía mejor sueldo; por la Juve, que le quería como complemento de Chiellini, Bonucci y Barzagli; por el Zenit, que llegó a ofertar 13 millones por sus servicios; y por el F. C. Barcelona, que se había interesado en su fichaje a través de la figura de Ariedo Braida, miembro de la secretaría técnica culé. Savić se decide por el Atlético tras aterrizar en Barajas: «Simeone es el mejor entrenador del mundo, estoy deseando ponerme a sus órdenes, quiero darle lo mejor de mí».

Nada más fichar por el Atlético, se vio lastrado por diferentes lesiones durante su primera temporada —muslo, pantorrilla y otra vez gemelo—, y tardó en entrar en la dinámica del equipo. Su círculo más íntimo reconocía que lo había pasado mal y que, como no jugaba, llegó a plantearse si había sido un error fichar por el Atlético. Poco a poco, partido a partido, comenzó a ganarse la confianza del Cholo. Tanto que formó parte del selecto club de pretorianos del argentino. Nadie le había regalado nada y se había trabajado su lugar en el Atleti. Desde que se hizo profesional, fue así. Siempre le costó jugar. Necesitó todo un curso para poder ser asiduo en el Partizán y también en la Fiorentina. En la Premier fue peor. Los hinchas del City creyeron que no podía jugar en la élite europea, culpándole de sendas derrotas ante Liverpool y Tottenham.

Nada pudo con la tenacidad de Savić, que superó todos los obstáculos y consiguió triunfar en el Atlético de Madrid. Si algo había aprendido de la vida es que rendirse jamás era una opción. Entre otras cosas, porque su vida lejos de los terrenos de juego no fue un camino de rosas. Meses antes de fichar por el City, cuando era jugador del Partizán, encontraron muerto a su padre, Dragan, en su apartamento y víctima de un disparo. La policía habló de suicidio. La terrible pérdida de su padre, que había sido presidente de la junta municipal de Mojkovac, lo dejó muy tocado. Después de honrar la memoria de su padre dedicándole sus títulos con el Partizán, Savić, que apenas tenía veinte años, se juró a sí mismo que ese dolor tan profundo no le hundiría y que lograría triunfar en el fútbol. Unas ocho semanas después, fichaba por el City. Estaba en el camino para convertirse en un profesional de éxito. Más tarde llegó la Fiorentina, donde vivió una de las épocas más felices de su vida y, finalmente, el Atlético de Simeone. Hoy, su lugar en el mundo es el Metropolitano.

Hombre de familia, amante de la pesca e inseparable amigo de Edin Džeko, este defensa que soñaba con imitar a su gran ídolo, Alessandro Nesta, ha echado raíces en el Atlético. Sigue llevando en su corazón la pequeña localidad de Mojkovac, de apenas cinco mil habitantes, y se siente henchido de orgullo cuando viste la camiseta de la selección de la República de Montenegro. Áspero como la lija, tenaz y contundente, Savić ha encajado entre la grada atlética en cada cruce. Tiene un carácter más fuerte que el vinagre y, aunque sigue padeciendo múltiples lesiones, es un tipo que siempre va al frente. Para Simeone, es «Estéfano». Para el vestuario, es el Jefe. Y para sus amigos, es el muro de Mojkovac.

45
Aquiles con el 7 a la espalda

Consumado el traumático e inevitable traspaso de Fernando Torres, el Atlético empleó aquel dinero en reforzar su plantilla con nuevos fichajes que le dieran un salto de calidad. Entre la nómina de futbolistas que desembarcaron en la ribera del Manzanares irrumpió Diego Forlán, un goleador implacable. Tenía físico de atleta, abdominales de dios griego y dos cohetes en las piernas. Llegó al club en el verano de 2007, permaneció en el Atleti cuatro temporadas y anotó casi cien goles en menos de doscientos partidos. Cifras para enmarcar. Forlán, un artillero impresionante, formó junto al Kun Agüero una delantera que tenía dinamita y que enamoró durante años al Calderón. Aquel no era un Atlético temible, pero entre el argentino y el uruguayo eran capaces de destrozar a cualquier rival, del tamaño que fuera. Durante su etapa como colchonero, Forlán anotó goles de todos los colores. De cabeza, de tacón, con la izquierda, con la derecha y desde todos los ángulos posibles. Incluso los imposibles. Armaba la pierna, pateaba y la pelota perforaba la meta contraria con tanta precisión como potencia. Cada gol con la firma del *killer* de Montevideo tenía su propia banda sonora en las gradas del Calderón. El grito de guerra unánime se sucedía casi cada partido y el fondo sur se rendía a sus pies: «¡Uruguayo, uruguayo, uruguayo!».

En 2008-09, Forlán anotó la friolera de treinta y dos tantos, que le sirvieron para conquistar la primera y única Bota de Oro que ha logrado un jugador del Atlético de Madrid. Superó a Samuel Eto'o (Barça) y Marc Janko (Salzburgo). Sin embargo, aquella gesta no fue la más recordada por los atléticos. Esa llegaría en mayo de 2010, cuando Forlán, Aquiles con el siete a la espalda, fue el gran héroe de la final de la Europa League en Hamburgo. Aquella noche inolvidable ante el Fulham inglés, el uruguayo hizo explotar de alegría a los atléticos. Primero, puso en ventaja a su equipo. Y después, en mitad de una prórroga agónica, cuando el guion del partido apuntaba a los penaltis, decidió el duelo con un tanto lleno de fortuna y oportunismo. Después llegarían la Supercopa de Europa ante el Inter de Milán y su elección como Balón de Oro del Mundial de Sudáfrica, en 2010, cuando Uruguay estuvo a un paso de ser la rival de España en Johannesburgo.

Forlán vivía días de vino y rosas en el Calderón. Hasta 2011. Ese año, concedió una entrevista a Radio Marca donde pronunció unas palabras que le marcarían por su sinceridad extrema: «No beso el escudo del Atlético de Madrid porque faltaría al respeto a la afición. No soy hincha rojiblanco. Solo beso el escudo de Peñarol y de Uruguay». Una parte de la afición colchonera aplaudió su sinceridad. La otra montó en cólera y cuestionó su fidelidad. La cosa se torció aún más en marzo, cuando un polémico artículo del diario *El País* dio la voz de alerta en el vestuario rojiblanco. Al amparo del anonimato, varios empleados recordaban que Forlán había tenido galones con el anterior entrenador y que eso no había gustado a varios jugadores. El periódico aseguró que en ciertos sectores del vestuario se repetía una consigna clara: «Ni un balón a la rubia», porque así es como llamaban a Forlán a sus espaldas. Acabó saliendo del Atleti por la puerta de atrás, tras mantener un pulso público con el entrenador, Quique Sánchez Flores.

Con el paso de los años y sin guardar rencor, Forlán reconoció que, si pudiera cambiar algo en su carrera deportiva, sería su salida del Atlético de Madrid: «Si pudiera volver atrás en el tiempo, lo habría cambiado todo. Yo en ese momento no quería salir. Si hubiera sido por mí, no salgo del Atleti en ese momento. No soy yo el que decide salir, sino que se dio una situación en la que me empujaron a salir». Forlán se fue dejando un rosario de goles, un puñado de títulos y una Bota de Oro. La única en los 120 años de historia colchonera. El uruguayo nunca fue hincha del Atleti, pero hizo muy grande al Atleti. Fue Aquiles con el siete a la espalda.

46
El gol de Matrix

Benito Villamarín, 2 de noviembre de 2003. Son los «años de plomo» del Atlético de Madrid, inmerso en un largo proceso de reconstrucción tras su descenso a segunda. Todo el peso del club reposa sobre las espaldas de un chaval que ha irrumpido con la fuerza de un rayo desde la cantera. Su nombre, Fernando José Torres Sanz, con denominación de origen de Fuenlabrada. Esa tarde, el conjunto colchonero salta al campo con su segunda equipación, de amarillo y negro, con el Niño como estilete en la punta del ataque. El Betis se adelantó en el marcador gracias a un gol de Marcos Assunção, pero el Atlético reaccionaría.

Corría el minuto cuarenta y uno de encuentro cuando Jorge Larena recibió en la banda izquierda, acomodó el cuerpo y buscó un envío al segundo palo del cuadro bético. El Niño anticipó la acción, corrió hasta el área de castigo, se infiltró entre los centrales y conectó con el envío de su compañero, suspendiéndose en el aire, deteniendo el tiempo, para culminar con una volea inverosímil que se alojó como un cohete en la escuadra. Aquel día, el portero bético era Koke Contreras, que se quedó de piedra. Había sido un gol increíble, extraordinario, impresionante. Digno del mejor Marco van Basten. Un tanto pura plasticidad y belleza. De hecho, gran parte del público del Villamarín aplaudió el gol de Torres.

Minutos más tarde, el propio Fernando Torres, de penalti,

conseguía darle la victoria al Atleti en el feudo bético. Aquel equipo no era, ni de lejos, uno de los mejores Atléticos de la historia. Estaba formado por Lequi, Musampa, Álvaro Novo o Larena, pero tenía a Torres. Aquella tarde, dejó su tarjeta de visita en Heliópolis. Y, por la noche, en la radio, los comentaristas no cesaron de hablar de la bestialidad de gol que había conseguido la estrella que iluminaba un Atlético que casi siempre estaba de apagón. En la Cadena SER aseguraron que era el mejor tanto de lo que iba de campeonato. En Onda Cero, que había sido el gol del año. Y en la COPE, el periodista José Miguélez, atlético confeso y habitual en las tertulias de José Antonio Abellán, comparaba el remate de Torres con los efectos especiales de una taquillera película futurista: «Este gol de Fernando ha sido el gol de Matrix. Suspendido en el aire y con un golpeo digno de los elegidos». Han pasado muchos años desde aquel partido del Atleti en Sevilla, pero aquel tanto de Torres se recordará para siempre. Fue uno de los mejores goles de su carrera. El gol de Matrix.

47

El gato de Velada

Marcel Domingo, Manuel Reina, Pazos, Madinabeytia, Courtois, Oblak o el Mono Burgos están en el panteón sagrado de los mejores porteros de la historia del Atlético de Madrid. Sin embargo, la historia le reserva un lugar muy especial a Abel Resino Gómez, el Gato de Velada. Solo él puede presumir de ser el portero que todavía ostenta el récord de imbatibilidad de la liga, con 1.274 minutos consecutivos manteniendo la portería a cero. El toledano, un felino bajo palos, echó el candado a su portería en la temporada 1990-91, gracias a un férreo sistema defensivo que le catapultó a la fama mundial. Desde que encajó un gol de Claudio en Mallorca el 25 de noviembre, Abel permaneció imbatido durante catorce jornadas seguidas, hasta que el 17 de marzo, cinco meses después, encajó un gol de Luis Enrique en el Calderón, en un partido frente al Sporting de Gijón.

El toledano había batido el récord de España de imbatibilidad en el duelo ante el Betis, donde el equipo resistió de manera numantina pese a quedarse con apenas nueve jugadores de campo, pero soñaba con que el equipo empujara para poder inscribir su nombre como plusmarquista mundial. Los medios de comunicación no cesaban de ofrecer estadísticas y lo cerca que estaba Abel del récord. Y entre los aficionados atléticos, el entusiasmo resultaba contagioso. El portero del Atleti haría historia ante el Sporting, en casa. Luis Enrique, delantero gijonés, recibió, encaró y batió a Abel. Se ponía punto final a la extraordinaria racha del meta colchonero. Sin embargo, aquel momento fue mágico. Todo el estadio se puso en pie para aplaudir un gol en contra de su equipo. Abel se llevó una ovación atronadora de todo el Calderón, que coreó el nombre de su portero. La marca de Abel perdura en la historia, y aquella tarde fue inolvidable.

Resino, figura en aquel Gil-Atlético de los años noventa, junto con Futre, Schuster, Manolo o Donato, se convirtió en santo y seña de la afición atlética. Luis Aragonés siempre confió en sus posibilidades, y aunque debutó de manera tardía, a los veintiséis años, se convirtió en una garantía entre los palos. «Abelino» se ganó a los atléticos partido a partido. Primero, por su compromiso. Segundo, por su récord mundial, que le sirvió para coronarse con el Trofeo Zamora. Y tercero, por aquel penalti decisivo que le paró a Míchel en la final de Copa del Rey del Bernabéu, en 1992. «Aquello fue como un orgasmo para mí, porque de haber marcado el Madrid se habría ajustado el marcador; pararle el penalti a Míchel en aquella final fue clave para salir campeones». Abel se marchó del Atlético con dos Copas bajo el brazo y defendió la meta de la selección española en dos ocasiones. Años más tarde, ya como entrenador, regresaría a la que siempre será su casa, para hacer un último servicio a la causa. Clasificar al Atleti para la Liga de Campeones en el año 2009. Tiene una placa en el Paseo de las Leyendas del club. Su nombre está escrito, junto con su prodigioso récord, en los anales del fútbol mundial.

48

La espalda de Domínguez

«Quería que este mensaje fuese sobre todo a los fans del Borussia y del Atlético. He estado los últimos años jugando en unas condiciones físicas pésimas, eso me ha llevado a dos operaciones y secuelas que actualmente sigo arrastrando. Esto deriva en que hoy me tenga que despedir de este deporte que tanto me apasiona. A nadie le gustaría ser un inválido con veintisiete años. Este es el precio que voy a tener que pagar. Un abrazo y espero que nos veamos pronto». Álvaro Domínguez, de vocación defensa y de corazón atlético, anunciaba así su inesperado adiós. Desde que el fútbol es fútbol, las malditas lesiones han truncado la carrera de miles de jugadores. Anónimos o famosos, es igual. Las lesiones no distinguen. A veces llegan y se van. Otras, por desgracia, llegan para quedarse.

En el caso de Domínguez, su compromiso con el Atleti fue directamente proporcional a su meteórica ascensión. Su trabajo, su arrojo y su amor incondicional por la camiseta le llevaron al primer equipo a base de constancia y carácter. Conquistó la titularidad, destiló regularidad y, en tiempos difíciles para el club, siempre mantuvo un vínculo indestructible con la hinchada. Ganó dos Europa Leagues, una Supercopa de Europa, fue campeón de Europa sub-21, llegó a ser olímpico y debutó con la selección absoluta ante Serbia. Llevó la bandera del Atlético con orgullo cuando no era fácil ser del Atlético. Y se presentó en el ayuntamiento con aquella bufanda al cuello que era tan políticamente incorrecta como aplaudida. Se fue sin hacer ruido, días después de ganar la Europa League, a petición propia, porque quería conocer mundo y tener experiencias en otros países. En verano de 2012, puso destino a la Bundesliga. Siguió creciendo en Mönchengladbach. Fue pilar esencial de la defensa *borusser*. Y fue plenamente feliz, hasta que las malditas lesiones se cebaron con él. Disputó su último partido el 7 de noviembre de 2015 ante el Ingolstadt. Desde entonces, vivió un calvario de operaciones de espalda. Y se enfrentó al peor enemigo de cualquier deportista: el sufrimiento físico y psicológico de interiorizar que estaba jugando un partido que no podía ganar, porque los límites de su cuerpo no se lo permitían.

Álvaro, corazón atlético, decidió colgar las botas de fútbol para calzarse las de la vida. En su nueva etapa, primero como comentarista y después como agente de futbolistas, dio lo mejor de sí mismo. Le venía de serie. Se movió en la vida como jugaba en el campo: con sinceridad y nobleza. Dejó huella en el Manzanares y permanecerá siempre en el santuario atlético, fiel a esa pasión inexplicable que solo se hereda de padres a hijos cuando has llorado, de rabia o de felicidad, dentro del Calderón. Domínguez dejó el fútbol antes de haber podido disfrutar de él, pero hoy vive como siempre jugó: derrochando coraje y corazón.

49

El sueño imposible

Verano de 2021. La noticia cae como una bomba. El Barça anuncia que no podrá renovar el contrato del mejor jugador de todos los tiempos, Lionel Andrés Messi Cuccitini. El club azulgrana, en apenas cuarenta y ocho horas, decide dar marcha atrás a una renovación que estaba acordada y pactada entre las partes. El presidente Joan Laporta y su junta habían citado a Messi para firmar su ampliación de contrato en las oficinas del Camp Nou, pero a falta de veinticuatro horas para sellar el compromiso, el Barça dio marcha atrás y Messi se quedó sin equipo. La coartada, el delicado estado financiero del club y la sensación de que no podían cumplir los requisitos para inscribir su contrato en función de las reglas del control económico de la liga. El verano anterior, Messi había pedido salir al club, harto de las mentiras de Bartomeu, enviando un burofax. Finalmente, se quedó después de conceder una entrevista en exclusiva a quien escribe estas líneas. Meses después, con el club ofreciéndole una renovación que nunca llegó, Messi, entre lágrimas, decía adiós al equipo de su vida. Le habían echado.

¿Cuál sería el nuevo destino de Messi? ¿Qué nueva etapa comenzaría? ¿Qué club podría conseguir su fichaje? En apenas unas horas, se disparó la rumorología y el teléfono de los Messi echaba humo. Con el mundo del fútbol en estado de shock, los acontecimientos se precipitaron. Y ahí, en aquellos instantes de incertidumbre y dudas, apareció Diego Pablo Simeone. Alguien le advirtió de que Messi iba a salir del Barcelona; después de la sorpresa inicial, el Cholo decidió sondear la situación. Llamó a Luis Suárez, íntimo amigo de Leo, para preguntarle cómo estaba Messi. «Por si estaba con ganas, por si por cualquier cosa había una mínima posibilidad de que viniese al Atlético de Madrid». Simeone soñaba despierto, y si el mejor de todos los tiempos estaba sin equipo, había que intentarlo.

La ilusión duró apenas unas horas, porque el todopoderoso PSG se cruzó en el camino de los Messi y presentó una oferta imposible de igualar para la economía del Atlético de Madrid. El sueño de Simeone se esfumó; meses después, lo acabaría reconociendo en la prensa argentina, cuando le preguntaron si Messi pudo haber estado bajo sus órdenes: «¿Si quedó en algo? No, en nada, ves el avión que pasa por el cielo y dices: pues por ahí viene. Así fue más o menos». Simeone habló con Suárez, hizo un par de llamadas, y cuando el Atleti quiso moverse y soñar con lo que parecía imposible, ya era demasiado tarde. El PSG tenía prisa por cerrar el fichaje de Leo, le fletó un avión y al cabo de cuarenta y ocho horas era presentado en París.

El sueño de ver a Messi junto a Simeone no se hizo realidad, y el mejor de todos los tiempos acabó en París. Eso sí, años antes, en junio de 2009, en Rosario, Messi sí vistió la camiseta del Atlético de Madrid. Fue en un partido benéfico, organizado por la fundación del club colchonero y por la de Javier Zanetti, entonces capitán del Inter, para ayudar a los niños más desfavorecidos de Argentina. Messi, siempre comprometido con las obras sociales, jugó ese día con la camiseta rojiblanca. Aquel gesto del crack fue aplaudido por el Atleti, que sentó las bases solidarias para mejorar el proyecto del Hogar de Tránsito de la Madre Soltera Primeriza.

50

Los tigres también lloran

Junio de 2013. La afición del Atlético de Madrid vive unos de los días más amargos de su historia. El mejor delantero centro del mundo, el colombiano Radamel Falcao, abandona el club contra su voluntad. El Atleti anuncia una conferencia de prensa en la sala vip del Vicente Calderón para que el Tigre pueda despedirse de los aficionados, pero el adiós del cafetero acaba convirtiéndose en una auténtica tortura para él. En plena rueda de prensa, Falcao se derrumba. Visiblemente emocionado, apenas puede articular palabra y rompe a llorar de manera desconsolada. Con la voz quebrada y el pañuelo en la mano, agradece lo vivido al club, al vestuario y a los aficionados, pero es incapaz de responder a las preguntas de la prensa. Ni falta que hace. Como una imagen vale más que mil palabras, todos los atléticos se dieron cuenta de lo que estaba sufriendo Falcao. No quería irse, pero le obligaban a hacerlo. El Atleti era su lugar en el mundo, pero no era dueño de su propio destino y se iba por una simple cuestión de dinero.

Radamel Falcao García, el depredador más fiero de la historia del Atlético de Madrid, no se iba a un club más grande. No, se iba al Monaco, un club de segunda fila en Europa. Dejaba atrás un rosario de actuaciones espectaculares, un buen puñado de goles de todos los colores y sabores (setenta en dos temporadas), y de propina, tres títulos. Una Europa League, una Supercopa y una Copa del Rey. En su traumático adiós, el Tigre de Santa Marta estuvo acompañado por su esposa, Lorelei, por el presidente colchonero, Enrique Cerezo, por el vicepresidente, Lázaro Albarracín, y por el entonces director deportivo, José Luis Pérez Caminero. Todos querían que Falcao se despidiera a lo grande, pero fue imposible. No podía articular palabra. No paraba de llorar, pidió un vaso de agua para pasar el mal trago y, apenas tres frases después, tuvo que cortar su intervención. No lo soportaba más. No quería seguir hablando. Falcao paró, le dieron una placa con el escudo del Atlético Aviación y una insignia del Atlético de Madrid. Después, se cerró la puerta y se fue.

Aunque fueron varios los medios que apuntaron que Falcao se había ido del Atleti porque cobraría más del doble de lo que percibía en la ribera del Manzanares, y porque tendría enormes ventajas fiscales, la realidad era bien distinta. Con el paso de los años, Falcao reconoció que fue el Atlético de Madrid el que se vio obligado a venderle. «Desde que llegué, me di cuenta de que mi futuro no iba a ser el de quedarme en el Atleti por mucho tiempo, lo supe a los cuatro meses de llegar. Sabía que el club no estaba atravesando su mejor momento económico y que mi salida ayudaría para que el Atlético siguiera creciendo, y así fue». Había llegado al Atleti procedente del Oporto, por 40 millones de euros más el pase de Rúben Micael —que jamás vistió la camiseta rojiblanca—, pero buena parte de sus derechos económicos pertenecían a un fondo de inversión, que siempre quiso hacer negocio con su traspaso y ganar todo el dinero que pudieran. Falcao no quería irse del Atleti, pero el fondo, su agente y otros empresarios sí. Acabó fuera del Atleti. Llorando de pura rabia, de impotencia, de sentir que ya nada sería igual. No se equivocaba. En Mónaco se rompió la rodilla. Después, más lesiones y estancias en Londres, Estambul, Mánchester y regreso a Madrid, para jugar en el Rayo. Nunca fue lo mismo. Nunca fue como en el Atleti. Desde aquel día que salió llorando del Calderón, el Tigre ya no volvió a rugir con fuerza. Unos años después de su traumática salida del Atlético de Madrid, un periodista le preguntó al colombiano si los futbolistas eran dueños de su destino. Falcao remató con contundencia: «No».

51

Santaelena

Alfredo Santaelena, atlético hasta la médula, trabajaba en una fábrica con productos tóxicos. Entraba a las seis de la mañana y salía a las cinco de la tarde. Luego cogía el autobús en la avenida de Aragón y se iba a entrenar con la cantera del Pegaso, un clásico del fútbol madrileño. Con diecinueve años firmó por el Getafe, que entonces jugaba en el coqueto campo de Las Margaritas, y despuntó como una promesa que podía triunfar en primera. Muchos clubes se interesaron por su fichaje. Telefoneó el Sevilla, llamó el Betis y también irrumpió con fuerza el Tenerife, pero entonces apareció el Atlético de Madrid, que tenía la intención de ofrecerle un contrato.

Todo se precipitó en un partido amistoso entre Getafe y Atleti, en 1989. Rubén Cano, entonces secretario técnico colchonero, ya había contactado con el entorno de Alfredo, que en esa época tenía que cumplir con el servicio militar. En un principio, en la ribera del Manzanares querían que estampase su firma como jugador del Madrileño, el filial colchonero. Aquello no terminaba de convencer a Alfredo, que soñaba con jugar en el primer equipo cuanto antes, y que tenía buenas ofertas de otros clubes de primera. Cuando el amistoso acabó, con Santaelena ya en las duchas, los capitanes del Getafe le avisaron de que le estaban esperando fuera de los vestuarios, porque querían hablar con él. «Alfredo, te está esperando fuera el presidente del Atlético de Madrid. Sal, porque Gil quiere verte», le advirtieron.

Alfredo abrió la puerta del vestuario, y allí estaba Gil. Ese primer encuentro lo relató con sentido del humor en el programa *Maneras de vivir*, entre risas: «Era un tío grandote, que imponía. Lo primero que me dijo fue: "Coño, si en el campo pareces más grande". Y entonces pensé, este igual ya no me ficha». Nada más lejos de la realidad. A Gil le sedujeron la naturalidad y la campechanía de Alfredo; al día siguiente del partido amistoso, le citaron en las oficinas del estadio Vicente Calderón. Alfredo pasó por allí y firmó. «Era imposible decirle que no a Jesús Gil. Mi ilusión de pequeño era la de llegar al Calderón y entrenar con jugadores que tenía yo en los cromos, que eran mis ídolos: Futre, Abel, Marina, Orejuela, Baltazar. Yo siempre fui del Atleti y mi gran sueño era jugar en el Calderón». Sueño cumplido.

Santaelena debutó con el Atlético de Madrid ante el Elche y lo hizo con buena nota. Suya fue la asistencia que provocó el tercer tanto del equipo colchonero, que se impuso a los ilicitanos en el Calderón. Así comenzó su etapa colchonera, que estuvo marcada por su gran admiración hacia uno de sus grandes ídolos, su entonces compañero de vestuario Paulo Futre. «Cuando yo llegué al Atlético tenía veintiún años, y Futre tenía veintidós, pero él era ya capitán del equipo. Tenía mucha personalidad. Siempre nos defendía cuando Gil se enfadaba con nosotros. Paulo era capaz de matar por cualquiera de nosotros», recuerda Alfredo. Gil jamás se arrepentiría de haber fichado a aquel pequeño centrocampista, un motor incansable. Es más, Alfredo fue uno de los grandes aciertos del presidente. Suyo fue el agónico gol que le dio al Atlético de Madrid el título de Copa del Rey en el año 1991, después de una gran jugada de un pequeño gran hombre, Juan Sabas «Sabitas». A los veinticinco años, en el mejor momento de su carrera, Alfredo fue traspasado al Deportivo de La Coruña. Allí vivió algunos de los mejores años de su vida. Fue vecino de Manjarín, admiró a Arsenio Iglesias y ganó otro título de Copa en el que fue protagonista. Se retiró del fútbol con solo treinta y tres años, y, como confesó en *Jot Down*, acabó invirtiendo en pisos porque

Luis Aragonés les insistía siempre que hablaban de colgar las botas: «"Ladrillo, señores, toca invertir en ladrillo". Le hice caso». Hoy Alfredo sigue abriéndose paso como entrenador, lleva más de veinte años enganchado a los banquillos del fútbol modesto y sueña con volver a levantar, algún día, otra Copa del Rey. Vive en el barrio de Canillejas. No es casualidad. Su casa está a quinientos metros del Metropolitano. Y cuando quiere darse un paseo, se acerca al estadio, respira aire puro y contempla su placa en el Paseo de las Leyendas.

52

El guerrero número 8

Había cumplido apenas veinte primaveras. Saúl Ñíguez Esclápez jugaba esa noche con el Atlético de Madrid en Leverkusen, en los octavos de final de la Champions. Durante el partido, el griego Papadopoulos le embistió por detrás con un golpe tremendo que le destrozó el riñón izquierdo, justo el mismo del que ya había sido operado cuando jugaba en calidad de cedido en el Rayo Vallecano. Saúl salió del campo en camilla y a los atléticos se les encogió el corazón. Fue trasladado al hospital de urgencia, entre temblores, vómitos y convulsiones. El choque había sido tremendo y tuvo que quedarse ingresado varios días en un hospital alemán. Aquello marcó su carrera deportiva y su vida, pero Saúl aplicó un principio vital para superar aquel trauma que pudo haber terminado con su carrera. Lo que no te mata te hace más fuerte. «Mentalmente, era muy duro. Para mí se hacía habitual orinar sangre después de cada partido o sesión. No entendía otra cosa: si tenía que ir al baño, iba a salir rojo». Saúl, jugándose su propia salud, se recuperó día a día y volvió más fuerte de lo que era antes.

Siempre le adornaron los mejores atributos de un *todocampista*: potencia, colocación, disparo terrorífico, cabeza de oro, despliegue, llegada y gol. «Cuantos más goles hago, mejor me siento». Saúl Ñíguez es poco ruido y muchas nueces. Y no vende humo. Eso, para los estancos. Él se ocupa de rendir. De crecer.

Saúl, que se iba al Arsenal, al United, a la Roma, al Barça y, de postre, al Bayern, el que probó la cantera del Madrid y se marcó un Erasmus en Londres con el Chelsea, es atlético hasta la médula. Está satisfecho de jugar donde juega, defender el escudo que defiende y pertenecer a donde pertenece. Su fuerza no está en el cuerpo, sino en la voluntad del alma. Eso es lo que lleva tatuado en su muñeca, y eso es lo que está empeñado en demostrar en cada partido. Cuanto más importante es la cita, más relevante es Saúl. Cuanto más difícil es el escenario, más brilla Saúl. Cuanto más escarpado es el monte, más escala Saúl.

Cada vez que besa el escudo, desprende verdad. Él fue capaz de poner en riesgo su salud por el Atleti, llegando a jugar con un catéter interno cuando orinaba sangre. Pudo haber sido fatal para él, pero apretó los dientes y lo dio todo. También jugó mucho tiempo infiltrado cuando quizá habría sido oportuno tomarse un descanso. Y también renunció a ofertas de otros equipos donde habría ganado más dinero que en el Atleti. Saúl no vende humo. Es una realidad. Su ídolo siempre fue Fernando Torres. Su pasión, jugar en el Atleti. Su misión, hacerlo grande. No es perfecto, pero Saúl siempre ha sido un tipo duro con los problemas y blando con las personas, alguien al que todo le ha costado sangre, sudor y alguna lágrima. Suya fue aquella tijera del 4-0 al Madrid, antes de aquella fiesta de Kevin Roldán para «romper tarima». Suyo fue aquel gol maradoniano al Bayern en una semifinal de la Champions. Suya fue la volea impecable que sentenció al Madrid en la Supercopa de Tallin. Suyos han sido algunos de los goles más plásticos, emocionantes e históricos de la historia reciente del Atleti.

Hablar de Saúl Ñíguez es hacerlo de un futbolista de talla mundial. Y, por encima de todas las cosas, de un chico que, a pesar de su descomunal talento con la pelota en los pies, tiene muy claro dónde encaja y qué se espera de él. Hace unos años, un periodista le preguntó en qué faceta se sentía más cómodo, si siendo un artista o siendo un guerrero. Su respuesta fue lapidaria: «Es mejor ser guerrero. Como dijo una vez Puyol, donde no llega tu calidad, llegan tus cojones». Así es Saúl. Dos pelotas y un balón. Un soldado del Atleti. Concretamente, el guerrero número 8.

53

La profecía del alemán

«La culpa de que yo jugase en el Atlético de Madrid fue de Paulo Futre». Bernd Schuster guarda un excelente recuerdo de su etapa como jugador del Atlético de Madrid. «Yo estaba en mi casa, en la carretera de Burgos, tan tranquilo, y el Atlético no estaba jugando bien. Entonces Paulo le dijo a Jesús Gil que yo sería un fichaje clave, la pieza que le faltaba al equipo para poder aspirar a ser campeones». Fue tal cual. El portugués cogió por banda a su presidente y, sabiendo que tenía mucha confianza porque era el favorito de Gil, le preguntó: «Presi, ¿por qué no fichamos al alemán, que está sin hacer nada?». Gil creyó que era una buena idea y se puso manos a la obra. Schuster había salido mal del Real Madrid, como anteriormente del Barcelona. La relación del magistral centrocampista alemán con Ramón Mendoza había quedado tocada, y Bernd pensaba que su periplo en el fútbol español había llegado a su fin. Nada más lejos de la realidad.

Gil decidió mover ficha, llamó a Schuster y le presentó una oferta para vestirle de rojiblanco. La afición del Atlético le recibió con los brazos abiertos. Ya no era un niño y tenía una edad, ya no era aquel *todocampista* imperial que había sido elegido mejor jugador de Europa en 1980, pero seguía teniendo una calidad tremenda y podía ser el cerebro del equipo, por su enorme visión de juego. Schuster aceptó la oferta del Atleti y despertó el entusiasmo de la hinchada con un partido pletórico ante el Barça de

LA PROFECÍA DEL ALEMÁN

Cruyff en el Calderón, con un golazo a Zubizarreta. Era la prueba definitiva. Al alemán le quedaba cuerda para rato, y en el sótano aún guardaba muchos ratos de fútbol de alta escuela.

En su primer año, logró el título de Copa del Rey ante el Mallorca, en el estadio Bernabéu. Y en su segundo curso como cerebro colchonero, Schuster vivió su momento más álgido como rojiblanco. Fue en aquella final de Copa del Rey, en 1992, también en el Bernabéu y ante el Real Madrid. Con Luis Aragonés en el banquillo y con la «venganza de Pizo» como motivación en el vestuario, Schuster salió convencido de que ganarían aquella final. De hecho, el alemán recuerda que, antes del partido, en el túnel de vestuarios, avisó al portero madridista, Paco Buyo, de lo que iba a pasar: «Se lo dije a Buyo en el pasillo según salíamos al césped: a la primera te la voy a meter». Dicho y hecho. A los siete minutos de partido, con ambos equipos en fase de tanteo, el árbitro pitó una falta lejana para el Atlético de Madrid. Bernardo colocó la pelota con mucho mimo, midió la distancia, tomó carrera, armó la pierna y la clavó en la escuadra. Un gol de museo. Un tanto que incluso alteró a José Ángel de la Casa, el mítico narrador de Televisión Española, que retransmitía el partido. El golazo, una auténtica maravilla, sirvió para que la gente del Atleti enloqueciera en la grada. Y Schuster, consciente de lo que significaba, corrió a celebrar el gol hacia la portería del fondo sur, donde estaba la afición madridista. En un par de segundos, el alemán se dio cuenta de que su gente estaba al otro lado del campo, en el fondo norte, y tuvo que dar media vuelta. «Me dije: Bernardo, aquí no celebra nadie, este no es tu sitio». El alemán había cumplido su profecía. A la primera que tuvo, se la puso en la escuadra al portero del Madrid.

Después llegaría el misil tierra-aire de Futre, también imparable para Buyo. El penalti parado por Abel Resino. La entrega de la Copa, la fiesta en el Calderón y la celebración en una discoteca, hasta bien entrada la madrugada. En tres años en el Atleti, Schuster conquistó dos Copas del Rey. El alemán, que jamás había vuelto a ver aquella final mítica del Bernabéu, pudo verla años después, durante el confinamiento por culpa del COVID-19, en compañía del alcalde de Madrid, José Luis Martínez-Almeida.

Schuster, al que aún paran por la calle los atléticos para recordarle aquel golazo a Buyo en el Bernabéu, fue muy feliz en el Atleti. Mantuvo una relación excelente con Futre, su mejor socio en el campo, y también consolidó una historia de amistad con el presidente, Jesús Gil, al que temía tanto como adoraba. De hecho, Schuster fue el único jugador de la plantilla al que permitió montar a Imperioso, su purasangre de raza española. «Te lo has ganado, alemán». Eso sí, su salida del club tampoco fue modélica. Gil lo pudrió todo en un calentón radiofónico con José María García. Preguntado por los problemas para renovar a Schuster, cuyas negociaciones gestionaba su esposa y agente, Gaby, el presidente del Atlético explotó en directo: «Gaby, te lo metes por el coño». Y Schuster, claro, se fue.

54

La batalla de Glasgow

Marcó a toda una generación de atléticos. Y fue la madre de todas las batallas. Sucedió en Miércoles Santo, un 10 de abril de 1974. El Atlético de Madrid visitaba Escocia para disputar la ida de las semifinales de la Copa de Europa. Su rival, un auténtico equipazo, el Celtic de Glasgow, entonces dirigido por el mítico técnico Jock Stein. Nada más aterrizar en la tierra de William Wallace, el Atleti supo que le esperaba un ambiente realmente hostil. En la prensa local calificaron a Panadero Díaz como «asesino», porque no le perdonaban su marcaje a la estrella escocesa, Jimmy Johnstone, cuando militaba en el Racing de Avellaneda. Aquello sentó mal en el vestuario colchonero, que ya intuía que el partido sería realmente caliente. No se equivocaban. El Atleti saltó al campo con un equipo formado por Reina; Melo, Ovejero, Benegas, Eusebio, Panadero; Adelardo, Heredia, Irureta; Ratón Ayala y Gárate. Enfrente, el todopoderoso Celtic. Y también 73.500 espectadores que abarrotaban el vetusto Celtic Park. Al silbato, un turco: Dogan Babacan.

Aquello no fue un partido de fútbol. Fue una batalla campal. El Celtic salió a por todas, queriendo intimidar al equipo colchonero, que intentaba capear el temporal y frenar las tremendas acometidas locales, mientras la grada rugía como si Celtic Park fuese un volcán en constante erupción. El Atleti fue especialmente duro aquella noche, sobre todo con Jimmy Johnstone, porque sabían que era el tipo al que había que parar, «por lo civil o por lo criminal», como solía decir siempre Luis Aragonés. De hecho, el Atlético, durante el partido, cometió hasta cincuenta y una faltas. Demasiadas. Eso sí, el turco Babacan, un árbitro casero, solo veía dureza en las entradas del equipo visitante, haciendo la vista gorda con las del conjunto local. A los siete minutos, Ayala ya estaba amonestado. El argentino fue el primer expulsado. El Atleti se quedaba con diez. Al rato, el Atleti se quedó con nueve, por expulsión de Panadero Díaz. Y un minuto después, Babacan mandaría a la calle a Quique, que había entrado por Gárate. El Celtic atacaba con todo y el Atleti resistía con ocho jugadores.

Atrincherado en el área, reventando balones y rascando todo lo que podía, el Atleti logró mantener su portería a cero, gracias a una memorable actuación de Reina. El equipo madrileño había logrado lo imposible: resistir con ocho a uno de los mejores equipos de Europa. «Fue agónico, digno de un poema épico de Homero», recuerda José Eulogio Gárate. Frustrado por el resultado final de empate sin goles, el público de Celtic Park protestó de manera airada, lanzó objetos al terreno de juego, y los jugadores escoceses, rabiosos, llamaron de todo a los españoles. El Atleti había repartido «leña» en el campo y había resistido, pero lo que pasó después del partido también fue una batalla campal. Una bastante más escandalosa que la que se vivió en el terreno de juego. Al alcanzar el túnel de vestuarios, la policía escocesa agredió a varios jugadores del Atleti, que no daban crédito a lo que estaba sucediendo. Las fuerzas del orden, que debían hacer su trabajo y proteger a los jugadores en mitad de un ambiente hostil, decidieron jugar su propio partido y metieron a los jugadores del Atleti en el vestuario a base de porrazos y golpes. A Ayala le tiraron del pelo y le dieron una patada en la espalda, Panadero se llevó un puñetazo, Ovejero repelió una agresión asestando un puñetazo a un policía, y Adelardo fue amenazado por varios jugadores del Celtic. De hecho, la policía «repartió» tanto y de una manera tan indiscriminada que llegaron a pegar al presidente del

LA BATALLA DE GLASGOW

Atleti, don Vicente Calderón. «Cuando terminó el partido, fue lo peor que he vivido en un partido internacional... Lo que más me dolió es cuando pegaron al presidente. Cuando yo voy al vestuario había un policía pegando a un jugador, yo le di y luego me vino a buscar la policía, fue todo tremendo», rememora el Cacho Heredia.

Después de aquella tremenda «guerra», la UEFA decidió sancionar con tres partidos a Ayala, Panadero y Quique, que no pudieron jugar la final de la Copa de Europa ante el Bayern, y el club fue multado con 2 millones de pesetas, amén de ser amenazado con ser expulsado de la competición si el comportamiento del público en la vuelta no era el «adecuado». En la prensa escocesa calificaron a los jugadores del Atlético de Madrid de bestias, asesinos, pandilleros y hasta de terroristas. En la vuelta, en un Calderón lleno hasta la bandera, el Atlético de Madrid se impuso por 2-0 con tantos de Gárate y Adelardo. Fue la eliminatoria más épica de la historia del Atleti en sus 120 años de historia.

55

«Salir campeón»

Apenas llevaba unas semanas en el Atlético de Madrid, pero Diego Pablo Simeone quiso mostrar su tremendo carácter al vestuario. Sucedió en el verano de 1994, justo después de haber fichado de manera relámpago por el cuadro colchonero. El Cholo, enrolado en el Sevilla, le comentó a Luis Aragonés que tenía una oferta colchonera y que quería pedirle consejo por si creía que debía abandonar Nervión. La respuesta del Sabio de Hortaleza fue lapidaria: «¿Y a qué está esperando usted para decir que sí?». Previo pago de 400 millones de pesetas, Simeone recaló en el Calderón. Y en su primer torneo de pretemporada, en el Trofeo Colombino de Huelva, se encargó de dejarle claro al vestuario para qué había llegado.

Después de dos amistosos ante el Betis (empate) y Zaragoza (derrota), el Cholo montó una reunión improvisada en el vestuario atlético y tomó la palabra: «Muchachos, no he venido acá para nada. Quiero ganar, me gusta ganar y necesitamos ganar. Y para eso les necesitamos a ustedes. Kiko, te necesitamos a tope. Manolo, sin ti no podemos. Toni, lo mismo...». Simeone fue enumerando, uno por uno, a todos los jugadores del equipo, para hacerles ver que tenía una personalidad fortísima y que el grupo necesitaba creer en sí mismo para conseguir armar algo importante. Si había grupo, había familia. Y si había familia, había equipo. «Muchachos, si lo damos todo, no tengan duda: este grupo puede salir campeón». El Cholo no había llegado para perder. Y aunque en su primer año todo fue mal, porque el club estaba complicado y el equipo estuvo muchas jornadas coqueteando con la promoción después de varios despidos masivos de entrenadores por parte de Jesús Gil, la nave se enderezó con el tiempo. De hecho, se enderezó tanto que el Atleti logró el doblete un año después.

Con la Copa a buen recaudo (gol de Pantić de cabeza en la prórroga ante el Barça), el Atlético de Madrid avista el título de liga. En la penúltima jornada, si el Valencia no gana al Espanyol, el Atleti se proclamará campeón. El vestuario del Atleti se agolpa ante la televisión, deseando una derrota che para cantar el alirón. Todos los jugadores del equipo colchonero, incluso el entrenador, Radomir Antić, empujan para que el Valencia, entonces dirigido por Luis Aragonés, pierda. Eso les daría el título. Todos desean la victoria del Espanyol. Todos, menos uno: Simeone. El argentino se empeña en que lo mejor para el Atleti es que el Valencia gane, porque así el grupo tiene la posibilidad de salir campeón ante su gente, contra el Albacete, en la última jornada, en un Vicente Calderón repleto. Dicho y hecho. El Valencia gana. Si quiere ser campeón, el Atleti debe ganar el último partido en casa ante el Alba. Simeone se sale con la suya. Aunque el vestuario pone mala cara, el Cholo cree que el destino les ha regalado una oportunidad inmensa: campeonar con su gente.

En la previa del partido, con la tensión por las nubes, llega la hora de la siesta antes del partido. Entonces empiezan a escucharse gritos y golpes en las puertas. Es Simeone: «Muchachos, no se duerme, ahora no se duerme. Despierten porque hoy vamos a salir campeones». Kiko, Santi, Toni, Solozábal y compañía no dan crédito. El Cholo anima a todos a no dormir, a no descansar, a vivir el partido horas antes de que se juegue y disfrutar del apoyo incondicional de la hinchada. «Aquí no se relaja nadie, porque hoy el Atlético de Madrid va a salir campeón». Dicho y hecho. El Atleti sale al campo en un Calderón abarrotado con cincuenta y ocho mil almas en las gradas. Tiene que ganar al Albacete y, aunque algunos creen que es el escenario ideal para que el conjunto colchonero tire todo por la borda, el Atleti gana y se proclama campeón. Diego Pablo Simeone descorcha el duelo con un cabezazo picado imparable para Plotnikov. Su festejo, rabioso, pura energía, desata la locura en el Calderón. Simeone fue la chispa adecuada de aquel doblete. Y, años después, en el banquillo, sería el ardor guerrero del club. El Cholo encontró su lugar en el mundo: el Atleti.

56

Hugo se va al Madrid

En vísperas de San Isidro, en mayo de 1985, se produce una cena clave en el devenir del fútbol español. Los comensales que ocupan una de las mesas de El Viejo Madrid son Ramón Mendoza, presidente del Real Madrid; Vicente Calderón, presidente del Atlético; y Hugo Sánchez, delantero centro mexicano propiedad del cuadro colchonero. Hugo había fichado por el Atleti procedente de los Pumas, había sido pichichi con diecinueve goles y se había consagrado como gran estrella atlética en la final de Copa del Rey, que ganaron los madrileños con Luis en el banquillo y dos tantos, precisamente, del «macho mexicano». Mendoza estaba obsesionado con fichar al delantero del Atleti y ofrecía varios jugadores en la operación, pero Calderón rehusaba porque solo quería dinero.

Hugo Sánchez revela que, días antes, le había telefoneado Joan Gaspart, vicepresidente del Barcelona, ofreciéndole cinco años de contrato, a razón de 50 kilos por campaña. Mendoza sabe que tiene que moverse rápido si quiere quitarle el delantero al Barça. Después de tres horas de larga cena y dura negociación, convence a Calderón de permitir que el jugador vista de blanco. La afición del Atleti lleva semanas temiéndose lo peor. Rumian la «traición» de Hugo y amenazan con darse de baja si el mexicano se vende, pero no ignoran que el club necesita una inyección económica para equilibrar sus cuentas.

¿Cómo rubricar un traspaso sin que la gente del Atleti monte en cólera por una tocata y fuga de Hugo al Madrid? Las partes diseñan una operación rocambolesca con un equipo «puente» de por medio. El 4 de julio, el Atlético traspasa a Hugo Sánchez al UNAM. Recibe 200 millones de pesetas en dólares, a través de un cheque conformado del banco Crédit Commercial de France. Ocho días más tarde, el 12 de julio, Mendoza viaja a México previa escala en Nueva York. Y el 13 de julio, Mendoza y la UNAM pactan el fichaje de Hugo por 250 millones de pesetas. Los mexicanos se llevan un «pellizco» económico, el Madrid le quita un delantero centro al Barcelona, y el Atlético de Madrid consigue el dinero necesario para aliviar su delicada salud financiera. La afición colchonera, obviamente, jamás perdonó aquella afrenta. Ni a Hugo Sánchez, por «traidor», ni a Vicente Calderón por «cooperador necesario». Días después, el presidente del Atleti anunció que había fichado a Rubén «Polilla» da Silva, pero el uruguayo nunca llegó a los números de Hugo.

El 19 de julio de 1985, Hugo Sánchez se presenta en el estadio Santiago Bernabéu, junto con Maceda y Rafael Gordillo, ante cincuenta mil aficionados del Madrid. Y nada más pisar el césped de la Castellana, el fútbol hace su magia. En un abrir de ojos, el Bernabéu pasa de gritarle «indio, indio, indio» a corear aquello de «Hugo, Hugo, Hugo».

57

«Canalla» por un día

Corría la temporada 2005-06, el Atlético de Madrid tenía que desplazarse hasta Palma para jugar contra el R. C. D. Mallorca en Son Moix; como el color de las camisetas coincide, el equipo colchonero tuvo que recurrir a su segunda indumentaria. En aquel curso, la equipación del Atleti era azul marino con rayas amarillas, un diseño parecido al que suele lucir en su camiseta original el Rosario Central, un equipo argentino conocido como los «canallas». El asunto no significaba absolutamente nada para el vestuario rojiblanco, una simple anécdota, pero aquello fue un auténtico problemón para Maxi Rodríguez, más conocido como la Fiera, que entonces militaba en el Atleti, procedente del Espanyol. Nada más conocer que el equipo jugaría de azul y amarillo en Mallorca, Maxi torció el gesto.

Había jugado en el gran rival de Rosario Central; además, era furibundo hincha de Newell's Old Boys, equipo al que se conoce como los «leprosos». «Me acuerdo y me río solo. En el vestuario estaban el Kun y Forlán, siempre hablando de Independiente, y yo, de Newell's. Cuando me dicen los utileros que íbamos a jugar con esa camiseta y que teníamos que hacer una publicidad, yo les dije que no: "No puedo jugar con esta camiseta. Si me obligan a ponerme esa camiseta, no juego esta tarde"», recuerda Maxi. En el vestuario del Atleti no daban crédito, porque el argentino no quería salir a jugar. Así pues, entre todos, muertos de la risa, convencieron a la Fiera de jugar ese partido y enfundarse aquella camiseta con los colores «canallas». ¿Cómo lo lograron? Pues haciendo «trampa». Resulta que Maxi Rodríguez solía llevar siempre consigo una camiseta de Newell's, así que le pidieron que se pusiera esa camiseta primero y, encima, la segunda equipación del Atleti. Así, siempre tendría pegada a su piel la camiseta de su equipo, aunque por fuera llevase una parecida a la del gran rival de la ciudad. «Llevaba una camiseta de Newell's que tenía y me la puse debajo. El Kun y los chicos me miraban y decían que estaba loco», recuerda Maxi. Y la verdad es que, con aquella camiseta, no le fue nada mal al argentino. Al primer minuto de juego, el Atleti le marcó al Mallorca y el tanto fue obra... de Maxi. Al final, el partido acabó en empate (2-2) y la Fiera decidió regalar aquella camiseta que tanto sofocón le había generado a un buen amigo. Maxi no quería que nadie supiera que había sido casi «canalla» por un día.

La verdad es que, vistiera la camiseta que vistiera, a Maxi no le fue nada mal durante su etapa como jugador del Atlético de Madrid. Anotó cuarenta y cuatro tantos en tres años, se metió al público del Calderón en el bolsillo y acabó siendo traspasado al Liverpool, para jugar en Anfield. Eso sí, terminó su carrera, como no podía ser de otra manera, en su querido Newell's Old Boys. El 24 de junio de 2023 tuvo su merecido homenaje por parte del equipo de la lepra. Y, de hecho, le compusieron y dedicaron una canción que reflejaba su carrera como jugador profesional. El tema se llamaba *Dime, Maxi*.

58

Historia de un «no»

Verano de 1994. El Atlético de Madrid busca delantero centro en el mercado. Uno de los mejores posicionados es Jürgen Klinsmann, mítico nueve de Alemania. Un auténtico cazagoles realmente cotizado en el mercado. Elevado a los altares tras ser campeón del mundo en la cita mundialista de Italia 90, Klinsmann no se encuentra cómodo en las filas del AS Monaco francés y solicita a su club un traspaso. No se ha adaptado a la liga francesa, busca un nuevo campeonato y desea jugar en un grande de Italia o España. El delantero teutón está listo para salir; ante la lluvia de ofertas que maneja su agente, pide una reunión con el presidente del club monegasco, Jean Luis Campos. El máximo mandatario del Monaco accede a vender al alemán, pero le impone una condición económica para salir de Francia: que el club que quiera hacerse con sus servicios esté dispuesto a pagar una suma cercana a los 300 millones de pesetas.

Klinsmann traslada al AS Monaco que maneja dos suculentas ofertas. La primera, de un club italiano, el Genoa, que está dispuesto a pagar un traspaso de 200 millones de pesetas. La segunda oferta que tiene sobre su mesa es la del Atlético de Madrid, que está dispuesto a pagar esa misma cantidad en cómodos plazos, o bien a negociar una cesión por una temporada con opción de compra por 300 kilos. Al presidente del AS Monaco le agrada más la propuesta del Genoa, porque ingresaría un buen dinero, pero Klinsmann le pide que atienda a la posibilidad del Atlético, porque es un club más fuerte, con más peso en Europa, y eso le permitiría luchar por el título de liga.

Los días pasaron, el mercado avanzó, y aunque el Atleti seguía sin firmar un delantero centro y tenía abierto el casting, Klinsmann jamás llegó a vestir de rojiblanco. La situación era incomprensible, porque el alemán quería llegar al Atleti, estaba forzando la máquina, y el entonces entrenador del conjunto madrileño, el colombiano Pacho Maturana, había dado el visto bueno al fichaje. Días después, Jesús Gil y Gil sorprendió a propios y extraños anunciando los motivos del «no» a Klinsmann: «Tenía fichado a un gran jugador, pero al final no lo hemos traído porque me han contado que pierde aceite». Básicamente, Gil había desestimado la compra de Klinsmann por un rumor en el que se apuntaba que podía ser homosexual.

«Me he quedado helado. A este no le meto en el vestuario. Solo faltaba que dijeran que Gil tiene a uno de estos ahí», sentenció el «jeque» de Burgo de Osma. No era la primera vez que Gil se refería en esos términos a personal que él consideraba como «uno de esos». Cuatro años antes, había llamado «maricón» al árbitro francés Michel Vautrot tras una derrota europea. La UEFA lo inhabilitó durante dieciocho meses.

Klinsmann era el elegido para ocupar la plaza de nueve del Atleti. Nunca llegó a la ribera del Manzanares. Se fue al Tottenham Hotspur, donde anotó veinte goles ese mismo año. El Atleti acabó esquivando la promoción a segunda en la última jornada, después de fichar ese mismo verano al Tren Valencia, al que en Alemania conocían como Adolfo «Muchos Dolores» Valencia. Y así fue: su etapa en el Atleti resultó un dolor de cabeza para Gil.

59

Cicatrices

«Miedo no llegué a sentir. Sabía que me iban a dormir, que si volvía a despertar era que todo había ido bien y que, si no era así, era mi hora y ya está». Así afrontó Ángel Correa, después de cumplir su sueño de fichar por el Atlético, su ingreso en el quirófano para someterse a una microcirugía en Nueva York para tratar un tumor en el corazón. Una cardiopatía menor para un ciudadano de a pie, pero algo bastante serio y delicado para un futbolista de élite, alguien sometido a la exigencia del máximo rendimiento que implica el deporte profesional. La lesión —detectada a tiempo en la revisión médica— habría podido ser un mazazo para cualquier chico joven que, con diecinueve años, tenía que afrontar una situación de tal calibre. Habría sido un duro golpe para cualquiera, pero no para Correa. No para un chico hecho a sí mismo, no para un carácter forjado en la calle, no para un talento del barrio, no para un chaval que perdió a un hermano y a su padre siendo apenas un niño.

Angelito Correa, que durante toda su vida ha salido airoso de una constante carrera de superación, apretó los dientes, hizo fácil lo difícil, se operó, pasó meses sin jugar —toda una tortura para un futbolista con maneras de estrella— y, poco a poco, fue tratando de quemar etapas hasta convertirse en uno más del grupo, en uno más de esa pequeña familia que tutela Simeone. Siempre agradecido, eternamente en deuda con el Atlético, que no le devolvió a su club, ni paró el fichaje, sino que se volcó en su recuperación y en tranquilizar a su familia, Correa pasó el mal trago con entereza, hombría y tesón. Asumió el desafío como una lección más de vida, aceptó el reto y se dedicó a trabajar, en silencio y con constancia, para ponerse al día, entreno a entreno, hasta completar su puesta a punto. Tras varios meses de baja, después de una larga espera, Correa disfruta el presente, mira al futuro y entierra el pasado. Su enorme cicatriz, justo debajo del tatuaje más reconocible —ese que pone «familia»—, le recuerda que la persona siempre está por delante del jugador y que, en esta vida, nada es sencillo.

Después de una recuperación paulatina, cuidadosa y complicada, Angelito, una bomba de relojería en el área rival, tuvo vía libre de los médicos, y Simeone, su gran valedor, respiró aliviado. Con él disponible, su Atlético ganó un estilete extraordinario, un jugador diferente, un agitador de partidos. Un revulsivo de cañón corto y cintura de goma. Un talento superlativo para los últimos metros, un tipo capaz de girar sobre sí mismo en una baldosa, un punta con descaro y un solista con rebeldía. Hoy es campeón del mundo con Argentina y figura en el Atleti. Con la pelota, Ángel tiene ángel. Y sin ella, cicatrices y personalidad. «Corazón» Correa.

60

Gil y Simeone

Verano de 1994. Diego Pablo Simeone está a un paso de fichar por el Real Madrid. El club maneja excelentes informes, creen que sería un buen refuerzo para el centro del campo y advierten al Sevilla de que el jugador les interesa. El propio Cholo hace unas declaraciones en las que asegura que, si tiene que salir, irá al Madrid. Sin embargo, el fichaje no cristaliza y el equipo madridista opta por firmar al también argentino Fernando Redondo. Y el Atlético, viendo pista libre, decide negociar con el Sevilla el fichaje. El cuadro rojiblanco abona 400 millones de pesetas y Simeone acaba en la ribera del Manzanares. Nada más llegar, el fondo del Calderón le recibe con los brazos abiertos y la revista del club le dedica un titular que, con el paso de los años, resulta profético: «Ole, ole, ole, Cholo Simeone». Sin embargo, la temporada arranca mal. El club vive un momento complicado, el equipo no despega y los malos resultados atenazan a la plantilla. La situación desata la ira de Jesús Gil.

En apenas ocho jornadas, el entrenador, Pacho Maturana, salta por los aires. Gil decide despedirle porque cree que el equipo se puede ir a segunda, y el colombiano, discutido en aquellos días, solo encuentra el respaldo de Simeone. «Intentaba explicar a varios jugadores los movimientos. El tiempo pasaba y sentía que mi mensaje no era asimilado. Volvía sobre lo mismo, y nada. Fue entonces cuando Simeone emergió imponente, como solía hacer para desbaratar una maniobra del rival en campo de su equipo y, fastidiado, vociferó: "¡Pacho, el que no sepa de estas cosas que se vaya a jugar a la calle!"». Despedido Maturana, la temporada del Atlético se convierte en un auténtico caos. Gil, viendo que el equipo no termina de reaccionar, monta en cólera ante la prensa, cargando contra la plantilla. Uno de los peor parados resulta precisamente Simeone. «Hay algún jugador que lleva cuatro, siete o diez partidos desde Albacete, que nos ha llevado a la ruina en la Copa y en todo», comenta el presidente, visiblemente contrariado.

Al día siguiente, en el vestuario del Atlético se desayuna con las furiosas críticas de Gil. Y Simeone, ni corto ni perezoso, decide coger el toro por los cuernos y concede una entrevista al *Marca* en la que, lejos de achicarse, contesta con dureza al presidente: «Gil me faltó al respeto, y eso no se lo consiento ni a mi padre». La entrevista tiene recorrido, se comenta en el vestuario y también entre los aficionados. Simeone le ha plantado cara a Gil. Sin embargo, la caja de los truenos no se destapa.

La semana transcurre con calma, el Atlético juega el fin de semana en La Romareda, ante el Real Zaragoza; cuando quedan apenas unos minutos para que arranque el duelo, Jesús Gil decide bajar al vestuario de los jugadores. Simeone ve venir al presidente colchonero, Gil se coloca a su altura y le comenta: «Cholo, ven conmigo». Se lo lleva a un apartado, fuera de la vista del resto de los futbolistas del equipo, y le espeta: «Olé tus huevos, Diego. Me ha encantado lo que has dicho. Ahora, demuéstralo en el campo». Aquel año el Atleti se salvó del descenso. Y un año después acabó ganando la liga ante el Albacete. El primer gol del partido, el que abría las puertas del título, fue de Simeone.

61

Asalto a Valdeolivas

Desde el primer día que pisó el Atlético de Madrid, Jesús Gil comprendió que había un sentimiento intrínseco en cualquier aficionado rojiblanco: la «obligación» moral de ser antimadridista. Gil sabía explotar el aplauso fácil entre el aficionado y no escondía su odio visceral hacia el vecino. Lo llevaba a gala. Presumía de ello en público y se jactaba de querer que el Madrid perdiera hasta en los entrenamientos. «Soy feliz cuando pierde el Madrid. Disfruto siendo antimadridista, es así. Soy antimadridista por naturaleza. Por convencimiento, por razones obvias y por lo que nos han robado».

Esa declaración de intenciones siempre estuvo presente, en mayor o menor grado, durante el mandato de Gil. El de Burgo de Osma llegó a coincidir con tres presidentes distintos del Real Madrid: Ramón Mendoza, Lorenzo Sanz y Florentino Pérez. Su particular fobia al Madrid nunca cesó. «Basta ya de que nos roben», solía decir. Sus proclamas, tan populistas como populares, alcanzaron su punto más álgido cuando, en vísperas de un derbi en el Calderón, acabó siendo portada de los diarios deportivos por una frase realmente incendiaria, previa a un partido declarado de alto riesgo: «Muerte al invasor blanco». Eso sí, pese a su reconocido antimadridismo, las relaciones de Gil con los presidentes del Real Madrid fueron bastante diferentes. Con Lorenzo Sanz siempre mantuvo una buena relación, incluso de amistad, llegando a sentarse en la mesa junto al presidente blanco para jugar al tute antes de los partidos. Sanz y Gil siempre trasladaron a la opinión pública que eran rivales encarnizados en el campo, pero no fuera de los terrenos de juego. Con Florentino Pérez, Gil siempre mantuvo una relación más fría, mucho más distante, sin grandes desencuentros ni tensiones, fruto de que, en aquellos tiempos, el Real Madrid tenía un gran equipo con una constelación de estrellas, mientras que el Atleti acababa de regresar a primera y no podía competir de tú a tú.

Con el que mantuvo una relación realmente tensa fue con Ramón Mendoza. Gil había llegado a la presidencia atlética como un huracán, y el presidente merengue fue objeto de sus más duros ataques dialécticos, que le costaron diferentes multas y sofocones en los tribunales. Nada más ser elegido presidente en las urnas —serían las últimas elecciones democráticas en el Atleti—, Gil mandó un recado a Mendoza: «El del palo blanco, que se prepare. Si se le ocurre volver a tocar a un jugador del Atlético de Madrid, voy a desestabilizar al Real Madrid». Un año después, en 1988, el clima entre ambos presidentes fue irrespirable. Todo comenzó cuando se conoció un asalto nocturno a la finca abulense que Gil tenía en el rancho de Valdeolivas. Gil acusó a Mendoza de alentar a los ultras del Madrid: «No tengo pruebas de que hayan sido los Ultras Sur, pero me han amenazado varias veces con que iban a quemar mi Chevrolet nuevo, conmigo dentro, por meterme con el Madrid». Gil arremetió con dureza contra el Madrid: «La forma de actuar del presidente y del gerente, Fernández Trigo, es similar a la de la KGB, primero se sienten ultrajados y luego alertan a los Ultras Sur. Como si Mendoza fuera Idi Amin. Me da náuseas. Todo estaba planificado. Ya me temía algo así». Mendoza ironizó como en él era habitual, alegando que tenía coartada: había estado cenando la noche de autos con Raúl Alfonsín, presidente de la República Argentina. Gil acabó siendo condenado y multado por calumnias.

Eso sí, la relación entre Gil y Mendoza también atravesó por momentos tan dulces como divertidos. Protagonizaron un par de ruedas de prensa conjuntas para rebajar la tensión entre las entidades y reclamaron más dinero para los clubes por el tema de las quinielas. De hecho, incluso se unieron con motivo de causas benéficas y protagonizaron algunos episodios desternillantes. El más recordado, uno en 1994, en favor de ANDE, la Asociación Nacional de Discapacitados Psíquicos de España, que iba a celebrar una carrera en aquellas fechas. Gil acudió al acto en chándal y se puso a trotar por la pista de atletismo. Y Mendoza, que llevaba una gabardina, no quiso ser menos y también se puso a trotar por el tartán junto al presidente del Atleti. La estampa era tan divertida como curiosa y despertó las carcajadas de la prensa acreditada; la fotografía fue portada de todos los diarios deportivos de la época. Por fin habían enterrado el hacha de guerra.

62

La gran bronca

Julio de 1987. Tras la muerte del presidente Vicente Calderón, Jesús Gil gana las elecciones después de presentar a Paulo Futre en una discoteca madrileña, bien entrada la madrugada. Gil perfila su primer proyecto y se lanza a por todas. Busca terrenos para una nueva Ciudad Deportiva, sueña con un casino flotante en el Manzanares y firma como nuevo entrenador a César Luis Menotti. ¿El problema? Que el Atlético de Madrid ya tenía entrenador. Se trataba de Luis Aragonés, con un contrato en vigor. Luis tenía un compromiso con la directiva anterior, había renovado y firmado un contrato que incluso le permitía optar al puesto de director deportivo del club. Gil no quería saber nada de ese contrato y tampoco estaba dispuesto a pagarle a Luis el dinero prometido. Se encargó de proclamar que Menotti sería su primer entrenador; al enterarse de la noticia, Luis reaccionó reclamando que el club cumpliera su palabra y le permitiese hacerse cargo de la dirección deportiva. Si el club no accedía, debía afrontar una indemnización económica de 36 millones de pesetas. Gil y Gil negó la mayor y comentó a sus allegados que eso no sucedería y que Luis no se saldría con la suya.

El primer día que Jesús Gil se dispuso a pisar su despacho, Luis salió al cruce y abordó al presidente, reclamando que tenía un contrato firmado. Gil le dijo que le daba igual, Luis alzó la voz y entonces comenzó una tremenda discusión entre dos personas que tenían un carácter fortísimo. «Fuera de aquí, a la calle, no te quiero ni ver», gritó el presidente. «Cuando me pagues, me voy», contestó Luis. Fue la gran bronca. Y llegó a ser la portada del *Marca*, ya que la puerta del despacho estaba entreabierta y algunos de los periodistas allí presentes pudieron escuchar parte del altercado.

Gil acusó con firmeza a Luis Aragonés: «Se cree que soy un imbécil. A mí no me presiona nadie. Te crees que el club es tuyo. A partir de ahora se va a acabar aquí el amiguismo y los derechos adquiridos que algunos cuantos han considerado que tenían de por vida». Zapatones contraatacó con fuerza: «O me pagas los 36 millones o te acuerdas de mí». Dicen los presentes que fueron minutos realmente tensos. No llegaron a las manos, pero Gil sí reconoció que Luis le había cogido por las solapas: «Quería cobrar una peseta más que Futre. Nos insultamos, él a mí y yo a él, nos dijimos de todo». La versión de Luis no fue tan dramática: «Ni le llamé gordo ni le cogí por la pechera. No fui indisciplinado, pero me alteró que dijera que mi contrato era una golfada. Le dije que si había algún golfo en la casa era él». El asunto acabó en los juzgados.

Gil prometió, en público y en privado, en varias ocasiones, que, mientras él fuera presidente, Luis Aragonés jamás volvería al Atlético de Madrid. Para alegría de la afición colchonera, el presidente no cumplió su palabra. Tras varios años viendo cómo fracasaban uno detrás de otro sus innumerables proyectos, Gil acabó llamando a Luis Aragonés, hicieron las paces y el Sabio hizo campeón de Copa al Atleti en el Bernabéu, con goles de Futre y Schuster. No fue la última vez que Luis le sacó las castañas del fuego a Gil. De hecho, cuando el Atleti descendió a segunda, con Gil inmerso en marrones judiciales de proporciones bíblicas, Luis decidió regresar para devolver al club a primera. Así era Luis. Genio y figura.

63

Agüero y el Kia

Era el niño prodigio del fútbol argentino. Había debutado con apenas quince años con el Independiente de Avellaneda, y en el Atlético de Madrid llevaban meses siguiéndole. Su nombre, Sergio Leonel «Kun» Agüero. El director deportivo colchonero, entonces Toni Muñoz, estaba convencido de que el Kun sería un fichaje espectacular. Tras varias semanas de gestiones con la directiva del club de Avellaneda y después de convencer a Jesús Gil, Toni consiguió el traspaso del joven argentino por una cantidad entonces realmente importante: unos 23 millones de euros. En una operación relámpago, Miguel Ángel Gil cerraba el negocio y firmaba un contrato de ocho temporadas con Agüero. El Atleti ya tenía su joya. Un crack de futuro.

«Sinceramente, yo no me quería ir de Argentina, era muy joven, tenía dieciocho años, y no sé, soy muy familiar, sabía que, si me iba, iba a perder mi conexión con mi familia, pero al final mis compañeros de Independiente me dijeron que tenía que irme. Me insistieron en que era lo mejor para mí, que iba a España... Obviamente, todos tenemos que tomar una decisión, pero en ese momento no quería», recordaba Agüero con el *streamer* Ibai Llanos, su ya célebre compañero en las redes sociales.

El momento más complicado para el Kun llegó el día que tuvo que firmar por el Atlético de Madrid. «Iba con mi madre y mi padre, mi vieja se puso a llorar, no sabía ni qué hacer. Recuerdo que uno del Atleti le dijo: "Señora, que ahora a través de internet también se pueden comunicar". Mi mamá lo quería mandar a freír churros. Le dijo que no tenía nada que ver con vernos personalmente», relata Agüero rememorando aquellos días. El Kun, que tuvo una primera temporada complicada donde casi siempre fue suplente con el mexicano Javier Aguirre en el banquillo, acabó adaptándose a Madrid y siendo uno de los grandes referentes rojiblancos, por su enorme calidad, sus imprevisibles regates y sus fulgurantes apariciones en algunas de las victorias más sonadas del Atleti ante el Barça, en el Calderón, con Agüero absolutamente desatado. Fueron días de vino y rosas para el Kun. Días de cumbia, como la que interpretó junto al grupo Los Leales y que se convirtió en un gran hit en las gradas del Calderón: «¿De quién? ¿De quién? Kun Agüero, papá».

Eso sí, los primeros días de Agüero en el Atlético de Madrid jamás se le olvidarán. Llegó a Madrid con apenas dieciocho años y, tras solo quince días en la capital de España, el Atlético de Madrid le facilitó un vehículo para poder desplazarse y llegar a los entrenamientos a tiempo desde su casa. Sin embargo, un día un empleado del club se presentó en las dependencias del estadio, tras el entrenamiento de la primera plantilla, con un nuevo coche, un modelo KIA, entonces patrocinador oficial colchonero. La cosa no terminó bien. Agüero lo recuerda con nitidez: «No era el coche que me habían dado a mí, sino otro lindo. Le digo al chaval: "¡Eh!, ¿lo puedo manejar?". Y me dijo: "Sí, sí, pero con cuidado, no tiene el registro". Era un coche nuevo, quería pisar a fondo, y recuerdo que en el puente del Calderón, nos íbamos para China ese día, llegando ahí, inconscientemente, miro para ver el Calderón y cuando miro a la carretera... frenan todos los coches, no frené a tiempo y le di un golpe al coche de delante. Se la di mal y mal. Apenas llegué y choqué el coche. Me quería matar».

Agüero, por cierto, salió mal del Atleti. Dejó un rosario de grandes partidos y goles memorables, pero se quiso ir al Madrid, y eso en el Calderón no se lo perdonaron jamás. Al final, acabó en el City. Allí fue ídolo, permaneció durante diez temporadas y salió campeón gracias a un gol agónico que nació en sus botas. Y en Mánchester, por cierto, aprendió a conducir... por la izquierda.

64

Futre y el cuarto de baño

Paulo Futre, además de ser una de las grandes leyendas del Atlético de Madrid, es un auténtico hombre-anécdota. Una de las más curiosas del portugués sucedió cuando decidió salir del equipo colchonero en 1993, después de que Jesús Gil, el entonces presidente rojiblanco y gran avalista de su fichaje, le confesara que el club tenía graves problemas económicos y que necesitaba ingresar dinero de manera urgente para que el barco no se fuera a pique. Futre y Gil pactaron en secreto simular una «pelea» pública a través de los medios, donde ambos se comprometían a poner de su parte con declaraciones incendiarias, con el ánimo de llamar la atención de otros clubes europeos para que se animasen a fichar a Futre y conseguir así el dinero suficiente para salvar la delicada salud financiera del Atleti. El Benfica picó el anzuelo y Futre se convirtió en jugador de las Águilas, con lo que logró jugar en los tres grandes de Portugal: Sporting, Oporto y Benfica. Así lo reconoció el propio Futre pasado el tiempo, durante su homenaje en el auditorio del estadio Metropolitano, muchos años después de aquel surrealista pasaje.

Bastante más conocido por el gran público fue el episodio que casi acaba con Futre firmando por el Real Madrid. Durante una entrevista en la revista *Líbero*, el crack de Montijo confesó que en 1994, después de fichar por el Olympique de Marsella de Bernard Tapie, tenía todo acordado para firmar un contrato que le convertiría en jugador madridista. «Negociamos, y cuando el contrato estaba listo, les dije que no podía firmar por el Madrid. Me querían asesinar. Soy el único jugador del mundo que con el contrato en la mesa ha dicho que no al Madrid», recordó el portugués. Pero ¿qué sucedió? ¿Cómo se llegó a negociar? ¿Y por qué Futre dejó plantado al Madrid cuando todo estaba hecho? Futre aterrizó en Marsella de la mano del polémico presidente Bernard Tapie para ser la estrella del equipo. Meses después, estalló un escándalo de corrupción que afectaba a Tapie, y entonces el club le explicó a Futre que tenía que salir, porque la entidad tenía graves problemas e incluso corría el riesgo de desaparecer. Entonces apareció en escena el Real Madrid, que estaba interesado en su fichaje. «Me subió el ego. Yo le advertí a esa persona que debía hablar con el presidente Jesús Gil porque, cuando salí del Atlético al Benfica, me pusieron una cláusula altísima anti-Madrid y anti-Barça, que seguía manteniendo en el Marsella. Llamé a Jesús Gil, que ya había hecho las paces con Mendoza, y me dijo que me daba libertad para decidir. Entonces, Real Madrid y Marsella llegaron a un acuerdo».

Con todo dispuesto y negociado, con el contrato encima de la mesa para estampar su firma, Futre pidió a los allí presentes un momento para ir al cuarto de baño. «Fui directo al servicio y allí empecé a pensar en todo lo que podía pasar. Pensé en mis hijos, que eran pequeños. Antes de hacer mis necesidades, pensé: "¿Cómo voy a jugar en el Madrid habiéndolo hecho en el Atleti?". En ese momento me guardé el ego, salí, no firmé, pedí perdón y me fui». Futre jamás jugó en el Madrid. Y tras aquel «no» de última hora, acabó haciendo las maletas y firmando por la Reggiana, un equipo italiano que luchaba por no descender.

65

Atlético de Maguy

En los años noventa, los más convulsos del Atlético de Madrid, el equipo colchonero se especializó en firmar fichajes *random*. El más famoso fue el que protagonizó en el verano del año 1993, cuando Jesús Gil y Gil decidió, de manera unilateral, contratar a un jugador africano completamente desconocido para el público. Se llamaba Serge-Alain Maguy, medía 1,65 metros y Gil decidió pagar cerca de 100 millones de pesetas de la época por un futbolista al que había visto «en dos cintas de vídeo» [*sic*]. Gil, que tenía intereses empresariales en Costa de Marfil y llegó a ser incluso cónsul del país, era amigo del embajador marfileño en Madrid y tenía vínculos con el presidente del Africa Sports, el equipo en el que militaba Maguy. Esa vía política de Gil fue el gran aval del presidente colchonero para fraguar y pactar el fichaje de Maguy, que entonces se había proclamado campeón de África con su selección y era uno de los ídolos del país. Al conocerse la noticia, los aficionados colchoneros no pudieron reprimir el chiste fácil: «Somos del Atlético de Maguy».

Nada más llegar a Madrid, la estrella del Africa Sports se convirtió en noticia. Aterrizó en el aeropuerto de Barajas perseguido por una nube de periodistas, acompañado de un intérprete y con cara de susto. No comprendía nada. La prensa española tampoco. No existían referencias sobre su juego y ni siquiera el propio Atlético de Madrid tenía ningún tipo de información.

¿Cómo era? ¿De qué jugaba? ¿Cuánto había costado realmente su fichaje? Misterios por resolver. En aquellos días, *El País* llegó a entrecomillar una frase de Maguy: «Mi nivel es el de Maradona». El fichaje, tan sorprendente como rocambolesco, fue acomodado deprisa y corriendo por petición expresa de Gil. El club le buscó una casa grande en Madrid, tuvo de vecino al cantante Julio Iglesias, y en su primer entrenamiento con el equipo colchonero se puso a las órdenes del entonces entrenador Emilio Cruz. Esa temporada, el Atleti tuvo hasta seis técnicos diferentes por cortesía de Gil. En su primer día como rojiblanco, tras completar una primera sesión de entrenamiento en la que era un verso libre, Maguy fue objeto de los cánticos de los aficionados del Atleti, que con cierta sorna empezaron a cantarle aquello de «Maguy, selección».

En su día, Gil y Gil comentó que el bueno de Maguy era «un diamante en bruto» que iba a dar muchas tardes de gloria a los atléticos. Le firmó un contrato por tres temporadas y se convirtió en el tercer extranjero del equipo, junto al mexicano Luis García y el polaco Roman Kosecki. «Es un fichaje político. No arriesgo nada. Maguy viene a prueba con el Atleti. Si triunfa, mejor. Y si no, pues yo ya he cumplido», decía el inflable Gil. Apenas duró unos meses como rojiblanco, después regresó a su país, se retiró en un modesto equipo suizo y, años después, sufrió un aparatoso accidente de tráfico del que salió ileso.

Eso sí, Maguy les podrá contar a sus nietos que jugó un derbi en el Bernabéu y que, de propina, tuvo el honor de conocer al entonces rey de España, Juan Carlos I, con el que se tiró una fotografía durante una audiencia que el monarca concedió al Atlético de Madrid en el Palacio de la Zarzuela en enero de 1994. Gil quiso hacer los honores en la presentación: «Majestad, este es Maguy, es muy bueno». Jugó ocho partidos en el Atleti.

66

El Pequeño Nicolas

Iba a ser la gran apuesta del Atlético de Madrid en el verano de 1996. Tenía diecisiete años, era la gran perla del fútbol francés y se llamaba Nicolas Anelka. El club colchonero se movió rápido en el mercado y dejó atado su fichaje por cuatro temporadas. De hecho, Anelka estampó su firma en un precontrato con los rojiblancos..., aunque jamás llegó a vestir con la camiseta del Atleti. ¿Por qué? Sencillo: Anelka, que siempre tuvo fama de caprichoso, cambió de opinión y abortó su fichaje por los colchoneros cuando todo estaba pactado. El traspaso se había acordado en 150 millones de pesetas, pero aquello no convencía al Pequeño Nicolas. Decidió volar a Madrid, se presentó en las oficinas del estadio Vicente Calderón y emprendió las gestiones para desligarse de lo firmado. Tenía una oferta más jugosa del Arsenal inglés, no quería jugar en España y acabó haciendo lo posible y lo imposible para que el Atleti le liberase de su compromiso contractual. Anelka, entonces menor de edad, empeñó su palabra de honor con la directiva colchonera. Prometió que, si rompían su contrato con el Atleti, él firmaría con los rojiblancos cuando acabase su relación con el Arsenal. El Atleti rompió el contrato... y Anelka rompió su palabra.

En Londres brilló con luz propia, se convirtió en uno de los mejores delanteros de Europa y se metió al público del Arsenal en el bolsillo. Sin embargo, un sorprendente incidente, revelado posteriormente en su autobiografía, cambió el curso de su periplo *gunner*. Como relata el propio Anelka, su carrera iba viento en popa... hasta que se cruzó en su vida con Patrick Vieira. «Yo estaba jugando contra el Fulham en Highbury y recuerdo recibir un balón de Bergkamp, recortar el arquero con facilidad y, con la portería de par en par, echarla fuera. El sol me cegó. Vieira me echó una mirada furiosa, y yo sabía que tendría problemas. Después, en las duchas, se volvió contra mí y yo le respondí. Le llamé "puto larguirucho patoso". Me miró; cuando estaba sentado, me dio una bofetada en la cara con su pene. Era como ser golpeado por un húmedo salmón curado. ¿Te imaginas lo vergonzoso que es que te den una bofetada en la cara con una cerda espada de treinta y cinco centímetros delante de tus compañeros? Fue el peor momento de mi vida. Nadie dijo nada durante lo que pareció una eternidad».

Después del «vieirazo», Anelka comprendió que su etapa en Londres tocaba a su fin. Y, curiosamente, decidió poner rumbo a España. Pero no al Atlético de Madrid, como había prometido..., sino al Real Madrid. Fue el fichaje más caro de la historia del fútbol en el verano de 1999. El Madrid decidió pagar 35 millones de euros (más de 5.000 millones de pesetas de la época), para firmar al excéntrico delantero francés. Nunca se adaptó, nunca se sintió cómodo en la capital de España y jamás encontró su lugar en el cuadro madridista. El propio Nicolas definió así su experiencia en Madrid: «No tenía ni sitio asignado en el vestuario, esperé a todos, pero todos me decían que ese era su sitio. En ese momento me dije: "¿Qué hago aquí?". Cuando supe que llegaba para disputarle el puesto de delantero centro a Morientes, íntimo de Raúl y Hierro, los líderes del equipo, entendí que todo iba a ser muy difícil, pero es que aquello fue un infierno». Marcó siete goles en el Real Madrid, no hizo ni un solo amigo en el vestuario, se saltó un entrenamiento, fue castigado con una suspensión de cuarenta y cinco días y acabó multado en varias ocasiones. El Pequeño Nicolas nunca se adaptó y acabó haciendo las maletas.

67

Patri

Verano de 1988. Un juvenil llama la atención de todo el fútbol español. Dicen que tiene una calidad suprema, que está llamado a marcar una época y los «grandes» del fútbol mundial pelean su fichaje. Su nombre, Patricio Rubio Bernal, alias Patri. Acaba de cumplir quince años y los que le han visto jugar aseguran que tiene tanta clase con la pelota como Diego Armando Maradona. Real Madrid y Barça se lanzan a por su fichaje, pero Jesús Gil y Gil es más rápido y se adelanta a madridistas y azulgranas con una oferta mareante. Pone sobre la mesa del chaval un contrato por tres temporadas, a razón de 15 millones de pesetas por año. Una cantidad jamás pagada por un futbolista en edad juvenil. Los medios se hacen eco del fichaje y Patri acaba siendo colchonero; se le considera el crack del futuro. En 1989, debuta con el filial rojiblanco, el Atlético Madrileño. Juega apenas dos partidos, y el Madrileño acaba perdiendo la categoría. Un curso después, ya en segunda B, juega con continuidad, pero solo anota tres tantos. En su tercer curso, Patri apenas juega cinco partidos. El globo mediático se desinfla y el Atleti se da cuenta de que ha sobrepagado por un jugador que no termina de despegar y marcar diferencias.

Ahí irrumpe el Barça, que decide firmar a Patri e intentar que el jugador recupere la confianza en su filial, el Barcelona Atlético, junto a talentos como Toni Velamazán, los hermanos García Junyent o Iván de la Peña. Cuando mejor estaba y parecía que podría llegar a debutar con el primer equipo del Barça, Patri se rompe el peroné. El varapalo es enorme para el chaval, que se hunde anímicamente. En 1996, justo el año que el Atlético de Madrid conquistaba el «doblete» de liga y Copa, Patri fichaba por el Badajoz, en segunda, alejado de los grandes focos y de la primera línea de fuego. En dos temporadas en el equipo pacense, se convirtió en una referencia y anotó catorce goles en cuarenta partidos.

Ese rendimiento llama la atención del Sevilla, entonces también en segunda, que decide apostar por él. Pese a que el cuadro andaluz logra el ansiado ascenso a primera, a Patri no le va nada bien y tiene que regresar a Badajoz, en calidad de cedido. En el año 2000, Patri vuelve a Nervión, pero en su segunda etapa le va aún peor que en la primera. No juega ni un minuto en competición oficial. Acaba en segunda B, en el Polideportivo Ejido, y después firma por el Almería y acaba retirándose años más tarde, en 2002. Colgó las botas, se alejó del mundo del fútbol y regentó un negocio bodeguero en su ciudad natal, La Palma del Condado. Fue uno de esos hombres que pudieron reinar, pero aquel juvenil de oro que iba a ser el gran crack del fútbol español jamás llegó a alcanzar las enormes expectativas que había generado. Gil creyó que revolucionaría el fútbol español, pero Patri nunca fue lo que decían que podría ser.

68

Enfant terrible

Durante muchos años, fue uno de los secretos mejor guardados por el Atleti. De hecho, pocos aficionados recuerdan que Éric Cantona, el *enfant terrible* del fútbol francés, que fue el rey de la Premier League en los años noventa, estuvo a punto de fichar por el Atlético de Madrid. Y es que Cantona estuvo cerca del equipo colchonero en la temporada 1991-92. Tras su abrupta salida del Nîmes galo, el agente de jugadores Toni Ballester trabajó en una operación en la que actuó como intermediario entre el genio francés y el presidente del Atlético de Madrid, Jesús Gil y Gil. El Atleti tenía entonces una plantilla muy competitiva, con Futre y Schuster como estrellas, y Gil piensa que la llegada de Cantona sería un golpe de efecto enorme para presentar su candidatura al campeonato de liga.

Según el relato de *Marca*, Ángel Castillo y Daniel Muñoz, dos agentes que fueron clave para el aterrizaje de Pedja Mijatović a España, pudieron haber colocado a Cantona en el Atleti. Castillo y Muñoz tenían hombres de confianza en el fútbol europeo. Mita Stojković fue clave en el traspaso de Pedja, y en Francia, donde despuntaban jugadores muy talentosos, su hombre de confianza era Toni Ballester. El representante tenía fuertes lazos de amistad con Cantona. El marsellés había fracasado en el OM, y en el Nîmes había sido sancionado por intentar pegarle un pelotazo a un árbitro. Fue castigado con dos partidos; al insultar al Comité de

Competición, vio cómo su castigo se endurecía, teniendo que pasar dos largos meses de suspensión. De hecho, Éric Cantona llegó a anunciar que estaba pensando en colgar las botas y anunciar su retirada del fútbol profesional... con veinticinco años.

El agente Toni Ballester contactó con el Atlético de Madrid y decidió llamar a Rubén Cano, entonces secretario técnico colchonero, que informó de esa posibilidad a Jesús Gil. El fichaje podría ser un «bombazo», pero en el Atleti surgieron dos «peros». En primer lugar, el salario del jugador, que era alto y suponía un problema porque los rojiblancos ya pagaban una fortuna a Schuster y Futre. Y en segundo lugar, había ciertas dudas acerca del comportamiento de Cantona, que tenía fama de rebelde y un historial repleto de declaraciones polémicas y conflictos. Ballester siguió intentando convencer a Éric de que el Atleti era un destino magnífico, pero finalmente Cantona decidió cambiar de opinión y viajar a Inglaterra, para fichar por el Leeds United. Allí fue campeón de liga y se convirtió en el gran héroe de Elland Road. Después, llegaría su gran historia de amor con el Manchester United. Nunca sabremos qué habría pasado con Cantona en aquel Atleti de Gil, con Futre, Schuster, Manolo, y con Luis Aragonés en el banquillo.

69

El Atleti sale vivo

La Recopa de Europa de 1992-93 fue una de las más intensas de la historia del Atleti. En semifinales, sufrió un atraco brutal por parte de un árbitro alemán, pero antes, mucho antes, el cuadro rojiblanco libró una de las batallas más recordadas en la historia contemporánea del club. El rival, el Olympiakos del Pireo. En aquellos años, el equipo heleno tenía como estrellas a dos ucranianos, Protassov y Litovchenko, al griego Kariapalis y al brasileño Batista. Estaban convencidos de que podrían dejar KO al Atleti, y para ello dispusieron el choque de ida en el estadio Olímpico de Atenas, que se llenó hasta los topes con setenta y cinco mil almas y un ambiente infernal. El Atleti, que entonces estaba entrenado por el argentino Omar «Pato» Pastoriza, no se amilanó y salió a por todas desde el comienzo. Gaby Moya, el genio de Algete, adelantó a los visitantes con un buen gol a los diez minutos. Aquel tanto tuvo un efecto devastador para el partido. Desde ese momento, el Olympiakos pegó lo que no estaba en los escritos. Zancadillas, pisotones, codazos, agresiones, entradas criminales... Había barra libre para los griegos, cuyas patadas eran coreadas por la grada mientras el árbitro decidía hacerse el sueco. Estaba paralizado.

Gabi Moya adelantó a los diez minutos al Atlético. Intimidado por la violencia local, el Atleti reculó poco a poco, hasta que Vaitsis anotó el tanto del empate tras el descanso. Entonces, los griegos «cazaron» a Manolo Alfaro, que se quedó dolido en el suelo. El masajista del Atleti, el entrañable Cachadiñas, salió al campo para atender al alcalaíno. Justo cuando llegaba para auxiliar al jugador del Atleti lesionado, se topó con que un jugador del Olympiakos le recibía con un cabezazo. Surrealista. Aquella escena provocó una tremenda tángana entre los dos equipos, con los banquillos pegándose y la policía poniéndose del lado del conjunto local. Volaron puñetazos, codazos, empujones y patadas voladoras. En Atenas no respetaban las reglas, y el Atlético de Madrid, envuelto en un clima bélico insostenible, se hartó de poner la otra mejilla. En el césped, una lluvia de objetos: botellas de cristal, de plástico, mecheros y hasta monedas caían cerca de los jugadores del Atleti, que llegaron a temer por su integridad física. Bernd Schuster, alucinado, le mostró al colegiado del partido varios de los objetos que los hinchas estaban tirando a los jugadores. Al ver al alemán correr hacia el colegiado, los helenos intentaron frenar al germano, empujándole sin miramientos. Un defensa heleno lanzó un puñetazo a Solozábal y, mientras, la policía local se las tenía con Sabas. Nada más acabar el partido, con empate en el marcador, el Atleti salió del campo a la carrera, en pleno ejercicio de supervivencia y sorteando miles de objetos que el público lanzaba al campo. Jesús Gil y Gil, al término del partido, fue lapidario: «Si nos vuelve a tocar un equipo griego en el sorteo, pensaremos si nos merece la pena venir aquí. No somos cobardes, pero si quieren un circo, que se traigan fieras de la selva. Ha sido lamentable. Bajé al campo para que no liquidaran a los jugadores». El masajista del Atleti no daba crédito: «Tenían que estar picando piedra». Pastoriza decía que había temido por sus jugadores: «No ha sido un partido, ha sido una pelea». Y Schuster hizo el resumen perfecto del partido: «Hemos salido vivos».

Lo más surrealista llegó después, cuando la UEFA, en una decisión sorprendente, escogió repartir culpas y también sancionó al Atleti. Castigó al Olympiakos por conducta antideportiva con 12 millones de pesetas…, y al Atleti, con 7. Increíble pero cierto. En la vuelta, en un Vicente Calderón enardecido y volcado, el Atleti logró eliminar a los griegos con un merecido 3-1, con dos tantos de Manolo y uno definitivo de Manolo Alfaro, el hombre clave de la eliminatoria. El Olympiakos puso las patadas. El Atleti, el fútbol.

70

Resurrección

El primer día que Diego Pablo Simeone aterrizó en el Calderón como entrenador del Atlético de Madrid, decidió abrir las puertas del entrenamiento, para que todo el público pudiera ver a los jugadores. Aleccionó a los suyos, les habló de superar la dificultad, y el resto es historia. Allí, durante ese entrenamiento, se dio cuenta de que tenía a un chaval de la cantera con una pinta inmejorable. El Cholo preguntó por aquel joven talento y en el club le alertaron: «Es una pena, Diego, porque el chico lo tiene hecho para irse al Málaga». De eso nada de nada. Simeone abandonó el entrenamiento, se dirigió a las oficinas y paró la operación con el Málaga, que estaba a punto de firmar al jugador. Simeone le pidió al club que el canterano no se fuera y charló con él: «Ahora no me creerás, pero quédate porque vas a ser importante». Dicho y hecho. No fue importante, sino clave. Puro Atlético de Madrid.

Aquel talento que se habría ido al Málaga de no ser por Simeone era Jorge Resurrección Merodio, alias Koke, el centro de gravedad del Atlético, su gran amor desde niño. Si cualquier hincha rojiblanco tuviera que enumerar la lista de cualidades de Koke para ser un ídolo colchonero, pasaría horas redactando el magisterio de un volante que soñó jugar en este equipo desde que no levantaba un palmo del suelo y que logró hacer realidad su sueño. En esta selva en la que se ha convertido el fútbol, no sobran futbolistas que vistan la camiseta de la que siempre han estado enamorados. Koke está donde quiere estar, donde siempre quiso estar, en el lugar al que siempre quiso pertenecer. Al igual que Gabi o Torres, juró amor eterno al Atleti, en la salud y en la enfermedad, en la riqueza y en la pobreza, hasta que la muerte los separe.

Su fuerza, sus padres. Su ídolo, su hermano. Su escuela, el fútbol de barrio. Su universidad, el Atleti. Si hay que correr, corre como el que más. Si hay que trabajar, curra como el que más. Si hay que defender al compañero, dentro y fuera del campo, se pone el primero de la fila. Si hay que dar la cara cuando se pierde, ahí está él. Si hay que apelar a la autocrítica, no se esconde. Y si hay que enviar un mensaje tanto al hincha como al vestuario, a Koke no le tiembla el pulso para decir, públicamente, que quien no quiera estar en el Atleti ya sabe dónde está la puerta. En plena madurez y como jugador de jerarquía, Koke se ha ganado el estatus de peso pesado del vestuario. Generador de juego, sacrificado en la intendencia, asistente de lujo y con dotes de mando, siempre ha sido el oscuro objeto de deseo de media Europa. Barça, Bayern, Chelsea, City o Arsenal han llamado a su puerta, y siempre se han llevado la misma respuesta: es inmensamente feliz en el Atleti y no quiere salir.

Si uno tuviese que resaltar los méritos de Koke a lo largo de toda su trayectoria en el Atlético, siempre se quedaría corto. Ha rendido siempre a satisfacción, es el socio de todos, el especialista del laboratorio a pelota parada del Cholo y también es el hombre que, cuanto más juega por dentro, más daño hace al enemigo. Buen pie y mono de trabajo, visión de juego y llegada, Koke lleva años siendo la brújula de un Atlético de Madrid donde todos sus compañeros saben que nadie como él es capaz de filtrar una pelota imposible para dejar en ventaja al compañero. Si el Atleti va partido a partido, Koke vive pase a pase. Si Koke carbura, el Atleti es un Ferrari. Pero si Koke está lejos de su mejor versión, el Atleti se convierte en un utilitario. El chico no es un robot. Es de carne y hueso, pero lleva toda una vida honrando la camiseta que defiende. Y cuando ha sufrido un bajón de juego, siempre ha terminado haciendo honor a su apellido: Resurrección.

71

Imperioso

Durante más de dos décadas, el presidente del Atlético de Madrid tenía un consejero áulico. Se llamaba Imperioso, era un caballo semental de color blanco y vivió incluso dos años más que su dueño. Jesús Gil y Gil no tenía reparos en reconocer que, cuando el Atleti no iba del todo bien, recurría a los consejos de su fiel amigo: «Hablo con él y me da consejos sobre los fichajes y las destituciones» [sic]. Las visitas del excéntrico Gil a los establos de su finca de Valdeolivas eran frecuentes. ¿Había que fichar a algún jugador? ¿Debían despedir a un entrenador? ¿Se generaba una crisis en el Atlético de Madrid? ¿Todo lo anterior a la vez? Pues, cuando eso ocurría, Gil se pasaba por el establo, charlaba con su caballo y aplicaba los particulares ¿consejos? del caballo más famoso del fútbol español.

Imperioso, confidente y consejero presidencial del Atleti, apenas salía de la cuadra. Y nadie podía montarle, salvo Jesús Gil, que lo solía hacer de Pascuas a Ramos. El caballo era blanco de pura raza española y les había costado a los Gil un ojo de la cara. Concretamente, 150.000 pesetas de la época. «Lo compré cuando tenía tres años. Fue el primer caballo que tuvimos nada más comprar la finca de Valdeolivas. Un día estaba aquí un equipo de la BBC grabando y empecé a hacer bromas con él. Luego distribuyeron las imágenes y comenzó el boom». La difusión de varios reportajes televisivos donde se podía ver a Gil charlando con su peculiar consejero convirtieron a Imperioso en un protagonista habitual de las tertulias deportivas. El caballo se hizo famosísimo. Sobre todo, tras la consecución del histórico doblete rojiblanco en la temporada 1995-96. El día de la celebración, con un Gil y Gil exultante, la afición colchonera tomó las calles de Madrid, con el semental blanco encabezando la cabalgata, que comenzó en Atocha, prosiguió por el paseo del Prado y acabó en la fuente de Neptuno, previo desfile atlético por la Castellana. Hasta sesenta mil hinchas rojiblancos participaron en un día inolvidable. Con Imperioso como protagonista y con su dueño confesando que había alcanzado el nirvana: «No sé si estoy en Oceanía, Sebastopol... Estoy en las nubes. Esto pasa a los anales de la historia. ¡Os quiero!». La noche sería aún más larga, con un concierto en el que Gil se animó a cantar con el dúo Azúcar Moreno y con Kiko Narváez bailando al son de los acordes de Navajita Plateá.

Un año después, el confidente equino del presidente volvió a cobrar mucho protagonismo. Aunque esta vez por motivos menos felices. En vísperas de un partido crucial de la Copa de Europa, en el que el Atleti quedó eliminado ante el Ajax cuando tenía todo a favor para meterse en las semifinales del torneo, Imperioso fue operado a vida o muerte en una clínica de Madrid. El Atleti se la jugaba en Ámsterdam, pero Gil tenía la cabeza puesta en el delicado estado de salud de su corcel. «Llamé desde el palco del estadio dieciséis veces al cirujano para ver cómo estaba Imperioso». Radomir Antić se quejó, medio en broma, medio en serio, de que a Gil le interesara más su caballo que su equipo. El caballo salvó la vida, don Jesús respiró aliviado y el Atleti cayó en la vuelta ante el Ajax. Gil se quedaba sin Copa de Europa, pero conservaba su fiel consejero.

Durante su controvertido periplo en el Atlético de Madrid, Jesús Gil y Gil tuvo hasta treinta y cuatro entrenadores distintos a lo largo de los veinticinco años que estuvo al mando del club. Llegó a cambiar hasta cuarenta y nueve veces de entrenador. De consejero no cambió nunca. Siempre prefirió fiarse de su caballo que de sus entrenadores. En sus últimos días de vida, Imperioso volvió a sufrir diferentes episodios de cólicos intestinales y los superó todos; según los veterinarios, falleció de muerte natural. Tuvo una buena vida: llegó a montar a entre cuarenta y cuarenta y cinco yeguas por año, tuvo veintiséis hijos (diez machos y dieciséis hembras). Vivió treinta años, dos años más que su amo.

72

El Tren Valencia

Adolfo «el Tren» Valencia llegó al Atlético de Madrid previo pago de 400 millones de pesetas. Una fortuna para la época. Aterrizó con la vitola de gran goleador, de delantero centro de nivel y procedente del todopoderoso Bayern de Múnich. Valencia no era la opción número uno del club, que había pretendido al chileno Iván Zamorano, que ficharía por el Madrid. También se tanteó la llegada de Jürgen Klinsmann, pero el traspaso se cayó porque Gil llegó a confesar que le habían dicho «que perdía aceite» [sic]. El presidente rojiblanco no tuvo reparos en admitir su «no» al alemán: «Iba a fichar a un jugador importante y no lo he hecho porque me he enterado de que era maricón. Me he quedado helado. A ese no lo meto en el vestuario. Solo faltaba que dijeran que Gil tiene a uno de estos ahí», dijo. Tampoco pudo fichar a Ronaldo Nazário de Lima, con el que se llegó a tener cerrado un acuerdo con el Cruzeiro por el cincuenta por ciento del pase. Cuando todas las opciones se fueron cayendo, el Atleti contrató a Valencia. Era el nueve de Colombia en el Mundial de 1994 y el Bayern había pagado por él 3 millones de dólares. En el Atleti creían que sería un gran fichaje. Entre otras cosas, porque no debieron reparar en el apodo que le puso Franz Beckenbauer, que llegó a referirse al Tren como *Der Entlauber* (el Deshojador) después de un partido de entrenamiento en el bosque, en el que todos sus tiros se fueron por encima de la portería y dejó sin hojas a los árboles de alrededor. En el Atleti tampoco se percataron de las críticas feroces de la prensa alemana al cafetero, conocido como Adolfo «Muchos Dolores» Valencia, por sus múltiples problemas físicos. En el Atleti también ignoraron un artículo brutal de la revista *Kicker* que decía que lo que el delantero hacía sobre el terreno de juego no merecía críticas, sino «una infinita pena». Y así fue como el Tren llegó al Calderón.

Avalado por su compatriota Pacho Maturana, que apenas resistió ocho jornadas en el cargo de entrenador, Valencia comenzó como titular indiscutible, pero nunca fue capaz de adaptarse, ni de rendir, ni de tener regularidad. Al contrario. Lo único en lo que el colombiano fue realmente regular fue en eso de estar en el ojo del huracán. Al ver que no daba la talla, Gil y Gil decidió coger el toro por los cuernos: «Al negro le voy a decir, mira, muchachito, si quieres que no te ponga blanco, tienes que hacer en los partidos lo mismo que haces en los entrenamientos». Valencia ya sabía lo que había. O espabilaba o hacía las maletas. Con Jorge D'Alessandro al frente del equipo, el Tren emergió en una eliminatoria de Copa en el Camp Nou. Anotó dos goles, hizo un gran partido y en el vestuario visitante se cantó, a pleno pulmón: «Adolfo, Adolfo, Adolfo». Jesús Gil comentó que aquello había sido un milagro deportivo, y su hijo, Miguel Ángel Gil Marín, aseguró que Valencia «no era tan malo como se decía». Algo así debió pensar su padre cuando le regaló, de manera inesperada, un deportivo Jaguar de color blanco al colombiano. Fue un espejismo. Valencia nunca más conocería la paz en el Atlético de Madrid.

En 1995, después de un empate sin goles ante el Logroñés, Gil y Gil montó en cólera bajando a los vestuarios y perdió los estribos culpando al colombiano del fracaso. El sonido de la bronca, captada por las cámaras de Canal Plus, fue tremendo. «Yo me voy de aquí», dijo Valencia. Y Gil respondió: «Vete ya de una vez, no te quiero ver más aquí». El calentón del presidente aumenta por momentos y, ante el riesgo de que la sangre llegue al río, los jugadores, con el capitán Tomás Reñones a la cabeza, intentan apaciguar la tormenta de improperios. Basile, entrenador rojiblanco, le pide a Gil que cese en sus ataques al Tren, se pone del lado de los futbolistas y le exige que deje de hacer comentarios humillantes sobre otro futbolista, el polaco Roman Kosecki. Gil termina marchándose del vestuario indignado, harto de unos jugadores a los que tacha de caprichosos e incapaces.

Ya en frío, el presidente del Atlético de Madrid comparece ante la prensa para decir: «Cuando hablo con fracasados, no quiero contagiarme. Más de lo que le he dicho no le puedo decir. Lleva haciendo el ridículo todos los partidos. Se cae como una señorita y finge que le lesionan», comentó. Un periodista le advirtió de que algunos aficionados habían insultado al jugador al término del encuentro, y el alcalde de Marbella remachó: «¿Le están insultando? Pues a ver si le matan». Los titulares de prensa al día siguiente son truculentos. Gil va con todo: «Me dan ganas de bajar al vestuario con una metralleta y cargarme a todos». La portada del *As* también recoge la dureza de las palabras de Gil con una frase impactante: «Es para fusilarlos a todos», mientras se hace eco del dardo presidencial hacia el delantero centro del equipo: «Al negro le corto el cuello, estoy hasta las narices. Cuando no veo actitud, me cargo a mi padre».

Tras un 0-2 en casa ante el Celta, Gil vuelve a coger su fusil y abre fuego a discreción: «El negro es un tipo imposible y ha dado vergüenza verlo. Voy a venderlo. A partir de ahora, antes de fichar investigaré los genes de mis fichajes, hasta a sus padres, para saber qué tipos de personas son», comentó. Dicho y hecho: Valencia salió del Atleti con más pena que gloria, dejó un balance de seis goles en veinticuatro partidos de liga. Su fichaje fue un completo fiasco. Gil, metafóricamente, cumplió su amenaza. Le cortó el cuello deportivamente hablando. Eso sí, antes le regaló un Jaguar. Surrealista, pero cierto.

73

Cagarse en el contrato

Año 1995. Con el Atlético de Madrid convertido en una montaña rusa de emociones y con Jesús Gil y Gil presumiendo de su interminable carrusel de entrenadores, entró en escena Alfio «Coco» Basile, un reputado técnico argentino, con voz potente, aire autoritario y códigos de vestuario. Llegó para salvar al Atleti de la quema, porque el equipo coqueteaba seriamente con el descenso, y comenzó bien, ganando al Barça de Cruyff en el Calderón por 2-0. La cosa no terminó igual. No pudo concluir la tarea. No tuvo tiempo. Salió disparado a dos jornadas del final del campeonato. Sin embargo, Basile no fue un entrenador más en el inacabable currículum personal de víctimas de Jesús Gil. Al contrario. Lejos de adoptar una postura sumisa, como sus antecesores, el argentino no tuvo ningún reparo en enfrentarse, en público y en privado, al tipo que le había contratado.

En mayo de 1995, Basile abrió fuego en rueda de prensa, al ser preguntado por las frecuentes injerencias de Gil y la posibilidad de ser sustituido por otro entrenador. El Coco elevó su voz grave y no se cortó un pelo: «No permitiré que contraten a un técnico mientras yo esté trabajando. Si lo hacen, me cago en el contrato. Firmo el finiquito y me voy. Yo tengo ética, nunca se lo haría a otro», dijo a los periodistas. Aquello llegó a oídos de Gil, y la relación se pudrió por completo. El Atlético era un polvorín a punto de estallar, y explotó después de un calamitoso partido ante el Logroñés. Gil decidió bajar a los vestuarios de Las Gaunas y desató un huracán humano. Cargó contra el Tren Valencia diciéndole que no le quería ver más, que era una desgracia y que le quería cortar la cabeza. Y ahí intervino, al cruce, Basile. Le afeó la conducta al presidente, sacó la cara por los jugadores y pidió a Gil que saliera del vestuario y los dejase en paz.

Ante la intermediación de varios pesos pesados del vestuario, presidente y entrenador pactaron no hacer declaraciones para no perjudicar al equipo. Miguel Ángel Gil calmó el ímpetu de su padre, y Basile confió en el equipo para sacar la nave adelante. Sin embargo, una nueva derrota ante el Compostela encendió otra vez las alarmas. Gil dijo que tenía miedo porque veía la promoción a la vuelta de la esquina, y Basile volvió a la carga: «Hay gente que habla de fútbol y no sabe nada de fútbol. Es como si yo le dijera cómo tiene que manejar la alcaldía de Marbella. Tengo todo el derecho del mundo a contestarle. No quiero ser el agregado de nadie. El dinero no me importa. Ahora habla bien de Valencia porque hizo un gol. Después de Logroño lo destrozó. Está rodeado de chivatos. No saben de nada y opinan. No sabe con quién se enfrenta. Jamás me voy a dejar pisotear». Una declaración de guerra.

El bombardeo definitivo se desencadenó, de madrugada, en directo, en el programa nocturno de José María García. Aquella noche, Basile y Gil coincidieron en las ondas, intercambiándose acusaciones y reproches. Gil y Gil despidió al entrenador sin miramientos, de manera descarnada y en directo, con García intentando rebajar la tensión, sin conseguirlo. Los oyentes no daban crédito. En riguroso directo, Gil y Basile se dijeron de todo. El alcalde de Marbella acusó: «Llevo dos meses sin hablar con este señor. Le he llamado como veinte veces. Nuestros horarios no coinciden, cuando yo me levanto, él se acuesta. A mí, de guapito y chulito, lo justo. Que se calle. Si quiere polémica conmigo, la va a tener aquí y en Argentina. Coco, conmigo, coquito», dijo. Basile respondió con dureza y sin perder la cara al presidente: «Lo dije y lo repito, me marcho. Me paso su contrato por el orto (trasero). Me cago en el contrato». Gil sentenció: «Pues si se caga en el contrato, fenomenal. Que se cague en el contrato, pero el olor, para él».

Fulminado en la radio y de madrugada, Basile hizo las maletas. Unas horas después de aquel disparatado programa con Supergarcía, acudió al club para despedirse de los jugadores. «Al pasar por la galería donde están las oficinas, al principio todo era silencio, pero empezaron a salir empleados y comenzaron a aplaudirme. No me olvido de eso, fue una emoción». Basile se enfrentó con Gil y se cagó en el contrato. Y el Atleti, en las dos últimas jornadas, con Carlos Aguiar en el banquillo, se salvó de jugar la promoción.

74

El Galgo del Metropolitano

Corre el verano de 1962. El Atlético de Madrid tiene un señor equipo, acaba de confirmarse como campeón de la Recopa de Europa y presume de tener a dos de los mejores jugadores de España, Enrique Collar y Joaquín Peiró. Juntos, forman el «ala infernal» que hace las delicias del Metropolitano. Collar es un extremo fino, pura sutileza, que enamora en cada internada. Peiró, conocido como el Galgo del Metropolitano, es un interior todo potencia, creatividad y calidad. Con ellos en sus filas, el Atleti oposita a ganar los títulos en juego. ¿El problema? El club está sin blanca. Arruinado. Bordeando la quiebra técnica. El club necesita recaudar 18 millones de pesetas para liquidar unos créditos bancarios y solo tiene una salida: vender alguna de sus estrellas. Una medida impopular pero necesaria para que el Atlético de Madrid no se vea abocado a la desaparición por impagos. Ahí aparece el fútbol italiano, por aquel entonces pujante, con un porrón de liras para invertir.

El Mantova presenta una oferta por Peiró al Atleti, que acaba por rechazar. Pero días después irrumpe con fuerza el Torino —entonces el equipo más grande de Italia—, con una oferta irrechazable de 25 millones de pesetas. El Atleti quiere retener al Galgo del Metropolitano, pero necesita imperiosamente conseguir 18 millones para pagar su deuda y no desaparecer. Así pues, de manera impopular, la directiva colchonera accede a traspasar a su gran estrella al cuadro de Turín. La venta de Peiró fue realmente polémica, porque se llevó a cabo a pesar de las grandes protestas de los aficionados y de las peñas rojiblancas, que se opusieron a dejar marchar al interior. Un grupo de aficionados llegó a citarse en la sede social del club, en el número 22 de la calle Barquillo, para evitar el traspaso, pero los dirigentes atléticos aceptaron el dinero italiano y Peiró acabó vendido para salvar al Atleti.

El jugador triplicó su salario en el club turinés y pedía comprensión por su traspaso: «Quiero garantizar mi porvenir. Estoy muy agradecido al cariño que han demostrado los socios y seguidores del Atlético. Le debo muchos éxitos al club. Es difícil compaginar cariño y profesionalismo». Peiró se fue al Torino, destacó como uno de los mejores jugadores del *calcio*; terminó traspasado al Inter de Milán, con el que acabaría siendo campeón de Europa, coincidiendo con Luisito Suárez, el único Balón de Oro masculino del fútbol español. Junto al gallego de oro, Peiró, bautizado por la hinchada del Inter como Il Rapinatore, alcanzó la gloria consiguiendo un rosario de títulos: dos *scudettos*, una Copa de Europa, dos Copas Intercontinentales y la Coppa Italia.

Muchos años después, regresó al Atlético de Madrid como entrenador. Primero del filial, el Atlético Madrileño. Y después del primer equipo, cuando fue reclutado por Jesús Gil y Gil en la temporada 1989-90. No tuvo suerte y apenas duró diez partidos en el cargo. Falleció en marzo de 2020 y dejó una estela de recuerdos entre los aficionados del Atleti. Sobre todo, de los más viejos del lugar, aquellos que disfrutaron de aquel «ala infernal» y aquellos que recuerdan que salvó al Atleti de la desaparición.

75

La bofetada de Triana

¿Recuerdan la patada salvaje de kung-fu que Éric Cantona le dio a un seguidor del Crystal Palace cuando jugaba en el Manchester United? Pues algo muy parecido sucedió muchos años antes, en el fútbol español, con un jugador del Atlético de Madrid cuyo nombre era Monchín Triana. El relato, recogido en los diarios de la época y recuperado después por el periodista Miguel Ángel Lara, de *Marca*, removió los cimientos del fútbol patrio en la década de los locos años veinte.

Concretamente, el 19 de abril de 1925 se disputaba el partido de ida de semifinales de la Copa en el campo de Les Corts, entre Barcelona y Atlético de Madrid. El resultado era de empate a uno, con goles de Samitier y Palacios, pero, al borde del descanso, sucedió lo impensable. Triana escuchó un insulto desde la grada, salió disparado como alma que lleva el diablo hasta la tribuna y soltó una bofetada tremenda a uno de los espectadores allí presentes. El rojiblanco había escuchado un improperio desde la grada dedicado a un compañero suyo de equipo y, ni corto ni perezoso, le soltó un recado al aficionado. El alboroto fue tremendo, el árbitro expulsó a Monchín, a pesar de las quejas de los madrileños, y Triana se vio obligado a abandonar el partido escoltado por la Guardia Civil. El aficionado negó haber insultado a la madre de De Miguel, pero sí reconoció que le había increpado. Monchín pudo jugar el partido de vuelta y un partido de desempate, donde resultó vencedor el Barça. Aquella bofetada de Monchín Triana supuso un terremoto de 7,5 en la escala de Richter en el fútbol español y ocupó el centro del debate de los diarios nacionales, en un caso que llegó incluso a suponer un serio problema para la Federación Española.

Cinco años más tarde de aquel episodio, Triana acabó cambiando el Atlético de Madrid —entonces Athletic de Madrid— para recalar en el rival de la capital, el Real Madrid. En el Athletic militó desde 1919 a 1928; jugó cincuenta y dos partidos del Campeonato Regional (veintinueve goles) y dieciocho en el Campeonato de España (cinco goles). Triana triunfó en el Real Madrid, donde se convirtió en uno de los ídolos de la afición blanca. Tanto fue así que Santiago Bernabéu llegó a decir: «Quien se quiera divertir que vaya a ver jugar a Monchín Triana». Era un jugador eléctrico, atrevido y rápido, que llegó a jugar con la selección española ese mismo año. Monchín, que se hizo célebre por aquella bofetada en Les Corts, acabó perdiendo la vida de una manera tan violenta como triste: en la Guerra Civil, los milicianos lo detuvieron y acabó fusilado en Paracuellos de Jarama.

76

Di Stéfano de rojiblanco

Alfredo Di Stéfano, uno de los mejores jugadores de todos los tiempos, siempre sostuvo que el verdadero rival del Real Madrid no era el Barcelona, sino el Atlético de Madrid. Sobre todo, aquel equipo que le arrebató dos Copas consecutivas en el Bernabéu, cuando el cuadro merengue arrasaba Europa. Sin embargo, aquella rivalidad cultivada en los terrenos de juego no fue óbice para que Alfredo accediera a vestir la rojiblanca por una buena causa. En aquellos tiempos, mediada la década de los años cincuenta, algunas estrellas del Atleti como Enrique Collar o Miguel se enfundaron la elástica madridista en el sentido homenaje a Luis Molowny «el Mangas».

En aquellos tiempos de máxima rivalidad y máxima deportividad, se consideraba un acto de cortesía. Y Di Stéfano la tuvo con el Atlético de Madrid, al que respetaba sobremanera porque sabía que era el único equipo de Europa que representaba una seria oposición a la «dictadura» merengue. Así pues, en el partido de homenaje a Adrián Escudero, la Saeta Rubia decidió ser atlético por un día. En aquel partido, con Di Stéfano como colchonero improvisado, también se pudo ver a Larbi Ben Barek, que volvía en loor de multitudes al estadio Metropolitano tras haber jugado en el fútbol francés. El partido fue contra el Wiener austriaco, y la delantera del Atlético de Madrid es de auténtico ensueño: Miguel, Ben Barek, Di Stéfano, Molowny y Escudero. Un ataque espectacular.

La formación de aquella tarde fue la siguiente: Riquelme; Martín, Oliva (Tinte), Cobo (Pérez Andreu); Hernández (Cobo), Agustín; Miguel, Ben Barek (Molina), Di Stéfano (Escudero), Molowny y Escudero (Collar). El duelo acabó siendo una exhibición tremenda por parte del combinado madrileño, que arrasó a los austriacos por 5-1, con goles de Miguel, Escudero, Ben Barek y Molowny. El partido se jugó un 6 de enero de 1955. El estadio estaba lleno hasta la bandera y la gente se rompió las manos a aplaudir. Fue un regalo de Reyes inmejorable para los aficionados. Pudieron disfrutar del adiós de Escudero, del regreso esporádico de Ben Barek y, además, se dieron el lujo de ver a Alfredo Di Stéfano vestido de colchonero por un día.

77

«Buenas tardes, me llamo Milinko Pantić»

«¿Milinko Pantić? ¿Y ese quién es? ¿Dónde juega?». Jesús Gil y Gil no tenía ni la más remota idea de quién era el jugador que quería fichar su nuevo entrenador, Radomir Antić, durante el verano de la temporada 1995-96. Pantić ya tenía veintinueve años, era un absoluto desconocido para el gran público y no parecía un buen fichaje, pero Antić insistió por tierra, mar y aire. Una vez, otra vez y otra, y otra, y otra. Tanto insistió durante esa ventana de fichajes Radomir que llegó a plantearle al club que él estaría dispuesto a pagar parte del traspaso de su propio bolsillo. Aquella fe ciega terminó por convencer a Gil y Gil. Si Pantić resultaba la mitad de bueno de lo que decía su entrenador, la apuesta merecía la pena. Fue una de las mejores decisiones de su vida. Fue el gran descubrimiento de Antić y el jugador revelación de aquel curso histórico para el cuadro colchonero, culminado con un doblete. Milinko «Sole» Pantić jugaba en el Panionios y era un gran desconocido para el fútbol europeo. Su fichaje costó apenas 65 millones de las antiguas pesetas. En su primera temporada, se convirtió en el ídolo de la afición. En dos, en un mito. Y en apenas tres, en una leyenda del club.

¿Era tan bueno Pantić como aseguraba Antić? La verdad es que no. Sole era bastante mejor. Dirigía al equipo, era el cerebro en el terreno de juego, tenía un trato de balón exquisito y ejecutaba unos lanzamientos de falta impresionantes. Convertido en el francotirador de lujo del Atleti, se metió al público en el bolsillo desde la pretemporada, con un gol tremendo al Cádiz en el Carranza. Y después, poco a poco, partido a partido, se fue destapando como un auténtico genio. A balón parado era letal. En cada córner, se rumiaba el peligro con sus envíos. Y cada falta directa a favor del Atleti era jaleada por el público, porque, con Milinko ahí, era medio gol. El mítico locutor Andrés Montes, que por aquellos años no narraba NBA, sino los partidos de liga en la radio, inmortalizó todas las faltas de Pantić con una frase realmente genial: «Algo se está moviendo al sur de la ciudad... Buenas tardes... Me llamo Milinko Pantić». Montes lo decía, Sole colocaba la pelota, la envolvía con una rosca endiablada y el balón terminaba besando las mallas, con precisión y estética.

Paradojas de la vida, su gol más famoso llegó de cabeza. «Jamás lo hubiera pensado, porque la cabeza la tengo para pensar, pero giré el cuello y marqué un gol que nos dio la Copa del Rey». Fue en Zaragoza, en una angustiosa prórroga ante el Barça de Cruyff. Aquel gol sirvió para que Jesús Gil hiciera un busto a Milinko, que desde entonces se convirtió en uno de los héroes de la historia contemporánea colchonera. Después, llegaría el título de liga atlético y aquella cabalgata por las calles de Madrid, con la gente cantando aquello de «Radomir, te quiero». No era para menos. Creía tanto en Pantić que estaba dispuesto a pagar parte de su fichaje con su dinero. Milinko le devolvió la confianza con fútbol de oro. En cada balón parado, veinticuatro quilates.

78

Iniesta por Perea

Marzo de 2006. Andrés Iniesta apenas tiene minutos de juego en el Barça, que a la postre acabará ganando la Champions League ese año. El club valora el talento de Andrés, pero el de Fuentealbilla no termina de explotar. Había saltado a la fama en el torneo de Brunete de 1996, organizado por el periodista José Ramón de la Morena, donde Andrés fue elegido MVP, jugando para el Albacete. El Barcelona lanzó sus redes y le fichó de inmediato. En aquel mismo torneo jugaba Fernando Torres, la joya de la cantera del Atleti. Desde entonces, ambos fueron compañeros y amigos en las inferiores de la selección y campeones de Europa sub-16 y sub-19. Los dos se sorprenden cuando, en la primavera de 2006, sobrevuela la posibilidad de acabar jugando juntos en el Atlético de Madrid. La prensa airea el interés del Barça en fichar a Luis Amaranto Perea, defensa colombiano que milita en el Atleti..., y ahí aparece, como posible contraprestación en el traspaso, el nombre de Iniesta.

En aquellas fechas, con Iniesta lejos de la titularidad y Torres reclamando refuerzos para su Atleti, los periódicos insisten en la operación. El diario *AS* publica que el club azulgrana lleva varios meses pretendiendo el fichaje de Perea, porque consideran que el cafetero resultaría clave para reforzar su defensa y ser aún más competitivos. De hecho, el diario madrileño apunta que el club azulgrana hizo oficial ese interés durante una comida entre directivas. En ese ágape, Joan Laporta, entonces presidente azulgrana, le plantea a Enrique Cerezo, máximo mandatario atlético, su interés por Perea. Laporta le comenta a Cerezo que quieren negociar por Perea, y la respuesta de Cerezo vino a ser que el Atleti solo vendería al colombiano si en ese traspaso se pactaba también el pase de Iniesta al conjunto colchonero.

El asunto trasciende y ambos clubes sopesan la operación. La prensa de Barcelona no niega el interés del club culé en Perea, pero tiene muchas dudas acerca de meter en la operación a Iniesta, que es un valor al alza y que aún no ha cumplido ni los veintidós años. En la junta azulgrana se desea fichar al colombiano, pero creen que vender a Iniesta supondría un enorme riesgo, porque si finalmente triunfa en el Calderón, serían fuertemente criticados por los socios. *Marca* también apunta que la operación se está estudiando. El colombiano formaría pareja con Puyol, para que Márquez y Edmílson jueguen, definitivamente, como pivotes. Perea encabeza la lista de preferencias del Barcelona en el mercado y todo hace presagiar que el Barça dará un paso al frente para negociar. Andrés Iniesta gusta en el Atleti porque saben que, con Deco y Xavi asentados en el once titular catalán, el manchego no es imprescindible.

Al final, tras un sesudo debate interno, la junta barcelonista entiende que solo dejarán marchar a Iniesta a la ribera del Manzanares si en el trato se incluye una cláusula de recompra. El Atlético no accede a esa fórmula y, con el paso de los días, la operación se desvanece y el Barça decide olvidar el fichaje del colombiano. Aquel trueque sorprendente jamás llegó a cristalizar. Perea acabó siendo el extranjero con más partidos disputados en el Atlético de Madrid. Y Andrés Iniesta, con el que llegó a soñar el Atleti durante varias semanas, acabó triunfando en el Barça y fue el autor del gol que en 2010 hizo campeona del mundo a España.

79

Pereira y el bote de cerveza

El San Isidro de 1977 fue muy especial para el Atlético de Madrid. Visitó el Bernabéu en el día del patrón de Madrid, sumó el punto necesario para proclamarse campeón de liga y lo hizo en el feudo de su enemigo deportivo. Era el octavo título colchonero, con la firma de Luis Aragonés en el banquillo y con un equipazo: Pacheco; Marcelino, Benegas, Pereira, Capón; Robi, Alberto, Leal; Ayala, Rubén Cano y Bermejo. Reina y Leivinha se lo perdieron por lesión. El Atleti cantó el alirón en la Castellana en un partido resuelto con los goles de Rubén Cano para los visitantes y de Roberto Martínez para los locales.

Sin embargo, todo aquel que asistió a ese partido clavó su mirada en Luis Pereira. Patizambo, genial, artista y risueño, el brasileño del Atleti era puro espectáculo, devolvía el precio de cada entrada. Capaz de tirarle un caño a Cruyff en su propia área y de driblar contrarios como si fuera delantero centro, Pereira jugaba con tanta elegancia como alegría. Nadie era capaz de borrar su eterna sonrisa. Y, en aquel partido del Bernabéu, quedó patente. «Aquel día lo voy a recordar toda mi vida. En la penúltima jornada, en el mismísimo Bernabéu, ante el Real Madrid... El Atlético salió de allí vencedor de la liga por anticipado. Aquel día, la afición del Madrid se enfadó mucho conmigo. Antes incluso del 0-1. Le hice un regate a Jensen y la gente ya no paró de silbarme. Hasta me tiraron un bote de cerveza. Me acuerdo de que me agaché, cogí el bote y me puse a beber. Fue peor. No lo hice para cachondearme de ellos, sino para dar alegría. Era mi forma de ser». Tal cual. En aquellos tiempos, el asunto del racismo no tenía una caja de resonancia mediática como hoy en día, no era un asunto delicado para la sociedad, y en el campeonato español apenas había tres jugadores de color. Pereira no se enfadó cuando le increparon y le lanzaron un bote de cerveza. Solo se agachó, recogió la cerveza, la apuró de un trago, la tiró fuera de banda, sonrió a la grada y siguió jugando. Menudo crack. «Recuerdo que después del partido la celebración fue increíble. Estuvimos toda la noche de juerga y terminamos comiendo chocolate con churros. Desde el Bernabéu nos fuimos al Calderón, nos metimos en nuestros coches y nos fuimos de fiesta». Antes, en Mestalla, el campo del Valencia, el público le lanzó una naranja en mitad de un partido. Luis recogió la fruta, la peló y le dio un buen bocado. «Hacía un calor enorme en Valencia, y naturalmente me comí aquella naranja. Tenía mucha vitamina, así que la abrí y me la comí. Estaba buena», recuerda. La gente no sabía si insultar o aplaudir. Él no paraba de sonreír. Era así. Feliz, alegre, puro espectáculo con su collar macumba y su calidad infinita.

A finales de los setenta, el asunto del racismo no estaba tan vigilado en el fútbol como ahora. Nadie se rasgaba las vestiduras cuando, en plena entrevista en Televisión Española, el presidente del Real Madrid, Santiago Bernabéu, se refería a Pereira como «el negro ese». Nadie se escandalizaba. Tampoco sucedió cuando los hinchas más radicales del Real Madrid la tomaron con el brasileño y le cantaron «¡Que baile el negro!» durante el partido. La respuesta de Luis fue genial. Escuchó los cánticos y decidió complacer a la grada. Se puso a bailar samba con el Bernabéu como pista de baile. Y de propina dejó su sonrisa infinita, la de un número uno.

80

KDB

Kevin De Bruyne es uno de los mejores centrocampistas del mundo y el líder nato del City de Guardiola. Y, de propina, es uno de los jugadores que más respeta el entrenador del Atleti, Diego Pablo Simeone. Paradojas de la vida, el destino estuvo cerca de unirlos hace años. De Bruyne casi fichó por el Atleti en el año 2014. La historia del fútbol está plagada de fichajes que pudieron ser y no acabaron de cerrarse. Y uno de ellos es el del centrocampista belga. «Hablé con el Atleti y era una buena opción para mí», llegó a confesar en la prensa de su país. De hecho, hubo conversaciones entre el club rojiblanco y su entorno, aunque no llegaron a cuajar. «No estaba seguro de si realmente me gustaría jugar en Madrid», explicó entonces KDB en *Het Laatste Nieuws*. Era 2014.

En el Atlético quisieron contar con sus servicios; en aquel entonces, habría compartido vestuario con dos compatriotas suyos, Thibaut Courtois, que estaba cedido por el Chelsea, y Toby Alderweireld, que llegó al Manzanares para reforzar la defensa. La dirección deportiva colchonera se reunió con el entorno de De Bruyne, pero las gestiones no culminaron porque recibió una oferta económica superior del Wolfbsurgo, que finalmente fue el que se llevó el gato al agua y acabó fichando a Kevin.

En 2013, José Luis Pérez Caminero trató de conseguir el fichaje, pero la operación se cayó. Y un año más tarde, en 2014,

Andrea Berta, entonces adjunto a la dirección deportiva, se reunió con De Bruyne para intentar convencerle. Pertenecía al Chelsea, no tenía minutos y buscaba un equipo para evolucionar. El problema fue que el club de Londres, propietario de sus derechos, no estaba convencido de que De Bruyne tuviera los minutos que necesitaba en el Atleti, donde había una gran competencia para ocupar una plaza en el centro del campo de Simeone.

En enero de 2014, después de haber dejado pasar la oportunidad colchonera, De Bruyne acabó fichando por el Wolfsburgo, que pagó 20 millones de euros, el traspaso más caro del año en la Bundesliga. Después, KDB se convirtió en el Manchester City en todo aquello que prometía su talento: en uno de los mejores del mundo. Nunca sabremos qué habría sido de Kevin junto a Simeone. Estuvo cerca de ser colchonero, pero… no pudo ser.

81

No todo el mundo puede ser Gabi

En los años de plomo, antes de que Simeone encendiera la luz en el cuarto oscuro, cuando el Atleti era el chiste fácil en la oficina y siempre había motivo para estar enfadado, recorría los pasillos de la radio buscando el consuelo de mi amiga María José Navarro. Y la mejor periodista de la radio española sonreía, irónicamente, y me recordaba siempre la misma frase: «No todo el mundo puede ser Gabi». Cuánta razón tenía. En aquellos tiempos, muchos entraron en el Atleti, pero el Atleti jamás entró en ellos. A Gabi nadie le regaló nada. Se lo ganó él. Muchos tenían mejor pie, ninguno su determinación. Muchos tenían más talento, ninguno su coraje. Muchos tenían más condiciones, ninguno su carácter. Muchos tenían más prensa, ninguno su sentimiento. Nunca vendió humo. Solo rendimiento.

Gabi fue, es y será siempre uno de estos tipos convencidos de que, a morir, los del Atleti mueren. De esos que no se ponen medallas. De esos que ordenan, juegan, pasan, regatean, pegan, rascan y lideran. De esos a los que los niños que quieran entrar en la cantera del Atleti deberían lustrarle las botas como primera tarea, para conocer la historia del que tendría que ser su ejemplo. Gabi siempre tuvo claro el orden vital de sus prioridades: en primer lugar, el Atleti; en segundo lugar, el Atleti. Y en caso de duda, en tercer lugar, el Atleti. Siempre antepuso sus colores a todo. Incluso a sus propios intereses. Un día juró amor eterno al Atleti y le fue fiel, de por vida, porque a Gabi no hubo que explicarle qué significaba haber llorado en el Calderón, ni preguntarle por qué los colores rojiblancos iban con su forma de ser.

Gabriel Fernández Arenas, corazón atlético, no tiene reemplazo, ni sustituto, ni precio. Se trata de alguien que ha llenado esa camiseta de honor, sudor, sangre y lágrimas, pero jamás de vergüenza. Atlético de alma, porque el cuerpo muere, pero el alma jamás lo hace; forjado en San Nicasio y curtido en mil batallas, ha sido un monumento a la constancia y la entrega. General de la guardia pretoriana del Cholo, soldado que siempre ha preferido morir de pie antes que vivir arrodillado, fue un león en el Bernabéu y en el Camp Nou, un guerrero en Bucarest, Montecarlo, Lisboa, Milán y Lyon. Un héroe para los atléticos. Para el enemigo, un jugador molesto. Para la hinchada, *uno di noi*. Nunca jugó con la selección, que cometió con él una de las mayores injusticias que se recuerdan, pues no le convocaron ni para un simple amistoso. Conclusión: mala suerte, y peor para España. Lo que España se quiso perder lo disfrutó el Atleti.

Su legado permanecerá siempre en la memoria de los atléticos: si tenía una brecha en la cabeza, él mismo se ponía las grapas; si tenían que colocarle el hombro en pleno partido, se quejaba de que los médicos tardaban mucho en hacer su trabajo; si tenía una costilla fisurada y no podía respirar, aguantaba el dolor en silencio, porque el equipo se jugaba la liga. Si sus compañeros no podían con las botas, él corría por todos. Y si la afición no tenía quién la defendiese o quién la escuchase, él alzaba la voz, porque siempre supo jugar y vivir enamorado de esa camiseta.

Gabi ha sido, es y será, así pasen miles de jugadores, entrenadores y directivos, la bandera del Atleti en el corazón de sus aficionados, la parte del escudo que más y mejor ha representado hacer posible lo que los demás te dicen que es imposible. Los futbolistas pasan y el club queda. Cierto. Tanto como que no habrá un capitán colchonero de la altura de Gabriel Fernández Arenas. Nadie ha honrado, representado y defendido con tanta bravura un escudo que jamás llevó por fuera, sino por dentro. Si el Atleti consiste en la historia de una pasión inexplicable, heredada de padres a hijos, Gabi es una de las páginas más brillantes de esa historia. Ha llorado de alegría y de tristeza, ganado y perdido, alcanzado el cielo y descendido al infierno, ha muerto y ha resucitado, siempre fiel a unos colores y una camiseta que se le quedó pequeña. Gabi no ha sido un jugador más del Atleti. Ha sido, es y será el mejor capitán que uno recuerda. Un hombre. María José siempre tuvo razón: «No todo el mundo puede ser Gabi».

82

Artechenbauer

Años ochenta, noche de perros en la ribera del Manzanares. Campo embarrado, verde convertido en fango, y el Betis de Gordillo, Ortega y Cardeñosa está a cinco minutos de llevarse la victoria del Calderón. Los del «manque pierda» dominan 2-3 y están jugando bastante mejor que el Atlético. Desmoralizado y en previsión de evitar el atasco de costumbre cerca del río, un padre coge del brazo a su hijo y le insta a levantarse de su localidad. «Pero, papá, que todavía quedan cinco minutos», advierte el niño, contrariado por tener que salir siempre del estadio antes del pitido final. Pero Uría padre insiste y, viendo la desbandada general en tribuna lateral, Uría hijo accede. A la carrera, por aquellos escalones de cemento enfermos de aluminosis y recubiertos de restos de pipas, palomitas y vasos de plástico, los Uría alcanzan la salida bajo una manta de lluvia.

Antes de abrir las puertas de un Chrysler rojo aparcado en doble fila, un estallido de júbilo consigue llamar la atención de padre e hijo. Gol del Atleti. Con ánimo renovado, Uría sénior arranca, apaga el cigarro y busca el sonido inconfundible de Antena 3. Entre la lluvia y la jungla de la M-30, la tarea no es fácil, porque en aquellos tiempos no existía el formato digital para sintonizar las frecuencias. A los pocos segundos, las tripas del Manzanares descargan otro trueno, mucho mayor que el primero. Uría sénior mira a Uría júnior. Al fin, a los pocos segundos, aunque con interferencias, el radiocasete consigue que suene de fondo José María García, repasando la quiniela. Se confirma. El Atlético, el rey del suspense, en un partido «no apto para cardiacos», le ha dado la vuelta al partido en solo cinco minutos. García avanza: «Hay que verlo para creerlo. Juan Carlos Arteche ha marcado el empate de cabeza y, en el último minuto, les ha dado la victoria a los colchoneros, con otro testarazo marca de la casa». En un semáforo cercano a la avenida de América, a punto de enfilar la N-II, Uría padre detiene el viejo Chrysler y se dirige a su hijo: «Es que Arteche los tiene bien puestos. La que tiene que estar contenta es su mujer, que se sienta dos filas detrás de nosotros y el otro día sufrió mucho cuando le pitaron por un fallo». Uría júnior estaba ansioso por ver los dos goles de Artechembauer por la noche, en el mítico *Estudio estadio*.

Años después de aquellos dos truenos de Arteche ante el Betis en una noche de perros, Uría sénior había retirado su carné de socio por la nefasta gestión «gilista» y Uría júnior intentaba ser periodista. De esa guisa, durante una cena familiar y después de un programa televisivo, el hijo charló con su padre: «¿Sabes con quién he estado hoy en el programa de María José Navarro? Pues con Juan Carlos Arteche, el mítico Artechembauer. Está como siempre, hecho un fenómeno y sin pelos en la lengua. Ha vuelto a pedir un Atlético sin Giles, limpio, honesto. Un club que sea de todos y no de dos». Mi padre me miró fijamente y no dudó en sentenciar: «Rubén, ya no quedan tíos como Arteche. Con este, el molde se rompió. Si hubiera más Arteches en la vida, habría menos dirigentes nefastos». Arteche llegó al Atlético en 1978, procedente del Racing de Santander; ganó la Copa del Rey de 1985 ante el Athletic, la Supercopa de España ante el Barça y fue miembro de aquel pedazo de Atleti que sucumbió en la final de la Recopa ante el Dinamo de Kiev. Artechembauer era un defensa a la antigua usanza. Un seguro de vida por arriba, un central durísimo pero noble y un hombre que miraba a los ojos. Dejó su huella en el Atlético, siempre tuvo el cariño de la grada y fue un líder en el vestuario.

Después de diez años partiéndose la cara por el Atleti, en 1988, Arteche, Landáburu, Quique Ramos y Setién fueron despedidos por Gil. Arteche no se arredró, defendió un club más limpio y siempre dejó claro que el estilo de aquellos dirigentes poco o nada tenía que ver con las formas señoriales del Atlético al que él llegó. Denunció ante magistratura y ganó por despido improcedente. Se retiró en 1989, a los treinta y dos años, después de jugar 308 partidos (304 como titular). Marcó dieciocho goles. Fue el cuarto jugador con más partidos en la historia del Atlético por detrás de Adelardo (401), Tomás (367) y Collar (338). Juan Carlos falleció en Madrid, en la Fundación Jiménez Díaz, a los cincuenta y tres años. Luchó como un jabato contra una larga enfermedad, pero acabó comprendiendo que, en esta vida, la muerte es el único partido que no se puede ganar. Como central del Atlético fue un titán. Como opositor al Gilifato, un referente. Y como persona, un diez. Artechembauer era uno de los nuestros.

83

Schmidhuber

Tenía un apellido kilométrico, casi impronunciable, pero pronto se hizo muy popular en el fútbol europeo, a caballo entre los años ochenta y noventa. Se llamaba Aron, se apellidaba Schmidhuber, era alemán y escaló, a golpe de esforzado arbitraje casero, en la escala de mejores árbitros de cabecera de la UEFA. El trencilla teutón tenía muy claro su estilo de arbitraje: con el equipo local, era una ingenua paloma. Y con el equipo visitante, se comportaba como un despiadado halcón. No hay atlético que se precie de serlo que no recuerde, de por vida, la «maravillosa» actuación de Schmidhuber en las semifinales de la Recopa de Europa de 1993. Fue el 22 de abril y el encuentro se disputó en el estadio Ennio Tardini de Parma. El equipo de Nevio Scala había ganado 1-2 en el Calderón, por lo que era muy favorito para disputar la final por el valor doble de los goles fuera de casa. Sin embargo, el equipo rojiblanco se mostró ambicioso en la vuelta, fue mucho mejor sobre el terreno de juego y se hizo acreedor al pase. La mala noticia para el Atleti es que el árbitro alemán tenía otros planes.

Aquella noche, el amigo Schmidhuber no hizo un arbitraje casero. No. Fue la actuación más hogareña del concierto europeo en aquella temporada. Juanito Sabas marcó para el Atleti en el minuto setenta y ocho, dejando abierta la eliminatoria. Si el equipo madrileño lograba el 0-2, pasaba. Y ahí, al rescate del Parma, apareció el colegiado. Primero, ignoró un penalti de libro sobre Roberto Solozábal en el minuto ochenta y seis. Tres minutos después, tampoco apreció una pena máxima como una catedral por una falta a Sabas. Una nube de jugadores atléticos protestó ante el escándalo arbitral, y el alemán salió del paso a golpe de tarjeta. Primero, roja directa para Juanito por protestar. Después, con el partido ya finalizado, decidió expulsar a Juan Vizcaíno. Y, de propina, camino a vestuarios, también echó a la calle a Manolo Alfaro. Niquelado. El Parma, en la final.

Mientras Schmidhuber insistía a la prensa allí desplazada en que su arbitraje había sido modélico, la prensa española compartía la indignación del Atlético de Madrid, que sentía que le habían metido la mano en la cartera delante de toda Europa. Lo curioso es que la prensa italiana compartía esa sensación. En *La Repubblica* fueron muy explícitos: «Solo un regalo del árbitro alemán Schmidhuber, que negó a los madrileños un penalti claro a cinco minutos del final, permite rematar con fiesta una noche que pudo haber acabado mal». Por su parte, el *Corriere della Sera* dejó claro en su titular cuál fue la clave del partido: «El árbitro frena al Atlético». Y de postre, *La Gazzetta dello Sport* fue mucho más allá para explicar a sus lectores lo que había sucedido en el Ennio Tardini: «Al final, llegó una ayuda arbitral».

Cuando el Atlético alcanzó los vestuarios, la indignación era máxima. Tras el choque, Cacho Heredia, entrenador colchonero, fue tajante: «No se puede arbitrar con tanto descaro a favor de un equipo. Nos ha perjudicado ostensiblemente. Hubo dos penaltis claros», se lamentó. Bernd Schuster, centrocampista rojiblanco y compatriota del casero Schmidhuber, tampoco tuvo pelos en la lengua: «Antes del partido yo ya sabía cómo era este hombre. Le conozco muy bien desde hace tiempo. No tiene ningún valor para pitar en Europa». El presidente Jesús Gil y Gil entró en combustión, bajó a los vestuarios después del partido, montó en cólera con la eliminación rojiblanca y llegó a decirle en público al presidente del Parma, delante de los periodistas, que les habían «atracado, robado y atropellado» y que aquello era un «crimen deportivo intolerable».

La respuesta de la UEFA no se hizo esperar. Seis partidos de inhabilitación para Jesús Gil, seis de suspensión para Juanito, cinco para Bernd Schuster, cuatro para Tomás Reñones, tres para Toni Muñoz, dos para Juan Vizcaíno y otro para Manolo Alfaro. Además, multó al Atleti con 25.000 francos suizos por alteración del orden y mala conducta deportiva. Meses después, el comité de apelación de la UEFA absolvió a Jesús Gil, que tuvo que prestar declaración en Ginebra, manteniendo un careo con el árbitro alemán. La UEFA levantó el castigo al presidente del Atleti, pero mantuvo la suspensión para todos los jugadores. Schmidhuber comentó en ese careo que Juanito le quiso lanzar un balonazo, que los futbolistas del Atleti le habían insultado a discreción y que solo podía entender claramente los improperios de Schuster, que habían sido en alemán, su lengua materna. Schmidhuber dejó muy alto el listón de incompetencia arbitral, pero su plusmarca personal acabó siendo batida, muchos años después, por otro colegiado: un inglés llamado Clattenburg. Pero esa es otra historia…

84

El Ferrari de Vieri

Armaba la pierna, sacudía un estacazo y cobraba derechos de autor. Christian Vieri, natural de Bolonia y forjado en el fútbol australiano, fue un delantero centro que cautivó a la grada del Vicente Calderón. En un abrir de ojos, tras ser fichado por el Atleti cuando era aún suplente en la Juventus de Turín, se convirtió en el gran ídolo de la afición colchonera. Vieri, veinticuatro goles en veinticinco partidos, llegó a ser imparable para las defensas contrarias. Se entendía con Kiko a la perfección —el mago jerezano silbaba y el italiano siempre hacía bueno el pase—, se ganó al vestuario desde el primer día y fue la niña de los ojos de Jesús Gil, que se frotó las manos cuando vio que aquel mocetón italiano que hacía goles como churros estaba siendo comparado incluso con Ronaldo Nazário de Lima, O Fenômeno.

Vieri vivió deprisa. Demasiado. Su primera y única temporada como rojiblanco fue apoteósica. El 18 de octubre de 1997, «vacunó» hasta en tres ocasiones al Zaragoza en una goleada por 5-1. Cuatro días después, el Atleti recibía al PAOK de Salónica en la Copa de la UEFA. Días antes, en el partido de ida, disputado en un ambiente encendido en Tesalónica, en el mítico estadio de La Tumba, el equipo dirigido por Antić había logrado un meritorio y espectacular empate en el feudo heleno (4-4). En la víspera del partido de vuelta, Christian Vieri decidió hablar con Paulo Futre, que era la «niña bonita» del presidente y había decidido regresar a la práctica del fútbol, a petición de Antić. Vieri le comentó a Futre, entre risas, que le dijera al presidente Gil que, si era capaz de marcar otro *hat-trick* ante los griegos, quería un deportivo de lujo, un Ferrari 550 Maranello, de regalo. Futre, ni corto ni perezoso, tomó nota y se fue directo a ver a Gil y Gil, explicándole la situación. Antes del partido, Futre alertó a Bobo Vieri de que tenía el visto bueno del presidente. Y que si marcaba otros tres goles ante el PAOK, le comprarían el famoso Ferrari de sus sueños.

Conseguir marcar seis goles en dos partidos parecía una tarea imposible, pero no lo fue para Vieri. Ante los griegos, en un Calderón rendido al italiano, el tanque de Bolonia firmó otro *hat-trick*. Y uno de sus goles dio la vuelta al mundo, porque fue completamente inverosímil. Pura magia. En la primera parte, Bobo marcó dos goles. Y en el segundo tiempo, después de una salida fallida del portero, Vieri puso el Calderón patas arriba. Lo hizo con un tiro imposible, desde la línea de fondo, sin ángulo. El público coreó su nombre, el estadio casi se vino abajo; con ese tercer tanto, Vieri sabía que aquel gol tenía premio. El Ferrari era suyo.

Vieri, nueve de día y diez de noche, se comía la madrugada madrileña. Se le caía la casa encima y, durante la semana, solía salir, casi siempre bien acompañado; era un habitual de la noche de la capital de España. Era un goleador incansable. Dentro y fuera del campo. «Me han atribuido muchas historias con mujeres durante todos estos años. Debo ser sincero: las inventadas son pocas, casi todo lo que habéis leído en la prensa del corazón es cierto». Sin embargo, no acabó de congeniar con el entrenador, Radomir Antić, y cuando Arrigo Sacchi aterrizó en el Atlético de Madrid, ya tenía claro que quería hacer las maletas para regresar a Italia. Aunque había alcanzado el estatus de gran ídolo de la afición, Vieri pidió a Jesús Gil que le traspasara a la Lazio de Roma, entonces un club todopoderoso económicamente, edificado gracias al imperio lácteo del empresario Sergio Cragnotti. ¿Y el Ferrari que le iba a regalar Gil? Pues le habían prometido que le llegaría meses antes, incluso le llamaron en septiembre para hacer efectiva la entrega del vehículo, pero nunca llegó a tener aquel Ferrari. «Nunca lo hice. Estaba esperando mi fichaje por la Lazio y sabía que con esa decisión le iba a romper el corazón al presidente Gil. Tenía nostalgia de Italia, me fui casi como un ladrón. Así que dejé allí el Ferrari, como forma de pedir perdón a un hombre que me quiso de verdad».

La Lazio abonó al Atlético de Madrid una cantidad cercana a los 3.000 millones de pesetas y Vieri acabó en Roma. Desde ese momento hasta el final de su carrera, Bobo se convirtió en un nómada del gol, siempre dispuesto a cambiar de equipo cada verano. Lazio, Inter, Milan, Monaco, Sampdoria, Atalanta, Fiorentina y, de nuevo, Atalanta, así lo atestiguan. Tuvo hasta ocho equipos diferentes en apenas diez años. Vivió una exitosa y fugaz etapa en el Atleti. Eso sí, de Madrid se llevó recuerdos imborrables. Su fama de *capo cannoniere*, su sociedad fantástica con Kiko, sus charlas con Futre y sus interminables noches de fiesta. Eso sí, aquel Ferrari se quedó en Madrid.

85

Un entrenador de ocho jornadas

Jesús Gil y Gil era una trituradora de entrenadores. Y presumía de serlo. Cada vez que veía una cámara de televisión, remataba en plancha: «Para mí, echar a un entrenador es como beberme una cerveza. Puedo echar a la calle a veinte en un año. Y hasta cien, si hace falta». A Peiró y Maguregui los echó de malas formas, con Luis Aragonés evidenció una pelea pública, a Basile le despidió en directo en la radio durante una intervención en el programa de José María García —«me cago en el contrato», alegó el argentino—, y cuando el «jeque» de Burgo de Osma dudaba sobre la continuidad o no de un técnico, consultaba con su flamante semental, el caballo Imperioso. Gil preguntaba en voz alta, rodeado de cámaras, a su caballo: «Imperioso, ¿qué hacemos con fulanito?». Y si Imperioso relinchaba, Gil ejecutaba la decisión que ya había tomado.

Pacho Maturana, figura clave del fútbol colombiano, triunfó en el Valladolid cuando aterrizó en el fútbol español y llegó a estar en la agenda del AC Milan y, sobre todo, del Real Madrid. Fichó por el Atleti por expreso deseo de Gil y Gil. Y después de apenas ocho jornadas, se fue por donde vino. También por expreso deseo de don Jesús. Maturana, contratado para pelear por los títulos en juego, no tuvo tiempo ni siquiera para fracasar. Duró lo que un caramelo en la puerta de un colegio. Fue el decimoctavo entrenador despedido por el ciclón Gil, que ese mismo año también le cortó la cabeza a Jorge D'Alessandro, después a Alfio «Coco» Basile y luego a Carlos Aguiar. De entrenador en entrenador y tiro porque me toca.

Y eso que el «doctor» Maturana comenzó con buen pie la temporada. Su Atleti arrancó ganando el ya extinto Trofeo Villa de Madrid frente al Colonia alemán (5-1) y descargó una tormenta de goles ante el Valladolid (6-0). El equipo carburaba, el ambiente del vestuario era bueno y la afición creía que podrían llegar títulos a la ribera del Manzanares. Craso error. Vizcaíno, pieza clave para sostener el mediocampo, se lesionó. Después llegó la lesión de Simeone. Más tarde, la de José Luis Pérez-Caminero. Y de propina, la de Pirri, que se rompió el peroné. Aquel aluvión de bajas acabó por mermar al equipo, y los resultados, muy negativos, dieron con los huesos de Maturana en la cola del paro. Sus números: dos triunfos, un empate y cinco derrotas. Años más tarde, Pacho confesaba en *Relevo* que le faltó tiempo para instaurar su método en el grupo: «Me gustaban mucho Dobrovolski, Manolo y Kiko. Teníamos una plantilla chévere. No tuve tiempo. Estuve más cerca del jugador que del ser humano. No es lo mismo Madrid que Valladolid. El jugador en Madrid es más independiente y va más con la *dolce vita*. Me faltó tiempo para trabajar la parte humana». Gil y Gil no le dio tiempo. Consultó con Imperioso y bajó el pulgar.

El presidente del Gil-Atlético se cargó a Maturana justificando el despido. «Si no me lo cargo, nos vamos a segunda». El colombiano duró ocho jornadas. A Gil no le importó. Siempre tuvo claro que, en su modelo de club, el entrenador era una figura prescindible, alguien al que contratar y después despedir a cuenta del club. Nunca lo ocultó. Desde el primer día, lo gritó a los cuatro vientos: «Implantaré el método Berlusconi; el presidente hará la alineación».

86

Rubí Blanc

«Mi experiencia en el fútbol fue más dura que la que tuve que afrontar con los clanes del narcotráfico». Ese fue el epitafio de una densa entrevista que Luis Manuel Rubí Blanc concedió a *Relevo* para analizar su periplo como administrador judicial en el Atlético de Madrid, que acabó con un terrible descenso a segunda división. Rubí, nombre de ingrato recuerdo para los aficionados del Atleti, que vivieron en sus carnes una de las épocas más tenebrosas de los ciento veinte años de historia del club, sigue ejerciendo la abogacía en su despacho profesional de la Castellana, pero recuerda aquellos intensos días como una de las experiencias más desagradables de su carrera. El fútbol, a comienzos del siglo XXI, era campo abonado para situaciones que estaban al borde del delito, con prácticas que eran moneda de cambio común entre los clubes, a través de operaciones de ingeniería financiera, pagos «en negro», blanqueo de capitales y negocios simulados.

Sobre todo eso podría escribir un libro Luis Manuel Rubí Blanc, que fue administrador judicial del Atleti durante ciento doce días, hasta marzo del año 2000. Tras una querella de la Fiscalía Anticorrupción, el juez Manuel García Castellón decidió embargar las cuentas del Atlético y destituyó a todo su consejo de administración, con Jesús Gil y Gil a la cabeza. Rubí Blanc presentó un informe ante la Audiencia Nacional y detectó un rosario de irregularidades. Destapó el caso Negritos, donde Mbengue, Djana y Oliveira presentaban un valor neto contable sobre sus derechos de 1.146 millones de pesetas, y Lawal, por 667 millones de pesetas, y fueron contratados como jóvenes talentos por un valor de 2.740 millones de pesetas. Ninguno llegó al primer equipo [sic]. También desveló el sobreprecio pagado por Rade Bogdanović, que se adquirió por 2.900 millones de pesetas a través de la sociedad Van Doorn. También detectó irregularidades por presunta evasión fiscal en los salarios de los jugadores del Atleti. Además, puso el acento en las irregularidades de la transformación del club en SAD y llegó a explicar que la recaudación en taquillas podría haber sido manipulada. En ese informe, Rubí dejó caer que el Atleti estaba al borde de la quiebra técnica.

Con Gil y Gil fuera de la circulación y estrangulado por sus problemas judiciales, Rubí Blanc era el encargado de lidiar en el día a día con los jugadores. Aquello no podía acabar bien. No querían pagar impuestos y no deseaban saber nada de que les tocasen sus contratos. Cobraban en negro, ganaban cantidades al margen de lo que reflejaban sus contratos y se vieron superados por la situación. La plantilla estaba hecha un mar de dudas, no sabía qué hacer y el miedo guardaba la viña. El entrenador Claudio Ranieri decidió poner pies en polvorosa, llegó Radomir Antić y el vestuario empezó a pensar que seguir en el Atleti, tal y como estaba el club, no era una buena idea. Rubí Blanc confesaría con los años que el único que cobraba su contrato de manera reglamentaria era Kiko Narváez, mientras que casi el 70 por ciento de la plantilla colchonera cobraba «en negro» hasta tres contratos en el informe. Calculaba que cerca de un 75 por ciento se pagaba en negro, y logró demostrarlo en los casos de Celso Ayala y Hugo Leal. Blanc siempre sostuvo, con el transcurso de los años, que la estrategia pasó por «forzar el descenso del club». Sostiene que los jugadores estaban tan presionados que, cuando se les devolvió la posesión del club, ya no había manera de levantar la situación. «Había una amenaza tan grande para el club y para el mundo del fútbol en general que había que tomar medidas drásticas, y los jugadores dejaron de jugar. Teníamos una plantilla que era extraordinaria, pero no jugaron al fútbol».

En su etapa como inspector de Hacienda, Rubí Blanc llegó a tener que lidiar con la administración judicial del Pazo de Bayón y, más tarde, fue clave en la incautación del patrimonio de los «Charlines», el clan más importante del narcotráfico de Galicia. Y, sin embargo, aún recuerda su paso por el Atlético de Madrid. Fueron los días más complicados de su vida. Hoy, veintitrés años después, podemos decir que el Atleti sobrevivió a aquel doble mazazo histórico: la administración judicial y el descenso a segunda. Increíble, pero cierto.

87

Míster Látigo

Su fama le precedía. Duro con los problemas y blando con las personas, Maximilian Merkel se hizo un hueco destacado en el fútbol español con sus revolucionarios métodos de entrenamiento. En un fútbol patrio que destacaba por su nula preparación física de base (copyright de Luis Aragonés), Merkel se pasó el juego durante su etapa en España. Austriaco de nacimiento y llegado desde Alemania, Merkel era una personalidad en la Bundesliga. Había sido jugador en la Alemania nazi que había absorbido a Austria, y también en su país durante la posguerra. Como entrenador, brilló en Rapid Viena, Borussia Dortmund, TSV Múnich y Núremberg. En su haber, una liga austriaca y dos alemanas.

Su primera parada y fonda española fue en Sevilla. Aterrizó en Nervión en 1969 y pronto se hizo un nombre entre la prensa especializada por sus nuevos métodos, que eran absolutamente desconocidos en nuestro país: carreras, resistencia, ejercicios de repeticiones, «suicidios» hasta la línea de fondo, abdominales, flexiones, balones medicinales, sacos de arena... Un suplicio para los jugadores. El equipo acabó tercero aunque era un recién ascendido, y aquello catapultó la fama de Merkel, al que se consideró como un técnico de la escuela de la «mano dura». Gente de orden, que exprimía a los jugadores, que les tenía en forma y que rezumaba autoridad en el vestuario. Justo por eso se ganó el sobrenombre de Míster Látigo.

A mediados de 1971, el Atlético de Madrid estaba sin entrenador y la directiva recurrió a Max Merkel, entonces ya sin equipo. Ahí fue donde la opinión pública, gracias a la caja de resonancia de los medios de comunicación, descubrió los métodos de Míster Látigo. Sus sesiones de entrenamiento eran durísimas y destilaban intensidad. Estaba obsesionado con la preparación física de su equipo; durante su etapa colchonera, el Atleti fue un equipo entregado a una preparación física casi paramilitar. Carreras por la grada, desde la primera fila del estadio hasta arriba del todo y vuelta a empezar; y flexiones, repeticiones, ejercicios de resistencia, de fuerza, de flexibilidad... Cada entrenamiento de Merkel era una fiesta para los reporteros gráficos... y una tortura para los jugadores, que no estaban habituados a unas sesiones tan duras. Cuentan las malas lenguas que algunos jugadores del Atleti acababan vomitando durante los entrenamientos y que la dureza de aquellas palizas sentaba a cuerno quemado en el vestuario. Sin embargo, el Atleti de Merkel volaba en el campo. Fue campeón de Copa en 1972 y, un año después, se proclamó campeón de liga en 1973.

Todo saltó por los aires durante el verano de 1973, por unas supuestas declaraciones de Míster Látigo en las que Merkel, en la prensa alemana, había manifestado que estaba «harto de España y de los españoles», porque no aguantaba su desorganización y falta de disciplina. Aquella «rajada» hizo mucho daño a la reputación de Merkel y provocó un terremoto social entre la hinchada del Atlético. La directiva le exigió una rectificación. Merkel dijo que jamás había dicho esas palabras y no quiso dar marcha atrás. Al final, fue despedido. Le sucedió en el cargo Juan Carlos «el Toto» Lorenzo.

Merkel se fue con la música a otra parte y abandonó el Atleti, pero su recuerdo permanecerá indeleble en el imaginario colchonero. Sus duras sesiones de entrenamiento, que incluso llegaron a ser retransmitidas en directo por alguna radio y fueron objeto de diferentes reportajes en RTVE por parte de José María García, continúan recordándose entre los más viejos del lugar. Tanto como su famosa frase de cabecera, cuando los periodistas le preguntaban por la moral del equipo. «¿La moral? La venden en El Corte Inglés. Vayan y compren un poco».

88

La bala búlgara

«El Atleti ha fichado a la bala de Bulgaria». Los periódicos tenían claro que la secretaría técnica rojiblanca había dado el «gran golpe» en el mercado. Y se frotaban las manos. Llegó como un auténtico ciclón al Manzanares. Y levantó una serie de expectativas enormes. Martin Petrov era un búlgaro volcánico, temperamental, capaz de regates imposibles y con una velocidad y potencia endiabladas. Disfrutaba desafiando a los defensas y conduciendo la pelota en los contragolpes. Aterrizó en el estadio Vicente Calderón en el año 2005 como «buque insignia» del enésimo proyecto de Gil y Gil, previo pago de 10 millones de euros al Wolfsburgo, como fichaje de campanillas del director deportivo Toni Muñoz. En el Calderón creían que habían firmado a un potencial crack que iba a dar muchas tardes de gloria a la afición colchonera. Debutó con Carlos Bianchi en el banquillo, que solo duró hasta la jornada decimoctava; lo sustituyó Pepe Murcia. Petrov llegó a un Atleti en reconstrucción, junto con fichajes como Maxi Rodríguez, Mateja Kežman o Luciano «Huesitos» Galletti.

Martin conectó con la grada por su fuerte carácter, pero nunca tuvo la regularidad necesaria para ser la bandera del proyecto. Capaz de completar un partido extraordinario un día y al otro tener uno aciago, acabó siendo mucho menos importante de lo que el club esperaba cuando le contrató. Su grave lesión de rodilla en 2006 tampoco ayudó a que Martin triunfase en el Atleti.

Cuando se recuperó, perdió algo de potencia y velocidad, alternando buenos partidos con actuaciones realmente discretas. Poco a poco, su fuego interior se fue apagando y dejó de ser un jugador importante en la plantilla del Atleti. Tanto fue así que, cuando llegó al banquillo el mexicano Javier Aguirre, acabó saliendo del club. Tenía una oferta del Manchester City sobre la mesa y aprovechó para salir. Petrov lo recordaba así en el *As*: «Cuando recibes esa llamada y los dos clubes están de acuerdo… Hablé con mi familia; mis hijas eran muy pequeñas y venía bien que aprendieran inglés. Aguirre me decía que, si quería, me podía ir; pero si me quedaba, me daba chances para jugar; sin embargo, si no aprovechaba esas oportunidades y Simão lo hacía mejor, iba a jugar el portugués. Decidimos que lo mejor para todos era ir a Inglaterra a jugar, y así el Atlético recibía un dinero». Dicho y hecho. En el verano de 2007, el club colchonero decidió traspasar a Petrov al City, donde militó tres campañas, para luego jugar dos años en el Bolton y seis meses cedido en el Espanyol, donde tampoco triunfó. Siete años después regresó a su país para enrolarse en el CSKA de Sofía. Unos años más tarde, fue víctima de un suceso insólito: sufrió un robo millonario desde su propio banco. Petrov guardaba sus ahorros en un banco búlgaro, el UniCredit Bulbank, y detectó más de cuatrocientos cincuenta envíos de dinero entre 2007 y 2017 a terceras personas que no conocía. La cantidad ascendía a casi 2 millones de euros. Una auténtica fortuna. Hoy en día, Martin continúa viviendo en la capital de España, se considera un enamorado de Madrid y sigue siempre que puede la actualidad de «su» Atleti como un aficionado más. Mantiene su envidiable forma física, bromea con todo aquel aficionado que le comenta que está «para debutar» y se machaca en el gimnasio como si aún siguiera en la élite futbolística; incluso se ha vuelto un entusiasta del *crossfit*. Salió del fútbol búlgaro por expreso consejo de Hristo Stoichkov, brilló con luz propia en la Bundesliga, y cuando llegó al Atleti… fue menos de lo que parecía. Eso sí, dejó un recuerdo imborrable: su excelso partido ante el Barça en el Calderón, donde reventó a los azulgranas con una actuación majestuosa, plena de potencia, calidad y jerarquía. Llegó con la vitola de bala búlgara y, aunque después de unos partidos su rifle apenas disparó balas de fogueo, guarda agradecimiento eterno hacia el Atleti. Y sobre todo a su gente. La afición siempre le quiso.

89

La melena de Bezerra

Parecía más un cantante que un futbolista. Y su melena era impresionante. Heraldo Bezerra había fichado por el Atlético de Madrid a comienzos de los años setenta y era un delantero que hacía las delicias de la parroquia rojiblanca. Llegó a ser uno de los clásicos de la famosa delantera de los Tres Puñales del Atleti, junto a mitos como Ratón Ayala y José Eulogio Gárate; así la denominó el técnico Juan Carlos Lorenzo. Sin embargo, en 1972, tras el fichaje del metódico Max Merkel, conocido por el apodo de Míster Látigo por sus inflexibles entrenamientos, Bezerra se topó con un problema. Merkel, entusiasta de la disciplina y de la preparación física, era un tipo chapado a la antigua. Detestaba la moda, no quería distracciones en el vestuario y, sobre todas las cosas, no le gustaba que sus jugadores tuvieran el pelo largo. Y Bezerra lucía una melena digna de un cantante de un grupo de rock.

En aquella época setentera, las greñas estaban de moda y eran muchos los futbolistas de primera que lucían una buena «peluca». Bezerra estaba feliz con su look y en el campo rendía a plena satisfacción, ya que regateaba y marcaba con calidad suprema. De hecho, en el transcurso de varios partidos con el Atleti, al brasileño el público le llegó a cantar aquello de «Illa, illa, illa, Bezerra maravilla» (un cántico que después se aplicaría al malogrado Juan Gómez Juanito en la Castellana). El caso es que Bezerra era feliz en el Atleti y se sentía orgulloso de su melena roquera. Cuando el cuadro rojiblanco decidió firmar a Max Merkel como técnico en 1972, supuso un problema de régimen interno. Nada más llegar Míster Látigo al vestuario del Atleti, el austriaco les comentó a algunos allegados que aquello no podía ser y que Bezerra parecía cualquier cosa menos un futbolista serio. De hecho, cada vez que salía el tema, reiteraba que no tenía pinta de jugador. La cosa fue a mayores y, en diferentes entrenamientos, Merkel decidió hacerle saber a Bezerra que tenía que cortarse el pelo. Y lo hizo a su manera. Cada vez que Merkel se cruzaba con el brasileño en los entrenamientos, Míster Látigo le comentaba: «Es usted una nena». El primer día hizo gracia en el vestuario, el segundo ya no tanta; con el pasar de los entrenamientos, la situación empezó a ser insostenible, porque la tensión entre entrenador y delantero se cortaba con un cuchillo. Merkel tenía una mentalidad completamente cerrada y no estaba dispuesto a ceder. La melena de Bezerra se convirtió en un asunto de Estado en el vestuario rojiblanco y cuentan las malas lenguas que hasta llegó a sentarse en el banquillo en un par de partidos simplemente por seguir queriendo tener el pelo largo.

El asunto quedó zanjado una mañana que Bezerra llegó pronto al entrenamiento, en pleno invierno. Se presentó con un gorro de lana, se quitó la ropa y se cambió para comenzar la sesión. Cuando sus compañeros le instaron a salir a entrenar, Bezerra se negó en rotundo: «Hasta que no venga el míster, no salgo». Minutos después apareció Max Merkel en las dependencias colchoneras y justo entonces el brasileño se quitó el gorro. Se había rapado la cabeza al cero. El vestuario explotó en un mar de carcajadas, Merkel le dio el visto bueno y Bezerra volvió a ser titular indiscutible.

Un año después, Merkel fue despedido del Atlético de Madrid y el vestuario respiró aliviado porque se terminaba aquella dictadura. Bezerra siguió jugando en el Atleti y logró ganar dos ligas y dos Copas, y llegó a ser finalista de la Copa de Europa y a ganar la Intercontinental en el Manzanares. En 1977 regresó a Argentina para jugar con Boca Juniors.

Eso sí, al final, algo de razón tenía Merkel cuando sostenía que Bezerra parecía más un cantante que un futbolista, porque años después Heraldo decidió dar el gran salto a la música. Compuso y grabó su propio disco, repleto de canciones de amor, dedicadas a su esposa, María José, una bella argentina. Apenas tuvo tiempo para disfrutar de su carrera musical, porque Bezerra acabó falleciendo en un trágico accidente de coche cerca de la localidad de Campana, en la provincia de Buenos Aires, cuando viajaba a Rosario para visitar a sus suegros. La carretera se lo llevó en la flor de la vida. Apenas tenía treinta y un años. Su pérdida fue un mazazo para todos. Dejó una estela de goles, un puñado de canciones de amor y una melena que causó sensación en aquel Atleti de los años setenta.

90

Bigote indomable

Jugaba como los ángeles. Se formó en el Salesianos de Atocha, le dijo que «no» al Madrid y se convirtió en uno de los emblemas del Atlético de Madrid de los años setenta. José Luis Capón, uno de los bigotes y de las melenas más característicos de la historia rojiblanca, se nos fue en 2020. Llegó como medio y jugó como lateral, pasando a ser el sucesor natural de un ídolo como Isacio Calleja. Capón, todo corazón, fue uno de los integrantes de aquel Atleti que conquistó una Copa Intercontinental (1975), dos ligas (1973 y 1977) y una Copa del Generalísimo (1976). ¿Su suerte? Ser del Atleti. «Nací atlético, viví atlético, fui atlético y encima triunfé muy cerca de donde nací, en Legazpi». José Luis nos dejó por culpa de una maldita neumonía, pero fue uno de los futbolistas más queridos por la parroquia rojiblanca, que se rindió a su entrega, compañerismo y buen hacer.

Capón pudo haber sido madridista. Trabajaba como mecánico electricista y compaginaba su profesión con el fútbol. En la primavera de 1969, cuando militaba en el Plus Ultra (entonces filial blanco), recibió una propuesta para fichar por el primer equipo madridista. Capón dijo «no» y acabó enrolándose en su equipo de toda la vida, el Atlético de Madrid, con el que alcanzó un compromiso. Comenzó su andadura rojiblanca en el filial, el Reyfra, donde siguió creciendo hasta consolidarse como un futbolista de primer nivel. Se presentó en sociedad ante el Dinamo de Zagreb croata, en un partido donde fue seleccionado por el combinado regional madrileño, el día de Reyes, en el año 1971. Fue en el «partido de la prensa» y, tras su gran actuación, se le pasó a llamar precisamente así, como «el chico de la prensa». A partir de ese partido, comenzó a actuar con cuentagotas en el primer equipo del Atleti, llegando a jugar como lateral izquierdo, aunque no de titular, porque el puesto aún le pertenecía a Calleja. Meses después salió cedido al Burgos, que acababa de ascender a primera; allí se hizo un hueco en el once titular. Cuando regresó de esa particular «mili» en Burgos, se consolidó en el Atlético de Madrid y acabó conquistando el título de liga con el cuadro colchonero. Ese fue el principio de un romance eterno de Capón con la camiseta rojiblanca. De hecho, aquel chaval de Legazpi llegaría a jugar hasta doscientos sesenta y nueve partidos oficiales con la zamarra atlética. También jugó en la selección, con la que debutó en 1973, de la mano de Ladislao Kubala, contra Alemania. Con la Roja disputó trece partidos, tanto como lateral derecho como zurdo. Capón terminó su carrera como rojiblanco en 1980, recibiendo un sensacional homenaje que se culminó con un partido entre el Atleti y la selección nacional de la Unión Soviética. Su última temporada como futbolista fue en el Elche, ya en segunda división.

Su carácter aguerrido dejó huella entre la gente del Atleti. Tenía mucho temperamento y un carácter volcánico. Se rebelaba contra las injusticias y defendía a sus compañeros a muerte. Buena prueba de ello fue aquel episodio memorable en Gijón, en un ambiente encendido, cuando la policía lo sacó del terreno de juego tras un partido contra el Sporting. Acabó en la comisaría. Capón era indomable. Atlético hasta las cachas. Perdió la batalla contra la neumonía, pero ganó la del cariño. Dejó un recuerdo indeleble en una afición que premió su fidelidad a los colores y su ardor guerrero en el césped. Jugó y vivió por y para el Atleti. Fue el «torito de Embajadores». Genio y figura. *Made in* Legazpi: bigote indomable.

91

Artillero de Dios

«Yo antes era un hombre muy descuidado moralmente, llevaba una vida un poco disipada, con salidas nocturnas en compañía de mujeres... Pero todo eso no me llenaba, encontré a Dios y ahora soy más feliz». Era atleta de Cristo. Sus compañeros contaban que vivía pegado a la Biblia y que estaba repleta de goles de todos los colores. Tal era su fe que en su país le llamaban O Artilheiro de Deus (el Artillero de Dios). Fue uno de los grandes goleadores de la historia del Atlético de Madrid; su nombre era Baltazar María de Morais Júnior. Nació en Goiania, Brasil, y despuntó en su primer equipo, Atlético Goianiense. Luego daría el salto al Grêmio de Porto Alegre, después al Palmeiras, luego al Flamengo y finalmente al Botafogo; fue titular en los cuatro grandes del fútbol samba. Ya en aquellos días era un auténtico devoto de la fe en Cristo. Militando en Grêmio, llegó a pedir bajarse del avión en el que iba a despegar con sus compañeros, porque se había olvidado la Biblia en casa. No le dieron permiso y tuvo que viajar y jugar, muy a su pesar. En aquel partido marcó y su equipo ganó; cuando los periodistas le preguntaron si era verdad que estaba molesto por haberse dejado la Biblia en casa, contestó: «Siento que Dios ha perdonado mi descuido». Jamás volvió a olvidarse la Biblia en casa. Y siguió haciendo goles como churros.

En 1985, después de haber logrado un chorro de goles en Brasil, llamó la atención del Celta de Vigo. En el templo de Balaídos encontró la paz, la palabra de Dios y el camino inexorable del gol. Tanto que logró batir el récord de goles en segunda con el Celta: treinta y cuatro tantos en un curso. Aquellas cifras sirvieron para que el Atlético de Madrid se lanzase a por su fichaje.

Su contratación fue un acierto total, porque llegó a ser pichichi de primera como rojiblanco, con treinta y cinco dianas en el campeonato de 1989. En total, el Artillero de Dios anotó sesenta y un goles en noventa y tres partidos con la casaca rojiblanca. Una barbaridad. Admirado por los compañeros y querido por la afición colchonera, Balta tuvo que salir del Atleti tras el fichaje de Bernd Schuster por el cuadro rojiblanco. Entre lesiones y algunos bajonazos de forma, mantenía una relación muy particular con el presidente colchonero. Si atravesaba una racha goleadora importante, Gil y Gil le trataba como a un hijo. Si la portería se hacía pequeña, Gil explotaba aireando detalles de su vida privada. «A veces, Baltazar parece un curilla en lugar de un futbolista. Está desquiciado por la religión». Más desquiciado por sus suplencias que por la religión, ya que se volvieron continuas, Baltazar comprendió que su final en el Atleti estaba cantado. Dicho y hecho. La llegada de Bernd Schuster provocó su salida, porque en aquellos años existía un cupo de jugadores extranjeros y se había quedado sin sitio con la llegada del alemán, al que Jesús Gil reclutó para formar una pareja de lujo con Paulo Futre. Dejó el Atleti para fichar por el Oporto, donde su pólvora se secó: logró apenas tres goles. Tras una experiencia en el fútbol francés, dos años en el Stade Rennes, Balta decidió hacer las maletas y dejar Europa. Con los treinta y tres ya cumplidos, regresó al fútbol de su país para fichar por el equipo de su ciudad natal, el Goiás. Pudo haberse retirado, pero dos años después fichó por el Kioto de la J. League; colgó las botas en el país del Imperio del Sol Naciente. Nunca tuvo el brillo mediático ni el reconocimiento goleador del que gozaron cracks brasileños de la época, como Careca, Muller, Romario y Bebeto, pero Baltazar tenía algo divino. Una Biblia llena de goles.

92
11-M

Fue un 11 de marzo. En el momento justo, cuando el Atleti sufría, cuando la agonía era máxima, cuando la afición rezaba todo lo que sabía. Marcos Llorente aparecía, majestuoso, poseído por una furia salvaje, para conquistar las praderas de Anfield, liderando la victoria de los poetas guerreros de Simeone en casa del entonces imbatible Liverpool. Fue el último gran partido con público antes del maldito virus. Fue el principio del fin de aquella máquina *red*. Y el origen de la explosión más potente e inesperada de la historia contemporánea del fútbol español: la de Marcos Llorente. Y la de aquellos comentarios maledicentes que se mofaban de Simeone por colocarle de delantero. Que la verdad no te estropee un buen prejuicio. En apenas un año, Marcos Llorente protagonizó un cambio futbolístico digno de un guion de Hollywood. El Cholo le acercó al área y, desde entonces, Marcos se ha convertido en un torbellino imparable. En pesadilla para los contrarios y bendición para los atléticos. Kubala decía que el fútbol era querer, saber y poder. En función de eso, se puede decir que Marcos es el futbolista total. Siempre quiere, siempre sabe y siempre puede.

Apoyado en una fortaleza mental extraordinaria y en un físico espartano, superó todos los obstáculos que tenía en el camino. No jugaba en el Madrid y demostró que valía para hacerlo. El Madrid le traspasó y él dejó claro que el club blanco cometió un error. Llegó al Atleti sin renunciar a su pasado y tuvo que demostrar con hechos su profesionalidad. Algunos se aferraron al «vikingos no», y Marcos lo hizo a su trabajo. Simeone no le puso como titular; lejos de protestar, entrenó el doble. El Cholo no le terminó de ver como pivote y en los entrenamientos decidió acercarle al área, así que Marcos aprovechó su oportunidad. Siempre tuvo una solución para cada problema. Siempre creyó en sí mismo y siempre salió airoso de la dificultad. De mediocentro a delantero, de experto en robos a generar jugadas, de sacar la escoba a pisar el área, de brillar en la destrucción a romper defensas. Residual para Zidane y capital para Simeone, Marcos Llorente mereció lo bueno que le llegó. Fue mucho.

Después de que los gurús se rieran de Simeone por colocarle cerca del área, la realidad puso a cada uno en su sitio. Marcos Llorente renació siendo un futbolista capaz de marcar, asistir, pasar, regatear, presionar, esprintar, ganar línea de fondo y salir ganador de cada duelo. Como en la fiesta de Blas siempre hay alguno que lleva una copa de más, muchos hablaron en el nombre de Marcos Llorente y lo usaron en vano. Como si fuera un *gag*. Creían que Marcos Llorente sería una anécdota, otros que sería una moda pasajera, un jardín botánico donde la espalda pierde su casto nombre. Marcos Llorente fue otra cosa. Un manual humano del cholismo. Alguien que no negocia el esfuerzo y que vive convencido de que, si se cree y si se trabaja, se puede. Anfield no fue casualidad, sino el principio de una explosión tan inesperada como maravillosa. Marcos exploró sus propios límites, y desde entonces vive empeñado en superarlos. Se rebeló contra sus circunstancias y fue producto de sus decisiones. No tiene límite ni techo. El éxito le persigue y es lógico. Siempre le encuentra trabajando. Todo empezó un 11-M, en las verdes y húmedas praderas de Anfield. «Creo que fue un partido que me marcó; a raíz de esa noche, todo cambió. Fue mi noche. Las emociones de ese día van a ser difíciles de repetir. Se irán a la tumba conmigo».

93

Altarejos

Si el Atleti te mata y te da la vida, amigo Fernando, tú me mataste y me diste la vida. Fuiste, eres y serás el Atleti, y el Atleti fue, es y será como tú, Altarejos. «Este año ganamos la liga, lo demás no importa». Ese fue tu último deseo cuando nos dejaste antes de Navidad, hace años, cuando sacaste un abono para el tercer anfiteatro y quien esto escribe se rompió en mil pedazos cuando tu padre le regaló un abrazo interminable. Te fuiste un día 14, como el número de tu capitán, Gabi. Como el que llevaba cosido a la espalda tu comandante, Simeone. Te fuiste dejando un reguero de cariño entre todos los que te querían. Te fuiste siendo el tipo más valiente que he conocido jamás, porque, asumiendo que el fracaso es el único sitio en el que nos sentimos seguros, regateaste el porvenir yendo de frente, siempre en dirección contraria, a pecho descubierto. Resistiendo. Dando una lección de entereza, sabiendo que ibas a perder mientras intentabas ganar, ganar y volver a ganar. Te fuiste sin negociar el esfuerzo, sin dejar de creer, demostrando que existe otra manera diferente de entender la vida.

Entraste en mi vida sin llamar, nos unió esa droga dura que es el Atleti y te fuiste cuando más te necesitaba. Cuando me dijeron que estabas enfermo, monté en cólera al saber que no quisiste que lo supiera, porque no querías que te viera así. Cuando te comunicaron que no había remedio, me seguiste enviando mensajes sobre Simeone. Cuando los médicos te dijeron que ese partido ya no lo podrías ganar, querías reencarnarte en Gabi. Cuando ya no pudiste caminar y te ingresaron, seguiste enganchado al Atleti con tus compañeros de Movistar. Cuando ya no podías ni sujetar el teléfono, porque te dolía hasta el alma, no protestaste, ni te quejaste, para ser todo lo que es el Atleti. Combatiste y te levantaste, después de cada paliza, para recibir otra, aunque no tuvieras ganas de hacerlo. Cuando el árbitro de tu vida te dijo que estabas en el tiempo extra, pensaste en lo que pasa cuando besa la red un gol de Ayala. Y cuando tu corazón se paró y el mío se hizo un ovillo, cuando se te apagó la luz y mi mundo se hizo un lugar mucho peor, te fuiste soñando con un título... partido a partido.

Meses después, el Atleti no pudo ganar la liga y sentí que estábamos en deuda. Hoy, años después, el Atleti, tu Atleti, nuestro Atleti, es campeón. Porque si se cree y se trabaja, se puede. Claro que se puede. Siempre se puede. No te veo, pero te siento. Y te escucho desde el fondo del bar, subido a la silla, gritando con furia: «Verdades como puños que golpean la realidad». Te fuiste sin irte. Te fuiste, pero sigues aquí, porque siempre estás presente, Altarejos. Hoy tu Atleti te ha pagado lo que debía y me cuesta escribirte. Te fuiste sin que tu última voluntad se cumpliese, pero el Atleti siempre vuelve. Lo ha hecho a lo grande, siendo a veces el Atlético de Madrid, y otras, el Atlético de Miocardio. Resistiendo. Querías un título antes de dejarnos y ahora tienes lo que querías. Festeja, celebra, abraza, ama, salta, ríe y canta. Hoy es un gran día para esa pasión inexplicable que otros llaman vida y tú llamas Atleti.

Hoy estaré eufórico, me pondré la camiseta, llamaré a mi padre, a mi madre, a mi hermana, a los del Treze Bar, a los Replicantes, a María José Navarro, a mi Doniphon del alma, a mi hermano Zarza y al Pernales. Esta noche compartiré mi alegría con tu comandante Simeone y con tu héroe Gabi. Felicitaré a toda la legión atlética y explicaré en la televisión por qué me quema el pecho el inextinguible fuego del Atleti. Pero, antes de todo eso, permíteme que mi primer recuerdo sea para ti. Han pasado años desde que te fuiste, pero el Atleti te ha cumplido. Ha ganado la liga del coronavirus. Hubo gradas vacías y hospitales llenos, pero el Atleti te ha cumplido. Eres campeón. Como soñaste, como quisiste, como anunciaste. Como merecía tu familia. Como estaba escrito. Todo nos cuesta el doble que a otros, pero cuando toca resistir, somos del Atleti de Madrid.

¿Recuerdas que pensábamos que el Atleti es hacer posible lo que todos te dicen que es imposible? Estaba equivocado, socio. Es más que todo eso. El Atleti te mata y te da la vida, forma parte de lo que amamos, sentimos, protegemos, queremos y recordamos. Es una pelea constante de personas que luchan como hermanos, derrochando coraje y corazón. Es un veneno que se te mete dentro y te recorre la médula. Ser del Atleti es compartir con gente como tú, porque mi Atleti fue, es y siempre serás tú. El día que nos dejaste huérfanos de tu energía, sentí un vacío inmenso. Hoy lo ha llenado el Atleti. Y aunque a veces me siento un fracasado porque sigo sin formar una familia, porque tropiezo siempre en la misma piedra y porque mi peor enemigo soy yo mismo, te diré algo, pequeño demonio: tu Atlético de Madrid le ha dado alegría a mi corazón. Por fin, te ha hecho justicia. Nos vemos en los bares del tercer anfiteatro. Ve pidiendo la penúltima a mi salud. Fernando. Haz realidad la estrofa de Leiva y Sabina, siéntate en el trono de Neptuno, donde no cabe ninguno que no sepa soñar, partido a partido. Y cuando te pregunten qué es resistir, explícales qué significa tu Atleti. Te quiero, Altarejos.

94

Padre nuestro

Daniel Antolín Hernaiz se fue al tercer anfiteatro a los setenta y ocho años. Fue el socio 1.215 del Atlético de Madrid, se dio de alta el 18 de enero de 1974, fue abonado rojiblanco durante cuarenta y cuatro años, de manera ininterrumpida, y fue el encargado de bendecir el nuevo estadio Metropolitano del club, junto al cardenal arzobispo de Madrid. El padre Daniel fue el párroco del club desde los años sesenta hasta el día de su muerte, siendo guía espiritual, apoyo y embajador del club, entregándose en cuerpo y alma a su segunda religión, el Atleti. Su vida se apagó lentamente después de sufrir un accidente de tráfico en su localidad natal, Pineda de la Sierra (Burgos); falleció tras haber estado ingresado durante varios días. Fue un hombre bueno, un apasionado del sentimiento colchonero y un ser humano entrañable, que siempre tuvo un comportamiento ejemplar. Su irreparable pérdida, para todos aquellos que tuvieron el honor de conocerle, motivó que el Atleti le dedicase una misa y un emotivo minuto de silencio; en su honor, la bandera del club lució a media asta. Querido por directivos, cuerpo técnico, futbolistas, canteranos, aficionados y periodistas, el padre tuvo una despedida a la altura de su legado moral. La grada sur desplegó una pancarta en la que se podía leer: «Unidos por la misma fe, padre Daniel, D. E. P.».

Daniel fue el padre más famoso del Atlético de Madrid moderno, con permiso de Diego «Padre» Simeone. Durante más de cuarenta años compaginó sus labores de sacerdote con las de capellán del Atleti. Si el equipo necesitaba un milagro, él rezaba. Si algún aficionado pecaba en clave atlética, guardaba el secreto de confesión colchonero. Si el vestuario no andaba bien de moral, se marcaba un sermón. Si el club requería de sus servicios, siempre estaba disponible.

Y si José Ramón de la Morena, en la radio, bien entrada la madrugada, requería un consejero espiritual atlético, ahí aparecía el padre Daniel. Puro Atleti. En vida, bendecía al Atleti en cada partido. Ahora, desde los confines del tercer anfiteatro, en su parcelita en el cielo, sigue velando por las almas atléticas.

95

Un regate de cine

La «cola de vaca» de Romario. La «elástica» de Ronaldo Nazário. La «lambretta» de Djalminha. La «bicicleta» de Leivinha. Regates históricos, míticos, que permanecen instalados en el santoral del aficionado. Y en el olimpo rojiblanco, de pleno derecho, aparece el regate de José Luis Pérez Caminero a Miguel Ángel Nadal en el Camp Nou, en la jornada treinta y siete de aquella liga de veintidós equipos que acabó con el mítico doblete del Atleti de Radomir Antić en 1996. Aquella noche imborrable para la tribu colchonera, el Atleti visitaba el Camp Nou como líder con apenas tres puntos de ventaja sobre el equipo de Johan Cruyff. Ganar era media liga para el Atleti. Perder, abrirle la puerta de la esperanza al Barça. En un estadio abarrotado, en el minuto diez, Caminero recibió la pelota en la banda izquierda del ataque madrileño. A su paso salió Nadal, el tío de Rafael Nadal Parera y, a la sazón, un extraordinario futbolista. Cami recibió y aguantó la pelota de espaldas, escondiendo el esférico como si fuera un diamante. Nadal acudió raudo a la marca, consciente de que el de Leganés llevaba auténtico peligro en sus incursiones, presionándole contra la banda. Caminero amagó con salir de la presión corriendo hacia su izquierda, pero sin llegar a tocar la pelota. Nadal picó el anzuelo y se lanzó en la misma dirección, intuyendo hacia qué lado se desplazaría el colchonero. Nada más avanzar su paso hacia el costado, Cami giró sobre sí mismo y tocó la pelota en la dirección contraria, desconectando de la marca a Nadal, a la par que aceleraba hacia el área azulgrana. Un quiebro mágico, seco, imparable, inesperado. Una maniobra que dejó helado al Camp Nou. Cami metió la quinta, levantó la cabeza y puso la pelota en el área. Allí apareció Roberto Fresnedoso, como un trueno, para empujar la pelota a la red. El Atleti había pegado primero. Se llevaría aquel partido (1-3) y también esa liga tras un regate endiablado que alcanzaría la categoría de inmortal para los rojiblancos.

Caminero rememoraba con el periodista Enrique Ortego, en *Relevo*, aquel regate que forma parte de uno de los mejores recuerdos de su vida: «Es un regate que entrenábamos con Resad Kunovac, que entonces era el segundo de Antić. Todos los miércoles ensayábamos regates, pases, controles... Y esa jugada era una de las que hacía yo especialmente. Aquel día salió perfecta. Amago que me voy a ir hacia dentro, hacia mi portería; él lo adivina y entonces se coloca en la posición idónea para robarme el balón. Entonces lo que hago es volver hacia atrás y, cuando quiere rectificar, Nadal se escurre». Caminero, que tras su impresionante amago y posterior quiebro también tiene luego que sortear al árbitro Prados García, sorprendió al mundo con una maniobra tan inesperada como efectiva. Aunque el tanto lo firmó Fresnedoso, ese gol fue bautizado por muchos aficionados como el «gol de Caminero», porque pocos recuerdan la autoría del tanto, pero siempre la de aquel regate. Dos días después de aquella extraordinaria jugada y de ese colosal triunfo de los de Antić en el feudo azulgrana, Caminero y Nadal se reencontraron en la selección española, entonces dirigida por Clemente. Nunca hablaron de aquello. El que sí lo suele hacer es Roberto Fresnedoso, con gran sentido del humor. «Manda narices [risas] que yo marcara aquel gol y nadie se acuerde, porque todos recuerdan el regate de Caminero a Nadal». Un crack.

Veinticuatro años después, aquel regate estupendo quedó inmortalizado en la gran pantalla. El quiebro de Caminero a Nadal apareció en *Carne trémula*, de Pedro Almodóvar, en una escena en la que charlaban los actores Liberto Rabal y Javier Bardem. La frase de Bardem, atlético confeso, tanto en la película como en la vida real, ya forma parte de la historia del cine español: «Este Caminero es la hostia... Olé sus huevos». Almodóvar pidió las imágenes del gol al Atlético de Madrid y se puso en contacto para invitar al preestreno a Cami, que no pudo asistir porque coincidía con un partido del equipo; tuvo que ir al cine a ver la película por su cuenta, la semana siguiente. «Fue un poco chocante. No pude hablar con Javier Bardem, pero sí con su hermano Carlos (también atlético). Es un gran recuerdo». Un regate de cine.

96

Tu vida somos nosotros

Diego Pablo Simeone respira fútbol las veinticuatro horas del día. Desayuna fútbol, almuerza fútbol, come fútbol, merienda fútbol y cena fútbol. Es un auténtico obseso del balón, un tipo que se entrega en cuerpo y alma a su pasión y que siente que su trabajo es un relato íntimo de su vida. Que el Cholo está «loco» de remate por el fútbol no es ningún secreto. Forma parte de su manera de ser. Sin embargo, esa pasión inexplicable por el Atleti y esa constancia en el trabajo quedaron crudamente expuestas en una anécdota que el propio Simeone contó en el documental de televisión que se grabó sobre su vida, sus hábitos, su familia y su fuerte vínculo con el Atleti. El punto álgido del relato vital de Simeone fue el capítulo en el que se analizaba cómo es el día a día del Cholo y su relación con su familia. El propio Simeone, con voz entrecortada y visiblemente emocionado, contaba una anécdota con su hija, acerca de su visión de la vida. «El fútbol es mi vida», había dicho una y otra vez. En un momento dado, su hija pequeña, con apenas cuatro años en aquel entonces, le corrigió: «No, tu vida somos nosotros». Simeone miró a su hija, se encogió de hombros y reflexionó, emocionado, en voz alta. «Tenía cuatro años, pero, bueno, tenía razón».

La serie del Cholo, estrenada en Prime Video, no solo desmenuza la carrera de Simeone, o sus vivencias, o su ajetreado día a día. La serie, realmente intensa, hizo las delicias de los seguidores del Atlético de Madrid, pero también enganchó desde el primer instante a los aficionados del resto de los equipos. Era puro Simeone. El entrenador y la persona. Sin filtros. «La intención no es que la gente vea solamente la parte del fútbol, sino mostrar la parte humana del entrenador». Su vida, partido a partido. Si el Atleti gana, se come fuera de casa. Si se pierde o empata, se come en casa. «Si uno no sabe sufrir la derrota, no sabe festejar la victoria. Perder o empatar no es igual que ganar». Capítulo aparte merece el episodio de «la mesa chica», donde el cabeza de familia se acuerda de la figura de su padre y donde los espectadores pueden comprobar cómo solucionan sus problemas los Simeone. Mirándose cara a cara, diciéndose las verdades reunidos en torno a esa particular «mesa chica» donde todos hablan, todos pueden expresarse y todos opinan sobre la familia. La «mesa chica» de los Simeone desnuda la manera de ser de un tipo que vive cada día como si fuera el último, consciente del desafío emocional que le supone un trabajo diario que le exige el máximo. De ahí esa «mesa chica». Sentarse todos cara a cara, confesándose a tumba abierta, poniendo cara de culo para decirse unas cuantas dolorosas verdades, si hace falta. Sin familia no hay equipo.

97

Furia

Si existe un caballo famoso en la historia del Atlético de Madrid ese es Imperioso. Era un semental que había costado una auténtica fortuna, al que el presidente Jesús Gil y Gil consentía y mimaba hasta el extremo. Gil solía pasar mucho rato con él, le visitaba frecuentemente en los establos y hasta llegó a consultarle si debía echar un entrenador. Si los resultados no eran buenos, mantenía una charla surrealista con su caballo y le preguntaba: «Imperioso, ¿qué hago con fulano, le echo?». Imperioso relinchaba o se mantenía impasible ante las caricias del presidente que, después de su pregunta, hacía justo lo que el cuerpo le pedía: echar al entrenador de turno y contratar a uno nuevo. Imperioso, más allá de su extraña condición de consejero áulico presidencial, también participó en el desfile de celebración del doblete colchonero de liga y Copa en 1996. Sin embargo, no fue el único animal que formó parte de la particular fauna rojiblanca en aquellos años.

Gil y Gil llegó a presumir de otra mascota. Concretamente, de un cocodrilo que le regaló Fidel Castro durante una visita a Cuba. El bicho en cuestión se llamaba Furia. El animalito apenas medía veinte centímetros, pero los expertos aseguraban que, cuando creciera, podría llegar hasta los seis metros. Gil presentó a Furia ante los medios contando que había sido un obsequio del régimen cubano mientras jugueteaba con su nueva mascota, a la que llevaba atada con una correa, como si fuera un perro. Cuando el reptil creció y se convirtió en un cocodrilo adulto, Gil no tuvo más remedio que ceder su custodia al Fondo Mundial para la Naturaleza, para que no le faltasen cuidados y atenciones.

Por cierto, Furia estuvo presente en el palco de autoridades, entre las manos del presidente, durante un Atlético-Tenerife saldado con triunfo colchonero. El cocodrilo fue talismán. O al menos Gil y Gil quiso creerlo así. Asistió al partido, propinó algún mordisquito a las manos de su dueño, y cuando el encuentro terminó, acabó en una pecera instalada en el despacho de Gil, que estaba feliz como una perdiz. Su Atleti llevaba dos meses sin ganar. Y con Furia en el palco, logró una victoria que necesitaba como el comer.

Lo cierto es que Gil no siempre vio a ese cocodrilo como una simple mascota o como un gracioso talismán deportivo. Buena prueba de eso es que el presidente atlético llegó a amenazar a uno de sus jugadores, concretamente al colombiano Adolfo «el Tren» Valencia, con ser pasto de Furia cuando el cocodrilo creciese. Afortunadamente, la amenaza no se consumó, pero Valencia, que se las había tenido tiesas con el de Burgo de Osma, ya sabía lo que había. Si Furia hubiera sido un cocodrilo adulto, Gil se lo habría dado para cenar con sumo gusto.

Algo parecido, pero a la inversa, fue lo que pasó cuando le preguntaron a Quique Setién por la mítica mascota de Gil. Al exfutbolista y entrenador cántabro, a quien había despedido de manera fulminante y con malas formas, se le preguntó sobre el cocodrilo cubano que le habían regalado al presidente, y ni corto ni perezoso respondió con contundencia: «¿Mi opinión sobre Furia y Jesús Gil? A ver si el cocodrilo crece, se hace grande y se lo come».

98

Parecía el Congo

El Atleti había logrado el mítico y festejado doblete en 1996. Como premio, el cuadro colchonero, con Radomir Antić en el banquillo, jugó la Copa de Europa. Después de una fase de grupos notable, donde llegó a ganar en el campo del que sería posteriormente el campeón, el Dortmund, con un gol olímpico de Milinko Pantić, el Atleti se enfrentó en cuartos de final al Ajax de Ámsterdam. Por aquel entonces, el cuadro ajacied estaba entrenado por el polémico Louis van Gaal («nunca *positifo*, siempre *negatifo*»). El partido de ida se jugó en el Amsterdam Arena y el equipo colchonero logró un esperanzador empate (1-1), que le colocaba en buena posición para pasar a semifinales, pues todo se decidiría en el Vicente Calderón.

Sin embargo, lo deportivo pasó a un segundo plano después de unas declaraciones surrealistas de Jesús Gil nada más acabar el partido. El presidente, preguntado por el duelo ante los neerlandeses, dejó caer una reflexión que conmocionó al mundo del fútbol: «Los negros del Ajax… Eso parecía el Congo, dicho con todos los respetos. Mirabas a un lado y había cuatro negros calentando, mirabas a otro y había cinco, y en el campo, otros tres. Salían negros de todas partes, como si fuera una máquina de hacer churros. Y conste que no soy racista», dijo el presidente del Atleti. Sus palabras provocaron un terremoto en el fútbol mundial, acapararon portadas, tertulias y debates, generando una gran controversia y una repulsa pública por parte del Ajax.

El equipo holandés, terriblemente molesto, y con razón, decidió no acudir a la comida oficial entre directivas en Madrid que tenía que celebrarse antes del partido de vuelta. El revuelo por las palabras de Gil y Gil fue tan grande y generó tal rechazo por parte del mundo del fútbol que el presidente se vio «obligado» a dar una conferencia de prensa para explicarse, disculparse y quitarle hierro al asunto. Lo hizo rodeado de micrófonos y una inusitada expectación, con un inglés tan precario como macarrónico que provocó una rueda de prensa hilarante. El discurso de Gil, tan infantil como inconexo, fue surrealismo en estado puro. Su discurso tuvo dos fases absolutamente descacharrantes. La primera: «*If I say "black", no problem.* [...] *No problem. But if I say black, black, black, black all days, is very bad*». Y la segunda: «*I am white, the color is no problem.* Ahora, y tal... *I think... Excuse me* [pausa enorme y conclusión final]. *The color no problem for man*».

Tras la aparición incalificable de Gil y su genuino «dominio» de la lengua de Shakespeare, el Ajax saltó al césped del Calderón tremendamente motivado. Aquello era más que un simple partido para los holandeses. El Atleti, con el Calderón completamente lleno, dejó pasar una oportunidad de oro para estar en semifinales; en un partido completamente loco, donde falló un penalti y múltiples ocasiones de gol, acabó cayendo en su estadio por 2-3, con un golazo de Dani Carvalho, un portugués letal con cara de niño que pudo haber hecho carrera como modelo. Aquella eliminación en Europa fue un mazazo inesperado. El Atleti creía que podía llegar a la final, pero se despidió antes de tiempo ante un Ajax que aprovechó sus ocasiones al máximo y dejó mudo al Calderón. Dani, por cierto, acabaría años después fichando por el Atleti.

99

El derbi de *Estudio estadio*

Fue un derbi explosivo. Caliente como pocos. Y uno de los más polémicos de toda la historia de los duelos entre Real Madrid y Atlético de Madrid. Corría la temporada 1988-89 y, en aquel partido eléctrico en el Santiago Bernabéu, el mundo se detuvo en una de las jugadas más comentadas y famosas de la historia de nuestro fútbol. Los protagonistas, Paco Buyo, portero local, y Paulo Futre, delantero visitante. Pitaba Martín Navarrete. La jugada en cuestión sucedió cerca del área del cuadro merengue. Buyo salió de ella para cortar un avance de Futre, que estaba a punto de controlar el balón. El meta de Betanzos, en lugar de despejar el esférico y conjurar el peligro, prefirió conducir la pelota hacia delante y el portugués del Atlético de Madrid acudió raudo a disputarle el cuero. Los dos chocaron. Buyo exageró la embestida y Futre salió despedido hacia el lado contrario en el que se había producido el contacto. Ambos se revolcaron por el césped quejándose de haber sufrido una falta. Mientras Futre se encontraba tendido en el suelo, Buyo avanzaba hasta su posición dando vueltas sobre sí mismo, retorciéndose de dolor mientras hacía la croqueta. Cuando se coloca a la altura del portugués, llegan rápidamente Orejuela y Manolo, para recriminar al gallego su comportamiento. Buyo repta sobre sí mismo para acercarse lo máximo posible a Futre, saca el puño para golpear al luso y, cuando ve que Orejuela llega hasta su posición, finge que

EL DERBI DE ESTUDIO ESTADIO

le ha agredido. El árbitro, a varios metros de distancia, ve cómo Buyo se lleva las manos a la cabeza como si hubiera recibido un golpe y decide expulsar al jugador atlético con roja directa. En las imágenes se puede apreciar, con nitidez, que Buyo finge, no hay ningún tipo de contacto con Orejuela, al que rápidamente apartan de la acción Míchel y Martín Vázquez. Cuando el colegiado expulsa a Orejuela, Futre se echa las manos a la cabeza y repite al árbitro que nadie ha tocado a Buyo. Las protestas son en vano. Orejuela enfila el camino a los vestuarios. Minutos después, Manolo se marcha absolutamente solo al arco del Real Madrid; cuando ha regateado la salida desesperada de Buyo, el portero madridista se lanza literalmente contra el delantero colchonero, agarrándole, golpeándole y derribándole sin balón de por medio. El árbitro decreta la falta, pero no expulsa a Buyo. Jesús Gil y Gil explota nada más ver la jugada: «Es un robo, no hay derecho». El Atlético de Madrid acaba perdiendo el partido gracias a un gol postrero de Martín Vázquez en el minuto noventa y uno. El encuentro termina con Futre fuera de sí, expulsado por sus constantes protestas; posteriormente, le sancionarían con tres partidos. Días después del encuentro, el Comité de Competición le quitaría la tarjeta roja a Orejuela y castigaría a Buyo con cuatro partidos por haber fingido una agresión y por su conducta antideportiva.

Media España se agolpó delante del televisor para poder ver, con sus propios ojos, cómo había sido la polémica jugada de la que todo el mundo hablaba, entre Futre y Buyo, con la expulsión aparejada de Orejuela. El programa *Estudio estadio*, de Televisión Española, emitió su resumen del partido. Las crónicas de los periódicos y las narraciones radiofónicas hablaban de polémicas, agresiones, insultos y máxima tensión, pero muy pocos habían podido observar las repeticiones de las jugadas. Además, Televisión Española había decidido antes del encuentro hacer un seguimiento particular de las reacciones de Jesús Gil durante el partido, ya que el presidente atlético prefirió no acudir al palco, puesto que por aquel entonces había roto relaciones con Ramón Mendoza.

Estudio estadio emitió aquella noche el resumen del partido, todas las reacciones de Gil, todas las jugadas polémicas y, por supuesto, las repeticiones donde quedaba claro que Orejuela no había agredido a Buyo y que, en cambio, el portero del Madrid sí había intentado dar un puñetazo a Futre, para acto seguido simular que Orejuela le había pateado cuando estaba tendido en el suelo. La emisión de aquellas imágenes por parte del ente público causó el malestar del Real Madrid, que se mostró agraviado por el tratamiento informativo que se le dio a la jugada. Y el presidente Mendoza montó en cólera.

Desde ese partido, Paulo Futre incrementó su odio deportivo al Real Madrid y cultivó uno más profundo hacia Paco Buyo. Algo que él mismo reconoció. Era de tal calibre que el portugués se motivaba antes de cada duelo ante el Madrid colocando la foto de Buyo en el baño de su casa, para recordar a todas horas quién era su enemigo y cómo debía tratarle. Su venganza deportiva se consumó en el Bernabéu, en una final de Copa donde el portero gallego, que voló de palo a palo, fue incapaz de atajar un misil que llevaba la firma del portugués. Hoy el tiempo ha borrado aquel odio y ambos se abrazan cuando se ven, pero, durante años, España sabía que Futre y Buyo eran agua y aceite.

100
Álvarez Margüenda

El Atlético de Madrid tenía la liga de 1980-81 en su mano. Era líder destacado a ocho jornadas del término de un campeonato que dominaba con puño de hierro. El equipo, dirigido por José Luis García Traid, había derrotado al Barcelona con claridad y era el máximo favorito para llevarse el título. En la jornada vigésima séptima, en un campeonato que otorgaba dos puntos por cada victoria, llevaba cuatro puntos de ventaja sobre el Barça y seis sobre la Real Sociedad. Su entonces presidente, el doctor Alfonso Cabeza, confiaba en conseguir un campeonato liguero que el equipo merecía y que solo tenía un gran enemigo: las desafiantes declaraciones de su propio máximo mandatario.

Cabeza, rebelde por sistema, no conocía el término medio, gustaba de «arrimarse al toro» en demasía y tenía una forma de comportarse realmente polémica. Gran parte de su junta directiva dimitió al no compartir las formas de su presidente, que fue relevado de su puesto de director del hospital La Paz y llegó a ser multado, expedientado y hasta suspendido por la Federación en varias ocasiones. Cabeza era, sobre todas las cosas, el gran temor de los aficionados atléticos, que sospechaban que sus constantes declaraciones, acusaciones y provocaciones podrían generar malestar en el ente federativo y, por tanto, en los arbitrajes que sufriera el equipo en los partidos que restaban para concluir el campeonato. Cabeza hacía honor a su apellido: era un auténtico dolor de cabeza para los colegiados, y en el Atleti pensaban que sus declaraciones podrían ser un freno para la conquista de la liga. Así fue.

En Sarrià y ante el Espanyol, un arbitraje polémico de Emilio Guruceta contribuyó a la derrota del Atlético. Justo después llegaría un inesperado empate en casa ante el Salamanca tras un pésimo partido del cuadro colchonero. Y, de propina, otra derrota en Gijón, con un arbitraje que provocó las iras de los atléticos, con Cabeza, por supuesto, a la cabeza.

A cuatro jornadas del final, el Atlético de Madrid lo seguía teniendo en su mano. Recibía al Real Zaragoza en el Vicente Calderón, con arbitraje de Álvarez Margüenda. En un clima de sospecha generalizada y tras tres partidos sin conocer la victoria, el líder debía ganar en casa para mantener su distancia intacta. Miguel Ángel Ruiz puso al Atleti por delante, pero el público del Calderón pronto mostró su disconformidad con el árbitro por las continuas duras entradas sobre Rubén Cano, que tuvo que salir del campo, lesionado, cuando apenas habían transcurrido cinco minutos del partido. Después llegó el show de Álvarez Margüenda. Uno histórico, que todavía recuerdan los atléticos más viejos del lugar. El árbitro ignoró dos penaltis claros a favor del Atleti, pitó una pena máxima para el Zaragoza, anuló un gol legal al brasileño Dirceu, expulsó a Marcos y también a Robi; el Atleti acabó con nueve jugadores. El cuadro maño ganó en el estadio Calderón por 1-2 (Pichi Alonso y Valdano), el Atlético abandonó el césped protestando por un arbitraje infame y la parroquia colchonera estalló contra lo que consideraban un «atraco a mano armada» contra su equipo. La grada abucheó al árbitro, cayeron innumerables objetos, el césped se convirtió en una lluvia de almohadillas, una parte de la valla cedió ante el empuje de los hinchas del Atleti, un juez de línea fue agredido y varios aficionados saltaron al campo con la intención de llegar hasta la posición del árbitro Álvarez Margüenda.

De hecho, según el relato periodístico del partido, hasta una señora saltó al césped con un zapato en la mano para pegar al árbitro; no logró su objetivo y más tarde necesitó asistencia médica porque había padecido un ataque de histeria. En realidad, aquella señora pedía ayuda para su marido, que, fruto de la tensión, había sufrido un ataque al corazón en los instantes finales del partido. El árbitro sale escoltado del campo y los antidisturbios tienen que emplearse a fondo. El césped es un océano de almohadillas. El doctor Cabeza explota contra todo y contra todos. Se siente estafado, robado y perjudicado adrede. Y no se corta un pelo en airearlo públicamente: «Esto es una conspiración, pero no voy a irme del fútbol. Voy a desenmascarar a los muchos sinvergüenzas que hay, con nombres y apellidos», amenazó. Al día siguiente, los diarios deportivos fueron explícitos en sus portadas para contar lo que había sucedido en el Vicente Calderón. *Marca* tituló: «Vergüenza». Y el diario *AS* apuntilló: «Escándalo».

Al Atlético le quedaban tres partidos. La visita a Mestalla, donde debía jugar sin seis titulares (entre lesiones y sanciones) y al Bernabéu, más un duelo en casa ante el Osasuna, que debía jugar en campo neutral, en Albacete, ya que el Calderón fue clausurado por los incidentes ante el Zaragoza. En la víspera del choque del Bernabéu, el doctor Cabeza convocó a su afición a pasar la tarde en el Manzanares, comiendo tortilla de patatas, explicando que «no merecía la pena acudir al Bernabéu» porque era «ir allí para que nos roben». No ganó en Mestalla. Tampoco en el Bernabéu. Ni al Osasuna. A falta de ocho partidos, el Atleti era líder destacado y tenía la liga en la mano. Al final, no se llevó los dos puntos de ninguno de sus últimos siete partidos. Cero. Solo sumó tres puntos. Acabó tercero. El campeón fue la Real Sociedad gracias a un gol de Zamora en el último instante, en El Molinón, cuando el Madrid ya festejaba el título.

Años después, Cabeza recordaba aquella polémica liga en el diario *La Razón*, denunciando que «hubo un contubernio en un restaurante, no recuerdo si en Torrejón o en Alcalá de Henares, en el que estaban Pablo Porta, Agustín Domínguez, Vicente Calderón y Armando Sisqués, que era el presidente del Zaragoza. Había otra persona que también ha muerto y que fue quien me chivó todo y me dijo "van a por ti y te van a quitar la liga". "Si llevamos siete puntos de ventaja", dije. "Que van a por ti". Y, efectivamente, vinieron a por mí; el día del Zaragoza, en un partido que teníamos que haber ganado 4-1, nos robaron, 1-2, y allí acabó la historia». Cabeza, después de muchos años de todo aquel escándalo que sacudió los cimientos del fútbol español, aún sostiene que aquello estuvo orquestado: «Dijeron: "Joder, si este gana la liga, hace el golpe de Estado en el cuartel de la Montaña, nos vamos todos a hacer puñetas". Vinieron a por mí y me machacaron».

101

Clattenburg

Rabia. Impotencia. Injusticia. Mark Clattenburg. Ese nombre y ese apellido siempre estarán ligados a uno de los episodios más negros de la historia del Atlético de Madrid. Fue ese colegiado inglés al que se le encomendó la misión de impartir justicia en la final de la Liga de Campeones que disputaron en San Siro Atlético de Madrid y Real Madrid. Su arbitraje convulsionó la final, alteró el resultado del partido y resultó todavía más desagradable para la afición colchonera con el transcurrir del tiempo. Cinco años después de aquella final donde el Atleti volvió a quedarse con la miel en los labios, el polémico trencilla británico rompió su silencio en una entrevista en el *Daily Mail*. Su confesión no tuvo desperdicio.

En ese medio, el inglés admitía que tuvo una serie de errores groseros durante aquella final. «El Real Madrid se puso 1-0 en la primera parte, pero el gol fue en fuera de juego por muy poco. Nos dimos cuenta en el descanso. Era una acción difícil y mi asistente falló», confesó. Su relato proseguía así: «Supe que Bale la había tocado en el medio, lo que facilitó que Ramos marcara el 1-0 en fuera de juego. Entonces le pregunté a mi asistente si había habido ese toque tras el saque de falta. Él estaba totalmente paralizado. No teníamos tecnología y debía reanudar el partido. Finalmente recuperé la comunicación con mi asistente y me dijo que el micrófono y los cascos habían dejado de funcionar justo en ese momento. Estaba muy confundido. Fue una decisión muy difícil». Las repeticiones mostraban que el fuera de juego era claro, pero el gol del Madrid subió al marcador, a pesar de las protestas colchoneras. En la segunda parte, Clattenburg pitó un claro penalti de Pepe sobre Fernando Torres que Griezmann estrelló en el travesaño. Pepe protestó airadamente la pena máxima y el colegiado recuerda que le contestó: «Vuestro primer gol no debería haber subido al marcador. Y Pepe se calló. La gente pensará que es raro, porque dos errores no hacen un acierto. Los árbitros no pensamos así, pero los jugadores sí. Sabía que si le decía eso aceptaría la situación. Pepe estaba rodando por el suelo, actuando. Lo intentó dos veces para ver si expulsaba a algún jugador del Atlético. Otro árbitro hubiera picado, pero yo había hecho los deberes. Es un jugador del que no puedes fiarte. Un partido podía estar siendo fácil y, de repente, él hacía algo», dijo.

Clattenburg, cinco años después, insistió en justificar su actuación en aquel partido. «Fui muy afortunado en esa final, porque se me presentó un penalti de esos que son 50/50. Torres estaba claramente adelantado ante Pepe, muy claramente, y hubo falta. ¿Realmente hubo falta? Es muy subjetivo. Lo pité porque eso devolvía el equilibrio, puesto que el Madrid ya había tenido su oportunidad con ese gol en fuera de juego. Entonces Griezmann chuta y le da al larguero, y yo pensé: "Vaya, este es mi día, es un día perfecto para un árbitro". El Atlético tuvo claramente la oportunidad de empatar el gol en fuera de juego y fallaron. Ahora me culparán a mí, pero no pueden porque Griezmann tuvo la oportunidad del penalti». Surrealista. Estaba más preocupado de lo que dirían de su arbitraje y de ser políticamente correcto que de pitar lo que realmente veía sobre el terreno de juego.

Quizá por eso se comprende que Clattenburg, únicamente preocupado de qué dirían de él cuando acabase el partido, decidiera inhibirse de una serie de lances en los que siempre tomó decisiones favorables al Real Madrid. Primero, ignoró una mano de Ramos dentro del área tras un centro de Griezmann que impactó en el brazo del camero, que tenía las manos completamente extendidas. Con VAR, habría sido un penalti cristalino. No se pitó. Tampoco expulsó a Pepe, autor de reiteradas faltas, provocaciones y duras entradas sobre los jugadores del Atleti. El portugués no vio la amarilla hasta el minuto ciento doce, ya bien entrada la prórroga. De propina, en el tiempo de prolongación, en una clara contra lanzada por Carrasco, no castigó con tarjeta roja una peligrosa entrada por detrás de Ramos, sin opción de disputar el balón. El Atlético exigió la tarjeta roja directa. Clattenburg escogió la amarilla.

En aquella noche negra de Milán, Yannick Carrasco logró empatar el partido, que se iría a la prórroga; todo se decidiría del lado madridista en la tanda de penaltis. Días después de aquella polémica final, Clattenburg se tatuó en su antebrazo izquierdo la Copa de Europa, con la leyenda «Milano 2016», para recordar de por vida su actuación. El único gol legal de aquella final lo marcó el Atlético de Madrid.

102

De Ujfaluši a Vitolo

Tomáš Ujfaluši se metió en el bolsillo a la afición del Atlético de Madrid entre 2008 y 2011. Lo hizo siendo fiel al himno del club: derrochando coraje y corazón. Su fichaje por el Atleti no fue sencillo. En el verano de 2008, el checo había firmado un precontrato con el Sevilla, pero finalmente rompió ese acuerdo y acabó firmando por el cuadro madrileño. Ufa fue denunciado por el equipo de Nervión y tuvo que pagar una multa de 800.000 euros más intereses al Sevilla. Algo parecido, pero peor y más enrevesado, sucedió años después entre ambos clubes. En el verano de 2017, Víctor Machín Pérez, más conocido como Vitolo, era uno de los mejores jugadores de España, un emblema del Sevilla y un internacional absoluto indiscutible. El Atleti peleó por su fichaje, el Sevilla por su renovación, y el jugador, por lograr el mejor contrato posible, para lo que negoció a dos bandas. Fue, sin duda, el culebrón futbolístico de aquel verano.

El Sevilla decidió mover ficha, redactó un contrato donde Vitolo iba a pasar a ser el mejor pagado de la plantilla, y el presidente Pepe Castro se apresuró a dar una rueda de prensa en la que anunció que el jugador no se movería de Sevilla y que había renovado. El futbolista, por su parte, se había desplazado hasta la estación de Santa Justa, tras ser recogido por el capitán Nico Pareja, para estampar su firma de renovación. Sin embargo, Vitolo, que le había dado su palabra al equipo hispalense, nunca llegaría al Sánchez-Pizjuán, ni tampoco a firmar su nuevo contrato. Nada más enterarse de que el Sevilla anunciaba su ampliación de contrato, Diego Pablo Simeone montó en cólera, exigió al consejero delegado del Atlético de Madrid que hiciera un esfuerzo por Vitolo; cuando el jugador estaba llegando a las oficinas de Eduardo Dato, recibió una llamada de teléfono que lo cambió todo: «No firmes, da la vuelta, coge un tren para Madrid y firma con nosotros, que vamos a pagar tu cláusula». Dicho y hecho. Vitolo dio media vuelta, se plantó en Madrid, depositó el dinero de su cláusula de rescisión (35,6 millones de euros), firmó por el Atlético de Madrid y desató una tormenta de decepción y desafección entre el sevillismo. El equipo colchonero decidió que Vitolo disputara la primera mitad de la temporada con la U. D. Las Palmas en calidad de cedido, para después recalar en el Atleti a partir de enero. Así se cerraba el culebrón que mantuvo en tensión a sevillistas, atléticos y canariones durante más de dos intensos meses. En un rocambolesco giro de los acontecimientos, y a pesar de que había empeñado su palabra y de que sus agentes y su padre habían alcanzado un acuerdo para seguir en Sevilla, Vitolo nunca firmó aquel contrato y decidió subirse en marcha al tren del Atleti, por la insistencia de Simeone. La afición del Sevilla le maldijo. Y la del Atleti le recibió con los brazos abiertos.

Muchos aficionados colchoneros pensaron que habían logrado fichar a un futbolista desequilibrante, especial, que le daría al club otro salto de calidad hacia delante, para competir de tú a tú con Madrid y Barça. Nada más lejos de la realidad. Después de aquel controvertido fichaje, Vitolo pasó más tiempo en la enfermería que en el terreno de juego. Acumuló hasta dieciséis lesiones diferentes (rodilla, tobillo, bíceps femoral o muslo), se perdió más de cuarenta partidos oficiales por lesión y su aventura como colchonero fue un fracaso estrepitoso. Cedido sin éxito a Getafe y Las Palmas, donde volvió a ser víctima de sus frecuentes lesiones, Vitolo sufrió un calvario personal. Su carrera, contra todo pronóstico, se fue a pique tras aquel culebrón de verano.

De la noche a la mañana, año tras año, aquel fichaje de relumbrón se convirtió en un lastre. Vitolo estaba llamado a ser un jugador que marcaría las diferencias en el Atleti. La cruda realidad es que solo marcó diferencias en los partes médicos.

103

El caso Van Doorn

Marzo del año 2000. Inmerso en una crisis de proporciones bíblicas, con el equipo coqueteando con un descenso —que finalmente se consumó—, con medio vestuario queriendo darse a la fuga y el club envuelto en una intervención judicial, los aficionados atléticos se desayunaban con una extraña operación financiera que ponía bajo sospecha a su club. Se trataba del caso Van Doorn, una operación que se desgajó del caso Atlético, cuando el juez García Castellón pidió investigar los fichajes que había llevado a cabo el Atlético de Madrid a través de una sociedad holandesa, Van Doorn, dedicada a servicios de intermediación. Al juez le resultó muy extraño que el Atleti accediese a pagar hasta 2.900 millones de pesetas por el fichaje de un delantero serbio semidesconocido, Rade Bogdanović, que militaba en el JEF United japonés, por una cantidad que era casi dieciocho veces mayor de la que el cuadro colchonero había reconocido públicamente que había pagado.

Miguel Ángel Gil Marín, en declaraciones a la Audiencia Nacional, admitió que se había pagado un sobreprecio en ese fichaje, pero que ese dinero se empleaba para asegurarse una serie de contrataciones posteriores de jugadores de mayor nivel; dijo que esa era una práctica muy extendida en el mundo del fútbol. El caso Van Doorn, que durante muchas semanas sobrevoló la actualidad colchonera y fue el epicentro de diferentes polémicas, acabó siendo archivado. Sin embargo, posteriormente, salió a la luz un sorprendente episodio destapado por la prensa. El italiano Alessandro Nesta, uno de los mejores centrales del mundo, había llegado en su día a un acuerdo con la empresa holandesa de intermediación Van Doorn, en el verano de 1998, que le obligaba a fichar por el equipo que dispusiera la citada sociedad cuando acabase su contrato con la Lazio de Roma, a cambio de unos 1.500 millones de pesetas. ¿Qué club había dispuesto Van Doorn? Pues el Atlético de Madrid.

Es decir, que Nesta, cuando acabase su contrato con la Lazio, sería colchonero gracias a las «gestiones» de Van Doorn. Jamás sucedió. Nesta se negó a seguir la hoja de ruta de la empresa holandesa, renovó su contrato con la Lazio y el Atleti se quedó sin uno de los mejores centrales de la época. Nesta, que alcanzó la gloria de *laciale* y después fichó por el AC Milan para ganar dos Champions League, se negó en redondo a considerar firmar por el Atlético de Madrid. Por su decisión, con el paso de los años, tuvo que rascarse el bolsillo y abonar esos 1.500 millones de pesetas (9 millones de euros) a Van Doorn. Nesta no quiso ir al Atleti. Eso sí, su decisión le salió por un ojo de la cara.

104
A de Adelardo, A de Atleti

«A de Adelardo, A de Atleti». Así definió el genial periodista Julio Ruiz al extremeño más mítico de la historia del Atlético de Madrid, Adelardo Rodríguez Sánchez. Con apenas diecinueve años, el pacense aterrizó en el sentimiento colchonero. «Fue después del torneo San Juan, que jugué con el Badajoz. Se me acercó un señor con sombrero y gabardina, y entonces me ofreció fichar». Ese señor era Fernando Daucik, el entrenador del Atleti. Adelardo, ni corto ni perezoso, afrontó así el momento más importante de su carrera deportiva: «Hable usted con ese señor de enfrente, que es mi padre, que yo me voy a las fiestas».

Dicho y hecho. Adelardo se fue a las fiestas de la localidad, Daucik se acercó a su padre y, después de un rato de charla, pactaron el fichaje. Aquella anécdota fue el comienzo de una leyenda que jamás caminará sola en el imaginario de los hinchas atléticos. En su debut, gol. Y en el resto de su carrera, éxito tras éxito. Adelardo vistió la camiseta del Atleti durante la friolera de 553 partidos, marcando 110 goles entre 1959 y 1976. Fue un futbolista completo, sublime, poderoso, que no negociaba cualquier balón dividido y que siempre aparecía cuando el equipo lo pasaba mal. A base de carisma, tesón y calidad, el pacense rubricó una carrera dorada, jalonada de éxitos individuales y colectivos. Adelardo jugó en el Atleti durante diecisiete temporadas; colgó las botas con treinta y siete años. Conquistó tres ligas, cinco Copas del Rey y una Recopa de Europa, y además fue campeón de la Copa Intercontinental, elevando al cielo el trofeo que acreditaba al Atleti como campeón del mundo. De propina, fue internacional con España y jugó el Mundial de Chile por delante de Amancio Amaro.

Adelardo incluso llegó a ganar el trofeo Furia Española. Él sostiene que furia siempre tuvo poca..., pero nadie lo diría, pues los aficionados recuerdan con qué espíritu y rabia jugó aquella eliminatoria de Copa de Europa ante el Celtic de Glasgow en 1974. O su apasionante duelo con Jimmy Johnstone, la gran estrella escocesa. «De todos los goles que he metido, me quedaría, por la rabia que le tenía a ese equipo por la encerrona que nos hicieron en Escocia, con el primero que le hice al Celtic en la vuelta. A Johnstone, en mi inglés [risas], le dije de todo». En la ida, el Atleti acabó con ocho jugadores tras un partido bronco, áspero y donde el colegiado Babacan se hizo famoso. Los jugadores del Atleti acabaron agredidos por la policía escocesa; además, en el aeropuerto, después del partido, tuvieron que ver cómo el responsable del control les tiraba los pasaportes al suelo. En la vuelta, Adelardo se lo hizo pagar caro a los escoceses. Algo de furia sí tenía. Considerado por muchos el mejor centrocampista de la historia del club, Adelardo le ha dedicado toda su vida al Atleti. «Se cumplió una profecía que hizo mi padre. Me dijo que, si me dedicaba al fútbol, llegase a un sitio y plantara raíces. Que no fuera de equipo en equipo». Así fue. «A de Adelardo, A de Atlético de Madrid».

105
Memoria en rojo y blanco

Dicen que la memoria es una amante con la que aprendemos a bailar. Es la capacidad de almacenar información, experiencias, recuerdos y anécdotas. Bernardo Salazar y Acha fue el mejor historiador del Atlético de Madrid; era una enciclopedia de sabiduría, conocimiento, historias y vivencias. Antes de que existieran los superordenadores y los algoritmos, ya estaba Bernardo. Nació en 1942, siempre se consideró un madrileño de la vieja escuela, de la calle Serrano, se licenció en Económicas y fue técnico en publicidad. Pero, sobre todo eso, cultivó con el paso de los años su inexplicable pasión por el Atlético de Madrid, y la compaginó con una tarea que asumió con naturalidad. Ser, de largo, el mejor historiador de fútbol de este país.

Hombre culto, afable, gran conversador y sempiterno fumador, Bernardo tenía una memoria prodigiosa, trufada de recuerdos, curiosidades y anécdotas. Su abuelo, Eduardo de Acha, fue el segundo presidente del Atlético de Madrid. Y él, orgulloso de seguir la estela de su familia, se propuso ser el particular Pepito Grillo de todo aquel que sintiera pasión por esos colores. Su vasta biblioteca, su amplia colección de recortes, sus interminables volúmenes de revistas y su espectacular archivo de datos le llevaron a ser la gran referencia de la profesión periodística. No había un solo detalle, por nimio que fuera, que le pasara inadvertido a Bernardo. Conocía cada partido, cada torneo, cada anécdota, cada acta arbitral, cada récord goleador y cada trayectoria de cualquier futbolista, fuera de la época que fuera y del equipo que fuera. Escribía, contaba, aleccionaba, corregía y aconsejaba.

Quien escribe estas letras tuvo el gran honor de conocerle, de compartir largos ratos de amenas conversaciones en el salón de su casa, rodeado de toneladas de periódicos, libros y objetos de culto de la historia del fútbol. Estar con Bernardo era respirar fútbol. Disfrutar su compañía, hacer un máster en filosofía pelotera. Y ser su amigo era un privilegio al alcance de pocos. Aún recuerdo sus elogios, cómo me defendía con pasión y cómo llegó a montar en cólera y amenazar con dimitir cuando una famosa peña rojiblanca, con cierta solera y abolengo, decidió no aceptarme como miembro. Bernardo era mucho Bernardo. Duro con los problemas y blando con las personas, Salazar fue un adelantado a su tiempo, un hombre estudioso, minucioso y extremadamente inteligente. Perseguía cualquier dato, investigaba cualquier historia, cuestionaba cualquier testimonio y corregía a quien había publicado un dato erróneo. Fue una enciclopedia viviente.

Padre de tres hijos (Bernardo, Borja y Alejandra, jugadora de pádel), pasó sus últimos años de vida luchando contra sus pulmones, en el salón de su casa, que era un museo del fútbol. Si todos somos los trozos de lo que recordamos, Bernardo es imposible de olvidar. Fue la memoria del Atleti. Un maestro eterno.

106
Del arresto al pichichi

Si un héroe es un hombre común que se transforma en situaciones extraordinarias, Manuel Sánchez Delgado fue un héroe para toda una generación de atléticos. Era bajito, ligero y menudo. No era potente ni técnico, no tenía zancada y no es que fuera muy rápido. Sin embargo, Manolo tenía la cualidad más importante que debe adornar a un delantero: el don del gol. Si había que esperar el pase atrás, él lo intuía. Si había que calcular dónde podía quedar la pelota muerta, él aparecía. Si había que tirar un desmarque al primer palo, él acampaba en la zona. Si el defensa se confiaba, él anticipaba. Si Schuster ponía una pelota de cuarenta metros, él creía. Y si Futre regateaba a cinco rivales en una galopada imposible, él liquidaba. Manolo no era un fino estilista ni un duro fajador. Era un jornalero del gol. Otros ponían la poesía, y él siempre cobraba los derechos de autor. Su tarjeta de visita, casi cien goles en primera. Su gran don, estar siempre en el sitio justo en el momento adecuado.

Natural de Cáceres, de pura cepa, formado en el colegio Diocesano y forjado en la barriada de San Jorge, cerca de las casas de la cárcel, Manolo militó en el Cacereño, el Real Murcia, el Sabadell (cedido) y volvió otra vez al Murcia. Su explosión en La Condomina no fue precisamente fácil. De hecho, estuvo a punto de truncarse... por el servicio militar. José Pardo Cano, entonces presidente del Real Murcia, fichó al cacereño, pero surgió un problema: Manolo tenía que hacer la mili en la Comandancia de Marina de Barcelona y no podía jugar. Cano se reunió con muchos mandos militares, negoció, suplicó y finalmente logró que Manolo pudiera disfrutar de permisos especiales por su condición de deportista de élite. Jugaba los fines de semana con el Murcia y, acabado el partido de la jornada, regresaba al cuartel. ¿El problema? Alguna que otra vez regresó más tarde de la cuenta a Barcelona y acabó arrestado, pasando un par de semanas en el calabozo. Al conocer la noticia, el presidente del Murcia volvió a reunirse con los militares y les pidió que Manolo cumpliera su castigo, pero que se alimentara debidamente con un menú servido por un restaurante que pagaría el club de su bolsillo. Dicho y hecho.

Solventada la mili y consagrado en Murcia, con el que logró el ascenso a primera, Manolo se convirtió en un delantero cotizado. Algo tenía aquel chaval menudito y desgarbado. Veía la portería enemiga como una piscina olímpica y terminó llamando la atención del Atlético de Madrid en 1988. Jesús Gil y Gil acabó pagando 83 millones de pesetas por el delantero cacereño. Tras su fichaje, la crítica especializada llegó a escribir que Manolo era un fichaje de segunda fila. Como la realidad es tozuda, algunos periodistas tuvieron que tragarse sus palabras, una por una. Manolo fue el mejor socio de Futre, fue pichichi con el Atleti y anotó veintisiete goles en un curso, ganó dos Copas del Rey de rojiblanco y fue internacional absoluto. Durante la fase final de su carrera convivió con una grave lesión y acabó su carrera en el Mérida, pero su trayectoria, sus goles y, sobre todo, su personalidad afable y campechana le sirvieron para convertirse en uno de los jugadores más queridos por la afición colchonera. De aquel arresto durante el servicio militar a ser el pichichi de primera. Manolo nunca fue ni el más rápido, ni el más técnico, ni el más espectacular, pero siempre supo estar en el sitio justo y en el lugar adecuado.

107
Leche, Falcao, avellanas y azúcar

No diga gol, diga Radamel Falcao García. El 9 de diciembre de 2012, el delantero colombiano ingresó por derecho propio en la historia del Atlético de Madrid marcando cinco goles al Deportivo de La Coruña en el Vicente Calderón. Aquel fue el comienzo de una bella historia de amor entre el *killer* de Santa Marta y la afición del Atleti. El inicio de un romance con la grada a la que juró amor eterno y de la que se despidió, entre lágrimas, porque jamás quiso irse del Atleti. En su paso por el club, Falcao dejó un rosario de goles, remates, disparos, cabezazos y tijeras imposibles, un buen puñado de títulos y algunas de las mayores exhibiciones que cualquier jugador haya protagonizado jamás con la elástica rojiblanca. Su monumental actuación ante el Athletic en la final de la Europa League en Bucarest, su prodigioso *hat-trick* ante el Chelsea en la Supercopa de Europa y su memorable jugada en la final de Copa en el Bernabéu en 2013 son momentos de culto para la hinchada. Momentos imborrables. Sin embargo, el despertar de Falcao, su primera conexión brutal con la grada, fue en una fría noche de diciembre de 2012, ante una grada que se frotaba los ojos y no daba crédito a lo que veía.

Radamel, todo furia y potencia, clase y poderío, oficio y espectacularidad, apenas necesitó cuarenta y tres minutos para conseguir anotar cinco goles. Dos en el primer tiempo y tres en la segunda parte. Uno de penalti, otro de cabeza y tres con la derecha. Al final, 6-0 a favor del equipo de Diego Pablo Simeone, que se llevaba las manos a la cabeza, como el resto del público, para rendirse al colombiano. Los socios, enardecidos, abandonaron el coliseo entre aplausos generalizados, gritando al viento el nombre de Falcao y agradeciendo a Dios que les hubiera puesto en su camino a un señor capaz de rematar una lavadora si le cayera desde el segundo anfiteatro. En el metro de Pirámides no se hablaba de otra cosa. Los más viejos del lugar recordaban a los más pequeños las goleadas ante Hércules o Las Palmas, incluso las europeas ante Drumcondra o Fyllingen, pero aquello de Falcao, ese poderío, esa fuerza sobrenatural, ese don divino..., eso era algo especial.

Los periódicos alucinan. Las radios echan humo. Y las televisiones repiten los goles una y otra vez, en bucle. Cinco goles como cinco soles. La prensa se sube a la ola de Falcao y cuenta que el cafetero es el primer jugador en la historia del Atleti en marcar cinco goles en un partido de liga. Error. El dato lo rebate, como siempre y de manera impecable, el maestro Bernardo Salazar, que apunta que el brasileño Vavá ya lo había logrado en 1958 ante el Zaragoza. Da absolutamente igual. A ningún aficionado del Atleti le importa. Saben que han asistido a un momento histórico, a un partido irrepetible, a una de esas actuaciones que se quedan grabadas para toda la vida.

Esa fría noche de diciembre de 2012, había nacido un ídolo eterno. Un goleador de época. Una bestia nacida para dominar el área. Un tigre andaba suelto. Entre la euforia de la grada, el cantante Dani Martín, hijo de Manolo y Carmen, encontraba la frase perfecta para definir la noche con seis palabras. «Leche, cacao, avellanas y azúcar: Falcao».

108

Jimmy Floyd

Agosto de 1999. Por aquel entonces estaba de becario en Onda Cero y nos llegó el chivatazo de que un nuevo fichaje del Atleti iba a aterrizar esa mañana en el aeropuerto de Barajas. Conduje a toda velocidad, me equivoqué de terminal, anduve a la carrera con mi grabadora y, cuando por fin encontré la puerta de salida por la que se suponía que el nuevo delantero del Atleti iba a llegar, me topé con Miguel Ángel Ruiz, excentral y entonces secretario técnico colchonero. Ruiz me miró y me dijo: «Hola, supongo que eres periodista porque vienes con la grabadora en la mano. Tranquilo. Acaba de llegar Jimmy, he venido a recogerle y ahora nos lo llevamos al estadio. Espera aquí, que ahora sale». Recuperé el aliento, me sequé el sudor de la frente y traté de parecer lo más digno posible para darle a Ruiz mi mejor respuesta: «¿Podría preguntarle cuando salga?». Justo en ese instante, se abrió la puerta. Era Jimmy Floyd Hasselbaink, un tipo más fuerte que el vinagre, más negro que un tizón y que imponía más respeto que Shaft en Harlem. Acababa de aterrizar de un vuelo procedente de Londres. Había marcado más de setenta goles con el Leeds United y había costado 2.000 millones de pesetas. Mi pregunta fue inocente: «¿Feliz de fichar por el Atleti, Jimmy?», dije con voz entrecortada. «*Are you happy?*», insistí. Ruiz detuvo al jugador, Jimmy me miró, esbozó una enorme sonrisa y me respondió: «*I'm very happy to be here.*

Playing for Atlético is a dream come true». Eso me dijo. Un sueño hecho realidad.

Volví rápido y feliz a Onda Cero para contarle a Edu García en el programa de sobremesa que el Atleti había fichado al primo de Zumosol. Un señor imponente, fuerte, poderoso y que iba a lograr que los atléticos vivieran una de las mejores temporadas de sus vidas. Fue justo todo lo contrario. Mientras Hasselbaink hizo lo imposible por el Atleti, el Atleti hizo todo lo posible por hundirse. Y se hundió, poco a poco, hasta dar con sus huesos en segunda. Si la temporada del Atleti hubiera sido guionizada, el devenir de la historia la habría escrito su peor enemigo. Durante aquel terrorífico año, dos cosas eran seguras. La primera, que el Atleti había perdido. La segunda, que Jimmy había marcado. Con la derecha, con la izquierda, a la contra o en ataque estático, daba igual. El orden de los factores no alteraba el producto. Hasselbaink siempre hacía gol y el Atleti siempre perdía. Jimmy facturó hasta veinticuatro tantos y dio la razón a Miguel Ángel Ruiz, el mejor secretario técnico de la historia colchonera. Era una máquina de hacer goles. Cuando Jimmy cogía su fusil, las defensas contrarias temblaban como flanes. ¿El problema? El resto del equipo. Ni siquiera aquel Hércules de ébano logró evitar lo inevitable. En Navidad, el pescado estaba vendido. El equipo era un cadáver andante, el club estaba intervenido judicialmente y el Atleti era carne de segunda.

El descenso se confirmó en la jornada treinta y seis. Ironías del destino, ante un equipo dirigido por Luis Aragonés. Y caprichos de los dioses del fútbol, Hasselbaink, cuya escopeta de repetición era infalible, falló aquella tarde un penalti en Oviedo. Un palo que habría merecido cualquier integrante de aquella plantilla, pero no Jimmy. El varapalo final para la pantera de Surinam llegó en la final de Copa de Mestalla. Recuerdo que, con el Atleti ya descendido, viajé a Mestalla con mi amigo Sergio Martínez-Zarza con la ilusión de amortiguar el golpe del descenso con un título. Tampoco pudo ser. Aquella noche pasó a la historia cuando Tamudo le robó la cartera y el alma a su amigo Toni, completando una noche entera en la que los atléticos lloraron de impotencia y rabia. El primero, Jimmy. Nada más pitar el árbitro el final del partido, Hasselbaink se desplomó en el suelo, abatido, envuelto en un mar de lágrimas, desconsolado. Miró al cielo y preguntó en voz alta: «Señor, ¿qué hemos hecho para merecer esto?». Su plegaria no encontró respuesta, y Jimmy, que era un amasijo de músculos, acabó llorando pena tras pena contra el pecho de su esposa. Meses antes, me dijo que su fichaje por el Atleti era un sueño hecho realidad. Meses después, su etapa en el Atleti fue una pesadilla.

Tras superar el intenso dolor y la enorme frustración, Jimmy acabó traspasado al Chelsea por una millonada. El Atleti estaba en segunda y el club necesitaba dinero. Hasselbaink se mudó a pastos más verdes y nadie se lo pudo reprochar. Había dado todo por el Atleti, había hecho goles de todos los colores y no merecía seguir en segunda. Jimmy se fue con tristeza, con la que inunda a los hombres que lo dan todo sin recibir nada a cambio. Triste y golpeado. Eso sí, se llevó a Londres un preciado botín que no figura en las estadísticas: el del reconocimiento y cariño más sincero de los hinchas del Calderón, esos que premiaban cada uno de sus misiles tierra-aire con una canción estremecedora, tarareando la melodía del tema central de la película *El puente sobre el río Kwai*. Esa banda sonora siempre le acompañará. De por vida. Un grito eterno al viento: «Jimmy "Pichichi" Hasselbaink».

109

Cintas de vídeo

«Vimos los vídeos que nos llegaron y nos quedamos impresionados. No nos lo podíamos creer. Era tan extraordinariamente bueno que con que en el Atleti pudiera hacer simplemente la mitad de lo que se veía en los vídeos VHS ya teníamos la obligación de ficharlo, porque podía ser una auténtica revolución». Esa fue la confesión que me hizo un exempleado del Atlético de Madrid, justificando el fichaje. El Atlético de Madrid, creyendo haber encontrado una pepita de oro en el barro del modesto fútbol israelí, pagó 600 millones de pesetas (4 millones de euros de la época) al Maccabi de Tel Aviv para hacerse con su joya de la corona. Su nombre, Avi Nimni. Parecía un buen fichaje y el club se frotaba las manos..., pero fue justo lo contrario: una auténtica ruina.

Nimni llegó precedido de una gran fama y de una considerable reputación. Debía ser un jugador que haría las delicias de los aficionados colchoneros, ensimismados con las escasas imágenes y vídeos que circulaban sobre el jugador. Llegó al Atleti posdoblete como fichaje de relumbrón; en apenas unos partidos, se convirtió en una de las estrellas más fugaces que se recuerdan en la historia contemporánea colchonera. Apenas jugó siete partidos, en ninguno destacó, se lesionó, no contó para el club y, meses después, tuvo que hacer las maletas para regresar al Maccabi. El primer y único israelí en la dilatada historia del cuadro colchonero fue un auténtico fiasco. Uno que lamentó profundamente el club. Y uno que asumió, casi desde el primer día, el propio Nimni: «Al mes de llegar me di cuenta de que me había equivocado en mi decisión, había tenido la ocasión de ir a equipos más pequeños, y en ese momento aún no estaba preparado para un gran club. Pasé de la liga israelí a uno de los mejores clubes de Europa. Era un gran salto. Era otro nivel de entrenamientos, de velocidad, de fútbol...». Durante su estancia en el Atleti, casi testimonial, Avi no tuvo minutos ni protagonismo, llegando a ser el centro de las críticas de parte de la afición, que se sintió engañada con la decisión del club de ficharle por su supuesta calidad con la pelota. Nimni, consciente de que había sido una profunda decepción para el club y la afición, intentó aprovechar al máximo la experiencia. «Compartí vestuario con jugadores de alto nivel, como Aguilera, Caminero, Vieri o Toni, que cuando acababan los entrenamientos se quedaban para seguir entrenando. El ambiente era muy bueno y positivo. Todo esto me sirvió para el resto de mi carrera». Tampoco le fue demasiado mejor en el Derby County inglés, equipo al que fue cedido tras regresar a Israel. Solo jugó cuatro partidos en la Premier; después de unos meses, regresó al equipo de su vida, el Maccabi.

Eso sí, en su país, Avi conserva el estatus de leyenda del fútbol israelita; fue el máximo goleador de todos los tiempos en su club y un icono para la selección nacional. El Atleti lo fichó como si fuera una gran estrella mundial. Duró tres meses y medio. Cuentan las malas lenguas que, el mismo día que Nimni hacía las maletas, se pudo ver a un empleado maldiciendo en su despacho y quemando unas cintas de vídeo.

110

El boli de la suerte

Poco ruido y muchas nueces. Reinildo Mandava llegó al Atlético de Madrid como un auténtico desconocido para la afición, pero en apenas un mes se la metió en el bolsillo. Rápido, potente, concentrado y guerrillero, Reinildo se ha destapado como uno de los mejores fichajes en relación calidad-precio que ha hecho el club en los últimos años. El mozambiqueño, que mientras se escriben estas líneas sigue convaleciente y pendiente de recuperarse con éxito de una gravísima lesión, se ha convertido en muy poco tiempo en un ejemplo para el vestuario y en un jugador realmente querido por el público del Metropolitano. Fuera del campo es sencillo, humilde y cercano. Dentro del campo, es una roca impenetrable, un tipo al que no le pasan ni los rayos X. Su catálogo defensivo durante la segunda vuelta de la liga 2022-23 fue apoteósico: lideró todas las estadísticas del campeonato en duelos ganados, entradas, robos, balones recuperados, intercepciones y salvadas milagrosas.

La realidad es que Reinildo era un jugador conocido, apreciado y cotizado en la liga francesa. Fue campeón con el Lille, ganó la Supercopa y, por si fuera poco, se llevó el premio a mejor lateral zurdo del campeonato galo. El Atleti se fijó en sus impresionantes cualidades físicas y su talento innato para defender y decidió apostar por él. No quiso esperar a que agotase su contrato, pagó 3 millones de euros y se hizo con sus servicios. Nada más anunciarse su contratación, la tribu colchonera pensó que se trataba de un parche, de una oportunidad de mercado de bajo coste o, incluso peor, de un fichaje *random* que jugaría entre poco o nada. Todo lo contrario. Reinildo llegó, jugó y convenció. Lo hizo tan bien que en un abrir y cerrar de ojos se saltó la «mili» con Simeone y se convirtió en uno de sus pretorianos más fieles y fiables.

¿Cómo llegó al Atleti un defensa tan bueno y por tan poco dinero? La explicación la ofreció su representante, Manuel Tomás, en una entrevista en *Relevo*. «Había muchos clubes muy importantes que querían a Reinildo. Hablamos de las grandes ligas. Nos ofrecían condiciones económicas mucho mejores que las del Atleti, tanto para el chico como para mí. Pero nunca miramos el dinero en nuestras carreras y fuimos al lugar donde nos sentimos más queridos. Cuando el Atlético empezó a llamar con más insistencia, dejamos las demás. Era la elección correcta». Eso sí, surgió algún que otro «problemilla» a la hora de firmar el contrato. Reinildo y su agente tenían un bolígrafo «de la suerte». Con él firmaron el pase al Lille, con el que acabaron saliendo campeones. Y con él querían firmar el contrato con el Atleti. Su agente cuenta que, el día de la firma, se dio cuenta de que algo faltaba. «Cuando íbamos a firmar con el Atlético, no lo tenía conmigo. Estábamos en medio de la reunión, con todos los directivos, y, al tocarme el bolsillo, sentí que no estaba allí. Paré a todo el mundo, pidiendo ir al coche para cogerlo, pero Miguel Ángel (Gil) me aconsejó que siguiera adelante». La operación se cerró. Eso sí, pensando que Reinildo no llegaría a Madrid hasta junio. Sin embargo, el Atleti sufrió lesiones y contratiempos, y el club aceleró para que Rei llegase en enero. Él y su agente regresaron a Madrid, para volver a firmar los contratos, actualizados a partir de enero: «Entonces sí, me tocó el bolígrafo correcto, el de la suerte», recuerda con cariño. Por cierto, el día que Reinildo se enteró de que había fichado por el Atlético de Madrid y tuvo que volar en un avión privado hacia la capital de España, celebró su fichaje en pleno vuelo. ¿Con champán? No, bebiendo un vaso de agua.

111

Un millón en *jogo bonito*

Años setenta. Un millón de dólares y un fichaje a dos bandas. El Atlético de Madrid invirtió una fortuna para acometer los fichajes de dos brasileños. El primero, Luis Pereira, un defensa patizambo que jugaba con frac, que tenía una personalidad a prueba de bombas y que era capaz de salir de su área pequeña tirándole un caño a Johan Cruyff. El segundo, João Leivinha, un delantero espectacular que regalaba al público todo tipo de fintas, amagos y bicicletas. El Atleti fichó fútbol-samba con dos jugadores que pusieron el estadio Calderón patas arriba. El club necesitaba dos cracks, pagó por ellos un buen dinero y, además, se comprometió a realizar en los veranos siguientes una gira de partidos amistosos por Brasil. Aquella pareja merecía la inversión. Eran puro espectáculo. Con ellos, el aficionado colchonero descubrió el *jogo bonito*. La expectación por el fútbol de la pareja brasileña fue tal que incluso Televisión Española decidió emitir un reportaje especial sobre los fichajes del Atleti, conscientes de la gran calidad y el fútbol alegre de las flamantes contrataciones rojiblancas. Pereira y Leivinha coincidieron durante cuatro temporadas, entre 1975 y 1979. El defensa y el delantero formaron una dupla impresionante que consiguió alzarse con el título de liga en la temporada 1976-77, dotando al cuadro rojiblanco de fantasía, atrevimiento y un gusto refinado por el fútbol artístico.

Pereira vistió la rojiblanca durante cinco temporadas y jugó ciento cuarenta y tres partidos; fue el auténtico amo de la defensa. Leivinha jugó una campaña menos que Luis y abandonó Madrid un año antes, tras haber disputado ochenta y dos partidos, haber anotado cuarenta y un goles y haber impartido clases magistrales en el arte de regatear contrarios. A Leiva no le respetaron las lesiones y por ello se perdió demasiados partidos. Quizá por eso se vio forzado a salir del Atleti antes de lo que le habría gustado. A pesar de su marcha, dejó un recuerdo imborrable en la memoria de los aficionados colchoneros. Amén de un título de liga y otro de Copa, Leivinha protagonizó un debut mágico con tres goles ante el Salamanca. Y, en ese partido, inmortalizó su marca de la casa: las bicicletas. Pasaba el pie derecho por la pelota y, cuando el rival esperaba seguirle en esa dirección, salía por la izquierda. Aquel regate, tan fino como eléctrico, tan estético como eficaz, conquistó a la grada del Calderón y convirtió a Leivinha en un recuerdo inmortal.

112

Pupas y Costras

«Apenas faltaban unos segundos. Algunos de mis compañeros ya se abrazaban. Hubo un saque de banda, debimos haber lanzado la pelota a la grada, donde estaban los aficionados o darle dos besos al árbitro o enviarle una invitación para cenar... No lo hicimos. Entonces subió Schwarzenbeck, que no era el mejor, y lanzó un disparo pegado al poste derecho. Casi no me lo podía creer. El resto lo sabe todo el mundo». Miguel Reina, con el corazón encogido, aún sigue penando por aquel maldito gol encajado en los últimos instantes de la final de la Copa de Europa del año 1974. Forma parte de la historia negra del Atlético de Madrid y fue el origen del relato de la mala suerte que, durante muchos años, se empeñó en estrechar la mano del equipo colchonero. La historia, tan sonada como dolorosa, pasó de padres a hijos, generación tras generación. Sigue siendo un puñal clavado en el corazón rojiblanco. Un dolor que permanece instalado en el alma del aficionado. Un nombre maldito: Schwarzenbeck. Uno que se les sigue apareciendo, de vez en cuando y para siempre, a los aficionados del Atleti, que identifican aquel central alemán con su peor pesadilla histórica. Como su fantasma más aterrador de un pasado que sigue siendo una imborrable cicatriz.

Hans-Georg Schwarzenbeck avanzó sin que nadie le saliera al paso, armó la pierna y descargó un misil tierra-aire que batió a Reina. Aquella final le cambió la vida. Y también cambió la vida del Atleti. De no haber entrado, el Atleti habría sido campeón de Europa. Con todo merecimiento, con justicia y después de haber dado un baile al todopoderoso Bayern de Múnich, que flotaba fuera de combate en el cuadrilátero del estadio Heysel después de que Luis le hubiera clavado un golazo por la escuadra a Sepp Maier. «Marcar un gol tan importante es algo que ocurre solo una vez», repite Schwarzenbeck cada vez que le entrevistan para recordar aquella final. «Cuando siento nostalgia, vuelvo a verlo. Tengo el vídeo del partido. En cuanto alguien me reconoce, me habla de eso». A Reina, uno de los mejores porteros de la historia del Atleti, también le recordarán siempre por aquello. «Es algo tremendo. No puedes asimilarlo. Te crees que es una pesadilla; cuando ves que ha sido algo real, maldices todo. Habíamos sido mejores que un equipo con nueve campeones del mundo. Todavía duele». Una lágrima se desliza por la mejilla de don Miguel cada vez que recuerda aquel maldito gol de aquel maldito central. Y una lágrima recorre la mejilla de cada aficionado atlético cada vez que los caprichos del destino cruzan los caminos del Bayern y el Atleti.

El día de San Isidro, el 15 de mayo, el Atlético jugaba su primera final de la Copa de Europa. Enfrente estaba el Bayern de Múnich, con Beckenbauer, Gerd Müller, Sepp Maier y demás estrellas mundiales. Tras la batalla de Glasgow ante el Celtic, el Atleti se presentó dispuesto a dar guerra. Con Juan Carlos «el Toto» Lorenzo en el banquillo, con sus tres puñales y su famosa frase donde explicaba que entre bomberos no había que pisarse la manguera, el Atleti formó con un equipazo: Reina; Melo, Heredia, Eusebio, Capón; Adelardo, Luis, Irureta, Salcedo (Alberto, 88'); Ufarte (Becerra, 68') y Gárate. El Atlético ganaba 1-0 al Bayern con gol de Luis hasta el minuto ciento veinte de la prórroga. Entonces emergió, de la nada, Schwarzenbeck. Sorprendió a Reina con un disparo desde treinta metros que empató el partido y forzó un desempate dos días después. El Atleti no supera el palo anímico y, con medio equipo lesionado, acaba goleado por 4-0.

Fue la gran tragedia del fútbol español en los años setenta. Reina sigue sin poder olvidar aquella fatalidad: «Esa noche ninguno pudimos dormir. Estábamos destrozados física y mentalmente. Juan Carlos Lorenzo, nuestro entrenador, intentó animarnos, sin ningún éxito. Todavía duele. Es difícil vivir con eso». Vicente Calderón, entonces presidente atlético, inmortalizó aquella desgracia con una frase que quedaría instalada en el imaginario colchonero durante décadas: «Somos el Pupas Fútbol Club». Otro mito rojiblanco, Luis Aragonés, siempre renegó del «pupismo». Y siempre reivindicó que el Atleti era, sobre todas las cosas, un equipo ganador, alejado del fatalismo. «Si el Atleti es el Pupas, ¿el resto qué son?, ¿el Costras?». Por cierto, curiosamente, aquel Atleti que mereció ser campeón de Europa acabó proclamándose campeón de la Copa Intercontinental ante el Independiente de Avellaneda en un Calderón lleno hasta la bandera. Historia. Pupas y Costras.

113
Papá Dribling

En el olimpo atlético siempre habrá un lugar de honor para José Juncosa Bellmunt. Él fue parte de dos delanteras de seda del Atlético de Madrid. La de la temporada de 1947-48 (Juncosa, Vidal, Silva, Campos y Escudero) y la de 1950-51 (Juncosa, Ben Barek, Pérez Payá, Carlsson y Escudero). Nacido en Les Borges Blanques (Lérida) en 1922, Juncosa fue apodado Papá Dribling por su fantástica habilidad para regatear rivales mientras arrancaba pegado a la línea de cal. Empezó en el Reus, fichó por el Espanyol, donde jugó como delantero centro; tras su explosión, fue contratado por el Atlético de Madrid. Rápidamente se hizo el dueño y señor de la banda derecha rojiblanca. Lo fue durante once largas temporadas. Con la rojiblanca jugó ciento noventa y dos partidos entre liga, Copa Latina y la Copa Eva Duarte, y marcó ochenta y un goles. Fue internacional, disputó el Mundial de Brasil con la selección y fue uno de los precursores del llamado «gol del cojo». ¿El motivo? En su día se rompió el menisco. Aunque aquella lesión le permitía correr sin problema, en algunas ocasiones tenía dificultades a la hora de acelerar. Fueron muchas las ocasiones en las que terminaba los partidos cojeando, por lo que los contrarios dejaban de marcarle pensando que estaba cojo. Al menos, lo parecía. Nada que ver. Cuando transcurrían unos minutos, cogía la pelota, volvía a acelerar y vacunaba: «el gol del cojo». Anotó varios de ese estilo, hasta que, lógicamente, tuvo que pasar por el quirófano para arreglar su menisco.

Su hijo, Santiago Juncosa, afirma que su padre tenía «un recuerdo sensacional e imborrable del Atleti. Siempre se ponía a contar anécdotas de partidos, viajes, y hablaba de Helenio Herrera, del que decía que era el mejor entrenador del mundo. Alguna vez me comentó: "Había partidos en que la gente se pasaba ochenta minutos pitándome, y luego en una jugada tenía a todo el campo aplaudiéndome", porque había hecho una genialidad que resolvía el partido». Juncosa, un futbolista adelantado a su tiempo, un verso libre en aquel Atlético de cuento, llegó a representar fuera del fútbol a dos casas comerciales de comestibles, se compró un piso en el barrio de Cuatro Caminos, se retiró en 1955 y, tras hacer sus pinitos como entrenador en algunos equipos, se volvió a Lérida para regentar una granja avícola. Fue uno de los mejores extremos derechos que hayan vestido la camiseta rojiblanca. Su hijo sigue recordando con nostalgia y cariño aquello que le repetía su padre, una y otra vez, cuando conversaban sobre aquellos años de gloria sobre el césped. «Cuando las cosas no iban bien, Helenio Herrera le decía: "Pepe, coge el balón y haz lo que quieras para arreglar esto"». Dicho y hecho: Juncosa cogía la pelota, aceleraba, driblaba y marcaba. Era pura seda. Papá Dribling.

114

Mejor con diez que con once

Una de las frases más universales, reconocibles y populares del mundo del fútbol es la siguiente: «Se juega mejor con diez que con once». Aquella declaración de intenciones se le adjudicó durante largos años a don Helenio Herrera y se instauró en el refranero popular del fútbol. Sin embargo, por más que se haya repetido una y otra vez, HH jamás pronunció aquella frase. La leyenda nació después de un derbi madrileño en el año 1951. Era 7 de octubre y se disputaba la quinta jornada de liga. Ese día, el Atlético de Madrid ganó por 3-2 en el antiguo estadio Metropolitano. Pérez Payá adelantó a los colchoneros, Molowny primero y Joseíto después hicieron el 1-2; en dos minutos, Carlsson y Escudero completaron la remontada colchonera.

El partido estuvo marcado por la lesión de Louis Hon en el Real Madrid. En aquellos años no había cambios y, por lo tanto, los madridistas tuvieron que jugar los últimos minutos con un futbolista menos. Tras el partido, Helenio Herrera sabía que el Real Madrid podría intentar justificar su derrota alegando que había jugado durante muchos minutos con uno menos, y precisamente por eso lanzó su mensaje a los periodistas allí presentes: «La baja de Hon no ha perjudicado al Madrid. Yo creo, incluso, que le ha favorecido. Al Atlético no le van los encuentros de mucho dominio». Aquellas palabras corrieron como un reguero de pólvora, se interpretaron de muchas maneras y, finalmente, llegaron a la opinión pública transformadas en aquello de «se juega mejor con diez que con once». Una frase que nunca salió de los labios de Helenio Herrera, pero que persiguió al genial y controvertido técnico hasta el final de sus días.

De hecho, en una entrevista posterior concedida al compañero Alfredo Relaño, HH renegaba de aquella frase y era lapidario con aquel relato inventado de la época: «Eso de que se juega mejor con diez que con once es otra tontería. La prensa se inventó unas palabras y convirtió unas declaraciones en las que decían que, en mi opinión, se jugaba mejor con diez que con once», recordó. Para zanjar la cuestión de una vez por todas, Helenio Herrera remató en plancha: «¿Cómo voy a decir eso yo? Si pensara eso, sacaría diez cada domingo, no once».

115

Luis calienta en Burgos

Sucedió en la temporada 1991-92, una de esas en las que el Atleti no estaba a la altura de lo que la calidad de su plantilla exigía y Jesús Gil y Gil estaba que trinaba. Se disputaba la vigésima jornada del campeonato de liga, la campaña del Atleti no estaba siendo buena y, mientras Gil repasaba la lista de entrenadores disponibles, Luis Aragonés sabía que se la jugaba en el campo del Real Burgos. Si perdía, le echaban. El vestuario era consciente de que el presidente estaba más caliente que el cenicero de un bingo, intuía que una derrota provocaría la enésima crisis, y Luis, que se las sabía todas, estaba al tanto de la situación. Y precisamente por eso se puso en primera línea de fuego, para dar ejemplo a su gente y dejar claro que no se tiraba del barco.

En mitad de una noche gélida en El Plantío, ni corto ni perezoso, Luis Aragonés decidió saltar al césped para arengar a los suyos durante el calentamiento. Transmitió sus órdenes y, con la intención de animar a los suyos, quiso ser uno más. El Sabio se metió en el campo, se colocó a la altura de Toni Muñoz y Patxi Ferreira, y comenzó a corretear por el césped, alternando ejercicios de esprint, talones al trasero y diferentes estiramientos. Luis, que lucía una pelliza y vestía traje, corbata y zapatos, decidió intensificar su calentamiento particular al mismo ritmo que el capitán, Paulo Futre. Las cámaras de Canal Plus recogieron la escena y alucinaron con la elasticidad, temperamento y actitud de

Luis, que calentaba con la misma intensidad que sus jugadores. El mensaje caló en el vestuario rojiblanco. A Luis le importaba un bledo que le echasen; si le iban a despedir por perder, no sería porque él no tuviera una fe ciega en su trabajo y el de sus jugadores.

El Burgos se adelantó en el marcador y el Atleti sufrió de lo lindo ante un rival que se le subía a las barbas. Así fue hasta que Futre empató en el minuto sesenta y seis. Cuando el portugués anotó, recorrió toda la banda hecho una furia, llegó hasta el banquillo visitante y se fundió en un abrazo interminable, todo gratitud, con Luis. Una indirecta para Gil y Gil. El Atleti sumó un punto, Aragonés salvó la cabeza y Futre, como capitán y estrella colchonera, dejó bien claro de qué lado estaba la plantilla. El Atlético, tras aquel encuentro, se situó a ocho puntos del Madrid. Y Luis permaneció en el cargo durante toda la temporada.

Y, curiosamente, el Atleti de Luis acabó el curso coronándose campeón de la Copa del Rey, en el estadio Santiago Bernabéu, frente al eterno rival, con dos golazos de Futre y Schuster. Aquella fue la «venganza de Pizo». Otra historia, otra anécdota. Pero ese triunfo copero en el Bernabéu no habría sido posible si Luis hubiera sido despedido aquella noche fría en Burgos. Aquella pelliza y ese calentamiento tan genial como improvisado desataron las carcajadas de Michael Robinson y Carlos Martínez en «Lo que el ojo no ve» de Canal Plus. Y demostró a los aficionados el carácter Luis. Genio y figura.

116

Renovar a Aguilera

¿Cómo fue posible que un jovencito portugués se convirtiera en el capitán más respetado del Atlético de Madrid en los años noventa? ¿Cómo los veteranos aceptaron de buen grado que Paulo Futre llevase el brazalete siendo un recién llegado? ¿De qué manera se ganó el genio de Montijo al vestuario para ser su gran referente? Paulo Futre llegó al Atleti después de un traspaso millonario y con la vitola de mejor jugador de Europa, pero pronto descubrió que el club le pediría que fuera el gran referente no solo en el campo, sino también en el vestuario. Le ofrecieron el brazalete de capitán nada más llegar, y aquel era un peso que Paulo no quería soportar. Respetaba al máximo al grupo, conocía las jerarquías del vestuario y no quería que las «vacas sagradas» pensaran que era el «enchufado» del presidente. Todo lo contrario. Futre aceptó ser el capitán del Atleti, pero se lo ganó a pulso demostrando un compromiso inquebrantable con el vestuario. Si Gil y Gil montaba en cólera y entraba en el vestuario dando voces, Paulo se interponía. Si algún compañero tenía un problema con el club, Futre aparecía. Y si algún futbolista tenía un serio apuro, el portugués aparecía al rescate...

¿Cómo se ganó Futre al vestuario? Sabiendo que era el fichaje estrella de Jesús Gil, que le dio el brazalete de capitán en una controvertida decisión que puso en un compromiso al luso, Futre decidió que se haría merecedor de ese liderazgo. Y lo demostró, con creces, con el caso de Carlos Aguilera. En aquellos tiempos, Carlos era un prometedor juvenil y no tenía contrato profesional con el primer equipo. Se esperaba mucho de él, pero aún no tenía peso en el vestuario. Entonces los médicos le detectaron un cáncer en la tibia. Concretamente, un tumor benigno, una displasia fibrosa en la pierna derecha. Aguilera estuvo meses sin jugar. El club le había prometido que le renovaría, pero los meses fueron pasando, Carlos siguió sin poder jugar y el asunto se enquistó. Aunque Aguilera tenía la promesa de Gil, la ampliación de contrato no llegaba. Futre se enteró de la situación de su compañero y decidió actuar como un auténtico capitán.

Cuando Paulo recibió la llamada del Atlético de Madrid para renovar su contrato, decidió mover ficha. Llamó a Gil, que era como un padre para él, y le comentó que, si quería que renovara, primero tenía que hacerlo Aguilera, porque se lo había prometido en público. Gil no daba crédito, pero Futre insistió. «Si no renueva el niño, yo no firmo, presi». La noticia llegó al vestuario, y desde entonces en la caseta se supo que el compromiso del portugués era máximo. Futre le lanzó un órdago en toda regla a Gil. Y don Jesús, que no perdía un pulso de autoridad ni a tiros, tuvo que tragar. «Le dije que había dicho públicamente que iba a renovar a Aguilera, pero no había noticias y siempre me decía que mañana», recuerda Paulo. El presidente firmó el contrato de renovación de Futre; cuando esperaba que el portugués estampase su firma, se topó con la insistencia de Paulo: «Primero llamas a Aguilera y a su representante, llegas a un acuerdo con ellos y yo firmo después». Gil, a regañadientes, tuvo que tragarse el sapo. Llamó a Aguilera, negoció con su agente un nuevo contrato y le renovó. Después, renovó Futre. Y así fue como el portugués se ganó para siempre el respeto y cariño del vestuario del Atleti. Dando la cara por un compañero, por encima de la autoridad del hombre que le había fichado. *Futrísimo*.

117

Madrugada en Jácara

Año 1987. El Atleti estaba en decadencia. Se había cerrado el polémico ciclo del doctor Cabeza, se había acabado la época de la junta gestora y expiraba el último aliento de Vicente Calderón. Estrangulado por su tremenda deuda, que alcanzaba los 1.600 millones de pesetas y comprometía su viabilidad, el Atlético de Madrid vivía instalado en la crisis. Los resultados deportivos no eran buenos y la plantilla no cobraba al día. Con la presidencia vacante, llegaron las elecciones. Las últimas de la historia colchonera. Se presentaron ilustres como Salvador Santos Campano, Agustín Cotorruelo, Enrique Sánchez de León y un personaje extravagante llamado Jesús Gil y Gil, cuyas apariciones públicas eran una autopista al exceso. Había estado en la cárcel por el derrumbe de un edificio construido de manera temeraria, y, aunque no partía como favorito en los comicios, tiró la casa por la ventana en la campaña. Se gastó hasta 30 millones de pesetas en promocionarse, concedió múltiples entrevistas y prometía un Atleti grande, próspero, orgulloso y campeón. La noche antes de las elecciones dio un poderoso golpe de efecto que le llevaría directamente a la presidencia. Convocó a la prensa y a los aficionados colchoneros en la sala Jácara, una discoteca madrileña de la calle Príncipe de Vergara, y allí se presentó con Paulo Futre, estrella del Oporto portugués, que acababa de ganar la Copa de Europa. El mejor jugador del momento, posiblemente. Gil lo había fichado y lo presentó muy pocas horas antes de las elecciones. Con Futre de su lado, arrasó en las urnas. Ganó con 5.219 votos frente a 3.466 de Sánchez de León, 1.885 de Cotorruelo y 907 de Santos Campano. Nunca más habría elecciones.

Aquella noche-madrugada, Jesús Gil y Gil se presentó con Futre en Jácara sabiendo que había completado una jugada maestra que le daría el triunfo en las elecciones y que le catapultó a la presidencia. Llegó a la discoteca a última hora, a toda prisa, después de coger un avión que estuvo a punto de perder en dirección a Madrid. Hasta tres mil personas acudieron a la entonces famosa sala Jácara Plató. Era uno de los templos nocturnos de la movida madrileña, una de las discos más pijas de la capital, donde habían intervenido artistas de la talla de David Bowie, Mecano o Radio Futura. Allí, entre la expectación inusitada de la prensa y el clamor de varios miembros del Frente Atlético, Gil edificó su presidencia. Bajo el glamur de las luces de neón de Jácara, presumió de Futre, prometió que el Atleti iba a ser muy grande y llegó a contar que estaba muy cerca de fichar al portero belga Jean-Marie Pfaff, entonces estrella del Bayern de Múnich. No fue así, pero dio igual. En un viaje relámpago, Gil se plantó en Portugal con dos abogados, Rubén Cano y Roberto Dale, para convencer al presidente del Oporto. Futre firmó por el Atleti a cambio de 400 millones de pesetas y con un salario de 100 para el jugador. La afición colchonera se echó en brazos de su nuevo ídolo y apoyó masivamente a Gil y Gil; el resto es historia. Jamás volvió a haber elecciones en el Atleti. Aquella larga noche en Jácara fue clave para comprender el resto de la historia contemporánea del Club Atlético de Madrid. Gil devoró la presidencia y la noche, que se consumió en aquella discoteca madrileña, hasta bien entrada la madrugada, ahogada en alcohol y gritos de «Futre sí, Hugo [Sánchez] no».

118

Más paquetes que en Correos

Durante bastantes años de su centenaria historia, el Atlético de Madrid fue el protagonista de algunos de los fichajes más surrealistas del fútbol mundial e invirtió millones en futbolistas que llegaban con vitola de estrellas y terminaban estrellados. Resulta casi imposible establecer un ranking de los peores fichajes del Atleti, porque se necesitaría un libro completo, casi un tomo enciclopédico para relatar los porqués de aquellos fichajes. La mayoría fueron extranjeros de medio pelo, fichajes «recomendados» por diferentes entrenadores o «apuestas» firmadas por petición de distintos «agentes de cabecera» del club. En su libro *Salvaje*, el periodista Iván Castelló se refiere a esa interminable historia de fichajes frustrados como una época en la que al Atlético de Madrid llegaban decenas y decenas de jugadores que no daban el nivel para vestir la camiseta de uno de los clubes más importantes de Europa. Castelló, con un fino sentido del humor, recuerda que, durante años, el Atleti tenía «más paquetes que en Correos». Estos son algunos de los peores fichajes de la historia contemporánea rojiblanca. Los 40 Principales en clave atlética:

1. Adolfo «el Tren» Valencia. El Atleti no quiso fichar a Ronaldo y, en su lugar, se gastó 400 kilos en el colombiano. Gil le regaló un Jaguar y, meses después, amenazó con cortarle el cuello. El Tren descarriló.

2. Serge Maguy. Fue un fichaje político de Gil. Llegó presumiendo: «Estoy al nivel de Maradona». Costó 100 millones de pesetas, iba a entrenar en un Peugeot 205, jugó ocho partidos, y años más tarde comentó que Gil estaba loco y que no había cobrado su contrato.
3. Stefano Torrisi. En la pretemporada, un crack de las abdominales. En la temporada, un crack de las expulsiones. Jugó diecisiete partidos y le echaron tres veces. Le llamaban Toro. Cuando llegó a Madrid estaba soltero y embestía siempre por la noche, pero nunca de día.
4. Rade Bogdanović. Costó 2.900 millones de pesetas, pues se pagó un sobreprecio de treinta veces más que su valor de mercado. Llegó del «potente» JEF United japonés. Marcó dos goles al Valladolid, y Gil le compró un BMW. Anotó seis tantos y duró cinco meses.
5. Carlos Gamarra. La Fiera de Ypacaraí. Costó 1.000 kilos y decían que era el mejor central del mundo. Era devoto de la Virgen de Caacupé y hablaba con Dios. No le debió escuchar en el Atleti.
6. Zoran Njegus. Pagaron por él 1.500 millones de pesetas. No sabía centrar, no sabía defender y no marcaba goles, pero corría mucho. Lo malo es que siempre corría en la dirección equivocada.
7. Moacir Rodrigues. Iba a ser la reencarnación de Tostao, pero acabó «quemao». Llegó para reemplazar a Schuster. Jugó quince partidos. Salió rumbo al Sevilla en la operación de traspaso del Cholo Simeone.
8. Rubén Olivera. Su nombre de guerra era el Pollo. En el Atleti hizo honor a su apodo. Jugó dos partidos y se fue. Montó un buen «pollo».
9. Igor Dobrowolski. Iba a ser el «diez» del equipo. «Tiene mucho gol», dijo la prensa. En el Atleti hizo uno en veintitrés partidos. La afición acabó cogiéndole cariño. En el vestuario le llamaban «Doblegüisqui».

10. Andrei Frascarelli. Costó 1.000 millones de pesetas. Solía lavar su todoterreno con la camiseta del Atleti como trapo. Decían que lanzaba las faltas más fuerte que Roberto Carlos. Su problema fue que en el Atleti no tiraba las faltas, solo las cometía.
11. Leonel Eduardo Pilipauskas. No era lituano, sino uruguayo. Jugó cuatro partidos de liga. Todos acabaron en derrota. En el vestuario le llamaban Pili. Llegó, firmó, jugó (poco) y descendió.
12. Fabiano Eller. Vino con la vitola de ser «el mejor central de Brasil». Se reía muchísimo. Nadie supo nunca por qué. ¿Por su sueldo?
13. Avi Nimni. Vieron dos vídeos suyos y creyeron que habían fichado a un Balón de Oro. Era hebreo, estaba sobrio, pero ni completamente ebrio podría explicar cómo jugó siete partidos de liga con el Atleti.
14. Giorgio Venturin. Recomendado por Arrigo Sacchi, costó 900 millones de pesetas. Refuerzo de invierno que no llegó al verano.
15. Florent Sinama-Pongolle. Conocido como «Sinama Sin Gol» entre los aficionados (marcó seis en cuarenta partidos). Su frase retumbó en el Calderón durante años: «Aunque el míster se vaya, la mierda seguirá ahí». Costó 10 millones de euros y se fue sin pena ni gloria.
16. José Rodrigues «Costinha». Único en su especie. Parecía un jarrón de la dinastía Ming. Era caro y decorativo. Jugó veinticuatro partidos, iba a entrenar en su flamante deportivo y le llamaban el Ministro... Su contrato hacía justicia al apodo. Debió de ser ministro de Economía.
17. Marcelo Fabián «el Pato» Sosa. Su fichaje lo recomendó el cineasta José Luis Garci. En su presentación intentó dar dos toques al balón y acabó cayendo de culo al suelo. Pegaba dentro y fuera del campo.
18. Alessio Cerci. Costó 16 millones de euros y jugó nueve

partidos en el Atleti. Entre sus lesiones y su sobrepeso, su fichaje fue una ruina.
19. Kizito Musampa. Costó 400 millones de pesetas. Fue el fichaje del verano y acabó siendo el cliente del siglo en las discotecas de Madrid. Su apodo era Kiki.
20. Lawal, Lima, Maxi y Djana. El Supremo concluyó que los Gil se los «enchufaron» al Atleti a cambio de 2.700 millones de pesetas. Fueron los fichajes del caso Negritos. De los cuatro, solo uno jugó en el primer equipo (seis partidos), otro acabó en segunda B, otro estudió carpintería y otro acabó trabajando de albañil.
21. Daniel Prodan. Fichó previo pago de 1.300 kilos y falleció de un ataque al corazón con apenas cuarenta y cuatro años. Su paso por el club se resume en un diálogo a pie de campo con Radomir Antić: «No pegues tanto, que te echan». Prodan: «Mejor, estoy cansado». Y claro, le echaban.
22. Patricio Rubio, Patri. Decían de él que sería el mejor juvenil de España y Gil invirtió 200 millones de pesetas para contratar al que iba a ser el «nuevo Maradona» español. Su fichaje fue un completo fiasco.
23. Christian Abbiati. Jugó una temporada en el Atleti y hasta dieciséis en el Milan. Durante su periplo colchonero, el personal de la grada solía decir que el portero tenía dos manos que perdió la agricultura.
24. Zlatko Yankov. Gil: «Este tío es un fenómeno, el búlgaro es lo que el equipo necesita». No fue capaz de dar un toque al balón durante su presentación y jamás llegó a debutar con la camiseta del Atleti.
25. Paulino Martínez. Fue pichichi en segunda B con el Atlético Marbella y Gil le fichó para el Atlético de Madrid. Jugó cinco partidos y se volvió a Marbella. Su apodo era Bota de Vino.
26. Raphaël Wicky. Suizo, alto y guapo. Llegó para jugar en

segunda. «Aquí triunfaré». Meses después, se fue. Y su explicación fue tan breve como intensa: «Me voy, aquí hay mucha presión».

27. Julio Alberto Zamora. El Negro llegó recomendado por Menotti. «La voy a romper». La rompió. Jugó cero minutos y se fue al Sabadell.
28. Ariel «el Caño» Ibagaza. Lesionado de día, sano de noche. Su mejor «caño» fue la camilla. Vivía dentro de un parte médico. Y sus tres palabras favoritas eran: «rotura de fibras». Ni quiso ni supo triunfar.
29. Roman Kosecki. Llegó para ser el sustituto de Futre. No acabó bien con Gil: «No hago caso de lo que dice un imbécil, ¿cómo voy a querer más a un vulgar mercenario que a un caballo? Los mercenarios, a Polonia». Allí volvió. Y acabó siendo diputado.
30. Javi Moreno. Llegó por 1.500 millones de pesetas. Gil se frotó las manos: «Este tío triunfa, tiene narices». Javi las tuvo: olió el asunto y se fue.
31. Jackson Martínez. Llegó a precio de *killer*, pero duró seis meses y acabó siendo empaquetado rumbo a China. Hoy es cantante religioso.
32. Demis Nikolaidis. Trabajo mucho, talento poco. Fue más noticia por la carrera musical de su esposa que por sus grandes partidos.
33. Martin Petrov. Nada más cerrar su fichaje, Jesús Gil comentó que era «como Stoichkov, dará miedo». Así fue: aterrorizó a la afición del Atlético. No triunfó y se fue al City. Otra pesadilla en Gil Street.
34. Rodrigo Fabri. Paquete bomba del Real Madrid. Al llegar dijo: «Tengo mucha hambre». No se comió un rosco.
35. Ivan Šaponjić. Dos años, cuatro partidos y cero goles. Su único tanto en España, siendo jugador del Cádiz, casi se lo marca... al Atleti.
36. Jesper Gronkjaer. Cuando la prensa se enteró del fichaje,

preguntó a Enrique Cerezo. El presidente respondió: «Es muy bueno, dicen que no es suplente en Birmingham». Un año, veinticuatro partidos y cero goles.
37. Richard Núñez. Iba a ser el «nuevo Pantić» y duró once partidos. Cuando regateaba, se caía.
38. Peter Luccin. Un fenómeno. Su ciclo era un bucle para los aficionados: jugaba un partido, descansaba dos y estaba sancionado tres.
39. Juanchi González. Se fue Christian Vieri y Gil se inventó otro crack para la delantera. Era Juanchi, que era delantero suplente del Real Oviedo. Llegó cedido, jugó ocho partidos, hizo dos goles y se fue.
40. José Luis Villarreal. Jugaba con tobilleras blancas y le llamaban Tanguito por su ritmo lento. Jugó cinco partidos en seis meses. Un día dijo: «Acá se juega rápido». Así le echaron. Rápido.

119

Gol de Albertini

Después de dos añitos en el infierno de segunda, el Atleti comenzó a recomponer su figura. El equipo acababa de recuperar su lugar en la máxima categoría y trató de completar una plantilla para intentar dar el salto a Europa. Futre ya no era jugador, sino director deportivo. Y Jesús Gil, que seguía siendo todo lo que él quería ser, dio luz verde a los fichajes de Javi Moreno, José Mari, Coloccini y Cosmin Contra. De propina, en calidad de cedido, llegó el italiano Demetrio Albertini, *todocampista* maravilloso con denominación de origen Milán, que encaraba ya el ocaso de su carrera. En el Atleti, Albertini disputó veintiocho partidos, formando parte del equipo que se alineó en el partido del centenario del club, saldado con derrota en casa ante el Osasuna.

El italiano habría pasado sin pena ni gloria por el Atleti de no ser porque el destino le tenía deparado un giro inesperado y triunfal a su aventura atlética. El 19 de enero de 2003, el Atleti volvía a medirse al Real Madrid en un derbi en el Santiago Bernabéu. Enfrente, los Galácticos de Florentino Pérez. Javi Moreno descorchó el partido de penalti, Figo le dio vuelta al marcador con dos goles, uno de pena máxima, y el Mono Burgos detenía otro con la cara. En el minuto noventa y cinco, con 2-1 para el Madrid en el marcador, falta sobre Stanković más allá del borde de la frontal del área. Era el último cartucho del Atleti en el Bernabéu.

Vicente del Bosque alertaba a sus hombres para mantener la ventaja, mientras Luis Aragonés daba instrucciones a Roberto Simón Marina en el banquillo, se encendía un cigarrillo y saltaba al campo, para animar a sus jugadores a intentar empatar, pues el tiempo se iba por el sumidero. Demetrio Albertini dio un paso al frente, se sintió con confianza y pidió la pelota. Estaba muy lejos, pero quiso probar suerte. Todo parecía indicar que buscaría un último centro sobre el área merengue, pero Albertini cogió carrera, pateó con firmeza, superó la barrera y, aunque Casillas logró tocar el balón, que impactó contra el travesaño, la pelota entró en la meta del equipo local.

Luis lo celebró por todo lo alto. Con un grito de rabia, con los puños apretados y señalando a los aficionados atléticos que se habían desplazado a territorio enemigo. El silencio se apoderó del Bernabéu, y solo se escuchaba la banda sonora de los colchoneros que ocupaban un pequeño sector del templo blanco. Un Atleti recién ascendido lograba empatar en casa de un Madrid con aroma de campeón. El golazo de Albertini desató el delirio de Jesús Gil en el palco del Bernabéu, que hizo torcer el gesto de Florentino Pérez, el presidente madridista. «Aquel gol al Madrid ya forma parte de uno de los grandes episodios de mi carrera», reconocería Albertini.

Demetrio guarda un recuerdo excepcional de su etapa en Madrid. No vivió una época de vino y rosas en lo deportivo, porque el Atleti no tenía entonces una plantilla acorde a su historia, pero sí recuerda con gran cariño al vestuario y a Luis Aragonés. «Tuve la suerte de trabajar con Luis, un gran técnico y una enorme persona. Además, por fortuna, marqué en un partido muy especial como es el derbi. Jamás olvidaré cómo Luis celebró el gol y la reacción de Gil en el palco, que después pude ver en televisión», rememora Albertini.

De hecho, cuentan que Luis Aragonés tuvo bastante que ver en aquel gol tan festejado por los colchoneros en el Bernabéu. Palabra de Albertini: «Luis tuvo mucha culpa en que yo hiciera aquel gol. En el último entrenamiento previo al derbi, me retó a una competición de faltas. Luis ya tenía una edad, pero el toque lo mantenía. Creo que por eso celebró así aquel gol». Ese tanto fue de Albertini, pero el espíritu, de Luis. Quizá por eso los simpatizantes del Atleti gritaron aquel gol como si les fuera la vida en ello. En casa del eterno rival y en el último aliento. *Made in Albertini*, pero con copyright de Luis Aragonés.

120

Mi padre

Un día me preguntaron qué es el Atleti. Fue durante un acto de la Unión de Peñas del club, en el auditorio del Metropolitano. Respondí que mi Atleti es Escudero, Godín, Arteche, Futre, Manolo, Torres, Simeone y Gabi. Pero que, sobre todas las cosas, mi Atleti es su gente. Esa que nunca falla, que siempre está y alimenta una tradición de padres a hijos. Después respiré profundo y expliqué que, para mí, el Atleti es mi padre. Él me hizo el mejor regalo de mi vida. Me llevó de la mano al Calderón, me compró mi primera bandera, pagó mi primer carné, gritó mi primer gol y fue mi fiel compañero, mi colega, mi sentimiento y mi pasión inexplicable.

Él fue quien dijo que Simeone cambiaría la historia, el que me pidió que le comprase un traje del Atleti a mi sobrina recién nacida y el que se dejó llevar de mi mano para ir al nuevo Metropolitano. Él fue paciente de una enfermedad terrible. Una que no tiene cura, que te consume en vida y convierte tu cuerpo en una cárcel. En verano de 2023, cuando los médicos pronunciaron esas tres putas letras, salimos del hospital y, camino a casa, mientras conducía, le dije que éramos una familia y que nunca dejamos de creer. Mi padre me miró con ternura. Le dije que nosotros teníamos otra enfermedad. Una maravillosa, una que te mata y te da la vida: ser del Atleti. Me dio la mano.

Dios escribe derecho con renglones torcidos, como el Atleti.

Él nos pide que creamos, porque entonces veremos su gloria. Si el fútbol es una religión en el césped, el Atleti es palabra del Señor. La de un equipo que no gana todo, pero lucha siempre. Dios no te quita cruces, las lleva contigo. No te da todo lo que le pides, sino aquello que necesitas. El Atleti es parecido. No te permite ganar todo lo que quieres, pero sí te hace sentir todo lo que necesitas para no rendirte.

Mi equipo, el regalo que me hizo mi padre, es pelea. Es un poderoso retrato de la ambición, un manual de supervivencia, es el pueblo que vaga por el desierto para alcanzar la tierra prometida. El Atleti es combatir el pasado, buscar la redención y avanzar sin dejar de resistir los golpes, porque así es como se gana. Si el fútbol es el mejor relato de la vida, el Atleti es un diario íntimo de la fe.

Hace meses que mi padre, Manolo, se fue para no sufrir más. Se fue feliz, porque su Atleti había ganado al Alavés. Contento porque, incluso estando preso de la cárcel de un cuerpo que ya no le respondía, todavía podía volver a ver repetidos los goles mientras su hijo aparecía en *Estudio estadio*. Cuando el programa acabó, hizo un esfuerzo titánico para subir, por última vez, las escaleras de su casa. Después, a duras penas, se metió en la cama. Hacía meses que dormía de lado para no molestar a mi madre. Esa noche la abrazó. Mi padre es el Atleti.

Epílogo de Paulo Futre

El portugués

Tenía veintiún años cuando el Atlético de Madrid se cruzó en mi vida. Llegué siendo campeón de Europa y pronto descubrí que no había nacido atlético, pero que ese sentimiento me acompañaría siempre. Cuando Jesús Gil me fichó, ni me conocía, pero se dio cuenta de quién era porque iba con unas chanclas con mi nombre, y después de eso mantuvimos una charla y nos fuimos directamente a Madrid, cuando lo tenía casi hecho con el Inter. Le pedí a Gil una casa y una piscina, llamé a mi padre y le comenté que, si fichaba por el Atleti, él jamás tendría que volver a trabajar. Así fue. Eso sí, le pedí un coche a Jesús Gil, un Porsche. Nada más llegar a Madrid fuimos directos a un concesionario, y allí solo quedaba disponible un modelo, de color amarillo. Me lo quedé, me presenté como fichaje estrella del candidato en una sala de fiestas madrileña y, horas después, Gil era elegido presidente y comenzaba la etapa más importante de mi vida. Ya era del Atleti.

Desde el primer día me dijeron que la camiseta se sudaba siempre, pero que ante el Madrid había que sudar sangre. Siempre lo hice. En mi primer derbi ganamos 0-4, di dos pases de gol y marqué otro. Desde ese día me di cuenta de lo especial que es defender la camiseta rojiblanca. Y viví cientos de aventuras y experiencias en el Calderón. Todas se agolpan en mi memoria. La «venganza» de Pizo Gómez, el carisma de Luis Aragonés, el fichaje de Schuster, el día que me negué a seguir hasta que le renovaran el contrato a Aguilera, cuando fui director deportivo o hasta cuando fingí una pelea con el presidente porque el club necesitaba dinero y me vendieron al Benfica. Incluso cuando tenía un contrato encima de la mesa para fichar por el Madrid y acabé diciendo que «no» porque no podía hacerles eso a mis hijos. Todas esas historias las has podido leer y descubrir en este libro de Rubén Uría, donde aparecen 120 anécdotas maravillosas, una por cada año de historia de nuestro Atlético de Madrid.

Fui, soy y seré siempre «el portugués». Me siento orgulloso de haber sido el hombre que abrió la puerta a muchos jugadores lusos para llegar a Europa. Y, sobre todo, de sentir el cariño de los aficionados del Atlético de Madrid. Espero que ellos hayan disfrutado con todas las historias de este libro tanto como yo lo hacía cuando arrancaba por la banda y regateaba a todos los rivales que salían a mi paso. Siempre lo repito: no nací siendo del Atleti, es una pasión que empecé a sentir de adulto. Hoy puedo decir bien alto que forma parte de mi identidad. Que llevo el escudo por dentro. Como el amor por mis hijos, Paulo y Fabio. Un amor en forma de escudo que tengo grabado a fuego en el corazón. ¿Por qué somos del Atleti? Este libro narra todo lo que sentimos. Son 120 historias de una pasión inexplicable.

PAULO FUTRE

«Para viajar lejos no hay mejor nave que un libro».
Emily Dickinson

Gracias por tu lectura de este libro.

En **penguinlibros.club** encontrarás las mejores recomendaciones de lectura.

Únete a nuestra comunidad y viaja con nosotros.

penguinlibros.club

penguinlibros